CONGRATULATIONS! YOU ARE ACCEPTED.

恭喜!你被录取了

美国名校华人招生主任自述

万晓峰

著

世界图书出版公司

北京　广州　上海　西安

图书在版编目（CIP）数据

恭喜！你被录取了：美国名校华人招生主任自述 /
万晓峰著. -- 北京：世界图书出版有限公司北京分公司，
2025. 3（2025. 9重印）

ISBN 978-7-5232-1896-9

Ⅰ．G649. 712. 2

中国国家版本馆CIP数据核字第20257TE245号

书　　名	恭喜！你被录取了：美国名校华人招生主任自述
	GONGXI! NI BEI LUQU LE
著　　者	万晓峰
责任编辑	夏　丹
出版发行	世界图书出版有限公司北京分公司
地　　址	北京市东城区朝内大街137号
邮　　编	100010
电　　话	010-64038355（发行）　64033507（总编室）
网　　址	http://www.wpcbj.com.cn
邮　　箱	wpcbjst@vip.163.com
销　　售	新华书店
印　　刷	中煤（北京）印务有限公司
开　　本	710mm×1000mm　1/16
印　　张	19.5
字　　数	300千字
版　　次	2025年3月第1版
印　　次	2025年9月第2次印刷
国际书号	ISBN 978-7-5232-1896-9
定　　价	98.00元

献给我的父母

万晓峰博士从其在美国顶尖大学担任招生官的亲身经历出发，阐述了他对美国教育与招生过程的理解和洞察。他对大家关心的问题如博雅教育、人才选拔机制、寒门优才、反亚裔种族主义等进行了中美比较和说明，在文化视野与操作层面作出深入而有特色的剖析，从而有助于读者更加透彻地了解美国的招生体系及社会内涵。

唐盛昌

上海星河湾双语学校校监

国内对美本申请充满了曲解与误读。这本著作不仅是万晓峰博士作为美国顶尖文理学院招生官生涯的总结，更是一本美本申请的百科全书。全书逻辑严谨，观点清晰，案例丰富，资料翔实。对于有意申请美本的家长与学生，此书可谓指路明灯，值得一读。

万玮

上海市民办平和学校校长

万晓峰博士作为一个中国人，在美国顶尖大学招生行业一枝独秀，在中国国际教育领域更是名气很大。他是美国文理学院令人敬佩的代言人，身体力行，将博雅教育之精髓进行传播、澄清、深耕、引领。拜读他的心路历程，我多次被晓峰的真诚分享所感动、所震撼。他以奇特历程和独特视角，用近十三年的美国故事，全方位、多维度用放大镜来"审视"迷雾般的美国顶尖大学的录取内幕。无论你是焦虑苦恼的家长或"准留学生"，还是在中国留学行业的混沌中挣扎的从业者，此书一定让你在中国留学市场复杂乱象中"会当凌绝顶，一览众山小"。

成小凤

中国升学指导研究中心（ChinaICAC）主席

万晓峰博士以自己的成长历程为主线，分享了他的所行、所思、所见、所感，文字朴实无华，真情流露。书中不仅融合了跨文化的认知与思辨，还追溯了历史起源，剖析了社会现象。这本著作既能为读者拨开留学市场的迷雾，揭示录取的"秘密"，又能启发读者思考社会的多维性与个人发展的未来。

王实

北京四中国际校区副校长

美国ETS全球理事会委员

序一

十多年来，晓峰有机会亲身参与美国大学的招生过程。借本书出版之机，他以敏锐的洞察力和细心的态度向读者分享了他的所见所闻。

阅读本书，读者将有机会了解这些过程背后的人物以及他们的价值观。晓峰将这段非凡的旅程当作一项个人的事业，因为这对他来说是如此珍贵。他在书中分享了自己从在中国接受教育到在阿默斯特学院工作，再到攻读博士学位的心路历程。

作为阿默斯特学院的院长，我知道对大学升学过程存在着诸多误解和半真半假的说法，尤其是对中国的学生和家庭而言。晓峰通过他的文字仔细澄清了这些误解，并为考虑赴美攻读本科的学生提供了周到严谨的建议。我尤其欣赏他对博雅教育的独特价值，以及美国高等院校为向全球更多学生提供这种教育理念所做努力的阐述方式。

我作为晓峰在阿默斯特学院的同事，很幸运能向他学习。我也很高兴，读者能通过这本书有同样的机会向他学习。我想象不出还有哪位中国学生的引导者能如晓峰这般优秀了。

迈克尔·埃利奥特（Michael Elliott）

阿默斯特学院第二十任院长

序二

　　2004年10月，我在美国博士即将毕业的时候，参加了麦肯锡公司洛杉矶办公室的面试。面试要在几个小时里连续见几位面试官，结束后我看到所有的面试官走进一间大一点的房间，关上门开始讨论（当然我们在外面什么也听不到）。我和所有被面试者一样，怀着巨大的好奇：那扇"神秘的门"后面在发生什么？他们在讨论什么？按照什么原则讨论？按照什么程序讨论？最后如何做决定？

　　最后，结束后40分钟，我收到了电话通知，说恭喜我被录取了，我无比高兴。还记得那个时候我和华章两个人正在开车回家的路上，于是我们停下车来一起去吃了一顿美味的港式午餐。消息当然是好消息，但是那扇"神秘的门"后面到底发生了什么？我当年还是一无所知。

　　2006年，我变成了坐在面试桌另一边的人，也在面试结束后走进那扇"神秘的门"，到了门的另一边。后来在我的职业生涯里，一次一次地有机会从门的一边到另一边：在麦肯锡十年里的九年中，我都会作为面试官面试申请者；随着职位的升高，我会作为评估者参加每年两次对员工的评估会；十年后我又成为被面试者在西雅图一天参加了七场"面试"，包括比尔盖茨本人和他当时的夫人梅琳达。2015年开始，西方最著名的奖学金项目，牛津大学的罗德学者项目首次招收中国籍的申请人，我做了首届五年的终选轮的面试官。我们每次的面试和讨论是一个一整天"闭门会"的过程，所以看到晓峰书里对招生官的工作和工作环境的描述（其实是很简单的一间大房间），觉得似曾相识，倍感亲切。

我想这扇"神秘的门"后面在发生什么，会让所有申请者都产生巨大好奇。但是首先，有机会到这扇门后的人非常少；其次，由于各种原因（公司保密要求、奖学金保密要求等），哪怕有这样的机会走到门后，也很少有机缘可以记录这个经历和过程。所以大概一年前，当晓峰告诉我，他准备把自己最近十二年在美国顶级大学做招生官的经历写成一本书的时候，我非常欣喜并充满期待，因为这样系统的记录和叙述在中文世界里还处于空白。而晓峰有各种稀缺条件的完美组合，是可以写这本书的人。

如今我手捧这本书的文稿，为有幸能够写一篇短文让更多人可以看到这本书而深感欢喜和荣幸。

晓峰这本书的主线是他2013—2024年在美国两所顶级文理学院做招生官的经历：2013—2015年在圣十字学院的第一份工作，以及2015—2024年在阿默斯特学院担任学院招生录取办公室副主任和国际招生录取主任。但在这条主线之外，晓峰记录了两条副线：一条是他自己从山东农村开始的成长经历和职业路径；一条是他自己在留学和工作中对在世界各地遇到的大量人和事的观察和思考。这三条线在一起，让这本书变得难得的丰富和立体。

为什么说这是一个独一无二、填补空白的叙述呢？什么是我上面提到的"稀缺条件"和"完美组合"呢，下面就跟大家展开说一下。

稀缺条件之一，当然是美国顶级大学做招生官的经历。

中国大陆出生，在美国留学，然后进入这个大学招生行业并一干十几年的人，据我所知，到目前为止只有万晓峰一个人。

大家可能想，我听说过不少人做名校的面试官呀。其实，美国大学的招生是有两部分（书中自有详述），一个是全职的大学雇佣的招生官，一个是帮助大学面试的校友志愿者。这些校友是每年招生季做志愿服务的，与招生官是不一样的，他们没有申请审阅和做录取决定的资格。晓峰以华人身份做了十几年的全职招生官，一直到在阿默斯特学院负责全世界的国际学生招生和在美国本土招募美国学生，他的经历是独一无二、前所未有的。所以我非常感谢晓峰能把这些感觉遥远和神秘的大学招生过程以长期、专业、亲历的视角展现在我们面前。

稀缺条件之二，是晓峰自己的从留学生到职场和职场一路晋升的真实经历。

美国的全职招生官很多，但几乎没有人是在中国长大，作为一个留学生到美国，之后从事这个很"小众"的行业的。晓峰毫无保留地描述了自己的经历：从初到美国的手足无措，到拿到第一份工作，发现作为一个中国人竟然有机会给美国大学招美国学生的震惊，再到第一次开车出差，开车时候手心出汗，这些描述都让人倍感亲切。虽然晓峰现在的工作经历光鲜亮丽，但是他愿意坦诚分享自己从不会到会、从不敢到敢的跌跌撞撞的成长之路，让人感到很亲近，真是每一个能读到这本书的朋友的福气。

稀缺条件之三，是晓峰带来的美国高等教育界的视角。如果说某一个学校具体的录取过程是"树木"的话，整个美国高等教育行业发展的趋势，以及它和世界包括中国，但不限于中国的关系，就是"森林"了。

晓峰最近几年一边全职做招生官，一边在职攻读高等教育的博士，并在2024年春天顺利毕业，这让人很敬佩。所以他一方面有一线的、丰富的、实战的经验，一方面又在美国高等教育界有看到"森林"的机会。难得的是，几年的时间里，他不仅"看到"，而且开始"培育"这个"森林"里的新领域。他在行业主流媒体发表过多篇高质量的英文观点文章，在几乎所有的行业会议上做招生录取议题的设定和分享，因此他也成为行业里的意见领袖，并且拥有了广泛的美国招生录取行业和高中升学咨询行业的人脉关系。这是非常难得的。我在看书的过程中，经常感叹于晓峰的不断进取和努力。如果不是他写下这些经历，我们是没有机会知道这些行业"森林"层面的洞见的。而且因为晓峰的国际招生工作不仅包括中国，他还有去欧洲、美洲、亚洲以及非洲的机会，这让我们可以跟随晓峰的笔，看到一所美国大学是如何将培养全球人才和恪守教育公平的理念落地的。这里面有大量令人动容的故事。

这三个"独一无二"加起来，我想你肯定会认同我说的，这是我们中文世界里面的一个空白，非常感谢晓峰通过这本书一下子填补了三个空白。所以是独一无二的三次方了！

但是这还不是全部，最重要的是，这本书也提供了大量对申请者家庭切实有效的、具体的操作指南。比方说美国顶级名校到底看重申请人哪些方面的素质？他们又通过怎样的方法去确认这些素质？

而这里的难点在于，这并不是简单的原则和条文。这些条文，说实话，你在各个学校网站上就可以免费看到。条文和原则本身是不够的。打个比方，美国宪法就是一张纸上的文字。但是这部宪法如何通过各种机制和博弈被维护，才是宪法的精髓。这张纸如果给到任何一个国家，它是不是就会变成美国呢？不会的。因为"原则"是通过工作的流程，大量具体讨论的博弈和平衡而具象化的。

如果借用宪法的比喻，晓峰的书里最"值钱"的，就是看到一个从业人员说如何把这些看上去抽象的原则和价值观，落实到每一个申请人、每一次面试、每一级筛选的过程中的。这样的视角更是市面上独一无二的。

不夸张地说，在留学申请这个领域，现在充满了人为制造出来的焦虑。"辅助"孩子进入名校，现在是个巨大的产业。几年前我就听说一些家庭，为了让孩子能够更好地做准备，同时雇用两三个中介，每个中介的花费大概要百万人民币，就觉得非常震惊。

我想这后面展现出两个因素，一方面是中国家长对孩子们的爱和对教育的重视，我们认为孩子能够进入名校会是他人生路上的分水岭。另一方面，也说明因为有巨大的信息差而造成了中国家长巨大的迷茫和焦虑，所以才会同时选择两三个中介，而且支付极其高昂的咨询费。

我接触过的很多在"这条路"上的家长，他们花了很多钱，并没有更明白，反而感觉越咨询越糊涂。似乎知道了很多，但是还是不知道路在何方？因为很多信息之间是矛盾的，很多路上有所谓的成功者，但是也有大量的事实是被掩盖了的。

因为这些信息差和巨大的利益，这个"市场"巨大而混乱。这对中国的申请者而言是件很糟糕的事情，对付出大量财力和精力的家庭更是一件糟糕的事情。晓峰的这本书，是对在这条路上的中国家庭的巨大支持。我们"算"一下的话，买这本书只需要花费几十元人民币，就可以得到最犀利的洞见；一本书，就可以知道那扇"神秘的门"之后的真实故事。看这本书可能是留学之路上性价比最高的投资了。

　　最后，美国大学的申请也好，晓峰的叙述也好，其中最重要的共同点就是对真实的看重。晓峰真实地分享了自己的从业经历，也提到了在申请过程中招生官如何通过申请材料去构建一个真实的申请者。说到底，大道至简，真实的东西最有力量，我想当你看完这本书，会和我一样认同这一点。这就是这本书的真正价值所在。

李一诺

一土教育创始人

2025年1月

序三

　　收到为老朋友万晓峰博士新书作序的邀请，感念之余，开卷赞叹，这书名也太喜兴了吧！"恭喜！你被录取了"这话还来自一所美国著名文理学院的前招生办主任。万老师啊，冲着这喜感满满的名字，当浮一大白。不禁想起来，当年在四中国际校区，春末夏初发榜的日子，看着孩子们盆满钵满的丰收景象，曾信口胡诌打油诗一首以记：

　　　　捷报频传恨手迟，个中甘苦我心知。
　　　　却将豪情寄笔墨，一树春花一树诗。

　　初识万老师，还是在他服务于圣十字学院的时候。在书中，他描述了初出茅庐时四中师生对他的支持和信任，我也是感慨颇深。我们四中的葛老师以其学识、认知，还有善良，成就了这美好的开始。2013—2014年，正是我们力推美国文理学院博雅教育的时候，那时北京乃至全国的留学生家长群体大多还停留在只关注藤校甚至哈、耶、普、斯、麻的阶段，对于文理学院基本上不知道也不屑了解。我所在的北京四中连续四年承办了"美国顶尖文理学院巡展"，我们尽心竭力地接待招生官们，为北方各省市的美本学生和家长提供一个直接面对招生官的平台。万老师作为阿默斯特的代表也多次出席。我所求的特权也只有两项：其一是每一位文理学院的招生官都由一名我校的应届毕业生做全职陪伴；其二是整个招生宣讲的面试环节会给四中学生更多的参与机会。我当然也是有私心的。这样做的结果是北京四中国际课程班的毕业生普遍会申请若干所文理学院，大约会有30%的孩子最终选择接受文理学院的博雅教育。我觉得，这也算是一份功德。

泡一杯香气浓浓的茶，慢慢品读万老师的心路历程，我能清楚地看到一个才华横溢的年轻人成长为智者的过程。万老师用他的故事告诉后来人，对于教育，应该进行怎样的思考；对于孩子，可能从哪些方面获得成长。他对于教育公平和教育改变命运的不懈追求，令我激赏。在读这本书的过程中，我经常感叹造化神奇，似乎一切都刚刚好。而万老师在这一个又一个刚刚好当中，实现了自我成长与饶益众生的美妙结合。

忽然想起辛弃疾的"我见青山多妩媚，料青山见我应如是"。更直白一些的，就是木心先生的那句"岁月不饶人，我亦不曾饶过岁月"。这两句话，送给即将在教育之路上再展新篇的万老师，刚刚好！

石国鹏

深圳曼彻斯通城堡学校中方校长

北京四中国际校区前校长

历史教师

认识晓峰已经很多年，最初大约是在他初涉国际招生领域的时候。在我印象里，他一直有着高超的职业素养和深厚的教育情怀。这么多年，由于工作原因和他的往来愈加频繁，我也愈加感叹，要怎么样形容在这个行业里、在我工作和生活的周围，这样一位令人欣赏和敬佩的专业人士。而今天读到他根据自己的工作经历和人生感悟撰写的这本书，我一下子捕捉到了一直想描述而不得的他的一种状态。

我以为，在他身上一直有一种少年气！

晓峰有少年的英气，这不仅仅是对他外貌气质的形容，看他年少时从家乡独闯京城，过往青春岁月里潇洒恣意，看他初入职场在中国国际广播电台节目的空中交汇中纵横寰宇、英姿勃发。

晓峰也有少年的志气，看他目标笃定、远渡重洋，探索人生新境界，也看他在自己深研的领域不断精进、融贯中西，以一己之力推动美国本土精英院校对于国际学生特别是中国学生的招募和重视。

晓峰还有少年的才气，他愣是在繁忙的工作中挤出时间完成了国际教育领域的博士学位，同时也活跃在各个招生咨询组织和行业圈子，引领深度的观察和研讨，作为美国高等教育的招生代表挥斥方遒。

晓峰更有少年的豪气，他不遗余力地为包括中国在内的世界各地优秀国际学生和美国高等教育院校牵线搭桥，看他无数个日夜奔赴远方，发现英才，传播文理教育理念，看他无数个精彩瞬间的背后无私付出，甚至也有"冒险"。

很自然，这样少年气的晓峰，吸引了无数行业内外的粉丝，也影响了莘莘学子，成了激励他们的一个明星！他坚持自我，遵从内心，不懈追求，给我们所有人树立了一个榜样！

基于多年的合作和了解，我在认真拜读晓峰著作的同时，真心感佩他在行业里的贡献。他让很多人明白，国际教育从来不是一种奢侈品，每个人都有权享有和获益。

写书如十月怀胎，晓峰给我看过他的初稿和定稿，我能真切感受到他在每一句话上的斟酌和推敲。读他这些文字的时候我正在看日本儒学大家冈田武彦的《王阳明大传》，我想读过晓峰的新书，你会深深体会到，他除了具有少年气，也是一个知行合一的人。

有人说大学求学、探索国际教育就像是在爬山，风光旖旎却充满挑战，何其有幸成为晓峰的同行者！祝福晓峰！

蒋小波

北京鼎石学校大学升学辅导总监

中国升学指导研究中心（ChinaICAC）创始主席

序五

中美两国在经济上相互依赖，中国家庭对子女赴美留学，无论是高中还是大学阶段，其兴趣比以往任何时候都更加浓厚。

为什么兴趣如此浓厚？这些家庭希望实现什么目标？他们在入学之旅中带着哪些迷思？学生们自己又抱有怎样的希望？这些希望在多大程度上得以实现，或受到挑战？

万晓峰博士既是曾经的留学生，也是招生行业的专业人士。他亲身经历了美国教育，因此他能够将个人叙述、实用建议、文化分析以及他的个人经历交织在一起，以独特的方式呈现给读者。一方面，这本书为希望成为中国与西方世界之间教育桥梁的国际教育工作者和招生官而写；另一方面，这本书也适合全球化时代希望提升跨文化理解力的人来仔细阅读。

在阅读过程中，万晓峰博士的个人经历，他对大学招生、教育市场现状的反思，他所表现出来的对学生无与伦比的关爱，以及他认真践行美国精英大学在招生录取过程中的使命感，均令我折服。我既深受感动，亦深受教育。我相信在未来的岁月里，我们还会继续听到万博士不可或缺的声音！

马塞尔·戈蒂埃（Marcel Gauthier）

WLSA上海学校外方校长

上海美国学校名誉校长

自序

亲爱的读者：

您好！

我是晓峰，很荣幸能通过本书与您联结。

我于2015年夏天至2024年冬天任职于美国东海岸马萨诸塞州的阿默斯特学院（Amherst College），担任学院招生录取办公室副主任和国际招生录取主任。阿默斯特学院创建于1821年，是美国一所拥有两百多年历史的著名文理学院（liberal arts college），也是代表美国本科教育的典范。

来阿默斯特学院前，我曾于2013—2015年服务过马萨诸塞州的另外一所文理学院——圣十字学院（College of the Holy Cross）。圣十字学院是美国一所著名的天主教耶稣会大学，坐落于马萨诸塞州的第二大城市伍斯特（Worcester）。

我自己曾经也是一名留学生。2011年我从北京来到马萨诸塞州的波士顿学院（Boston College）攻读高等教育行政管理硕士学位。2013年硕士毕业后，我靠着十二分的运气，怀着想作为美国大学与国际学生之间"桥梁"的理想走上了大学招生官的职业道路，一转眼就做了十多年。

2024年春天，经过三年的一边全职工作一边兼职学习，我很荣幸地获得了波士顿学院高等教育专业的博士学位。博士论文研究的主题是"影响中国高中生赴美留学的关键性因素"。调研结果在本书中也有详细的分享。

美国向来是中国学生最热衷的留学目的地。对美国名校的热衷也让中国学生和家长们对美国顶尖大学的招生录取工作充满好奇，特别是在录取决定背后起主导作用的招生官。被称为大学"守门人"的招生官不仅要负责大学在全国和世界各地的宣传，吸引学生申请自己所服务的大学，还要负责审阅学生的申请，并做出最终的录取决定。他们的一举一动、一言一行不仅代表着申请审阅背后的思考，也向外界传递着他们所服务之大学的理念和态度。

一纸以"恭喜！你被录取了"开头的录取信背后不仅有着复杂的审阅流程和招生官缜密的思考，还有一张张渴望通过大学改变自己命运的年轻人的面孔，以及全家人的期盼，尤其是那些具有贫困背景的人才。

我作为录取决定背后的主导人之一，肩头的责任神圣且重大。通过招生官的视角，我在有幸见证教育改变学生命运的同时，也被他们的故事和我所服务的大学的教育理念潜移默化地影响着，自己的人生也在悄悄地发生着改变。

这一切，对中国农村出身的我来说格外珍贵。我出生在山东省青岛市即墨区一个建于明永乐年间的村子。村子三面被河流和沟溪包围，故名垒里。后来虽然随父母搬到城里，然后求学、出国，离村子越来越远，但无论走到世界哪里，农村的根就像磁石一样牢牢地吸引住我。作为家里的第一代大学生，我的人生就像我所招募的众多学生一样，因一个个接受教育的机会而发生了天翻地覆的改变。从垒里，到即墨，到北京，再到走出国门，进入美国大学招生行业，乃至获得博士学位，教育铺垫了我人生轨迹中的每一步。

作为一名在美国招生行业极度缺乏代表性的中国籍招生官，这一路走来，我有很多感悟想跟各位读者分享，尤其是那些有计划到美国读本科的高中生，或者正在为子女赴美留学做准备的家长。我由衷希望书里的内容可以帮助您在申请美国大学的过程中多一些底气、少一些焦虑，以成长的心态走完这段看似崎岖，但实则收获颇丰的旅程。

如果您对美国大学的申请和录取过程的具体流程和细节感兴趣，我推荐大家阅读我在2020年翻译出版，已经更新并重印多次的指导书《升学之道：美国大学申请全解析》，原作在美国也是一本申请大学的畅销书。译作对美国大学升学的流程做了详细的解析，所以本书更多的是来分享我作为招生官在这些流程背后的思考。您可以将两本书结合起来看，会对美国大学招生录取背后的运作和理念有更综合和深入的了解。

具体来说，本书探讨了以下与中国学生和家长相关的话题：美国精英大学的人才选拔机制到底看重什么？什么样的学生才能在美国精英大学的录取中脱颖而出？美国精英大学，尤其是文理学院的博雅教育的真谛是什么？教育者、家长和社会应该如何定义和看待学生申请美国大学的成功？美国大学对寒门优才的扶持能给我们什么启示？作为亚洲人，在号称"文化大熔炉"的美国如何为自己和群体争取权益？为什么越是缺乏种族代表性就越要发声？中国当下留学市场的根源问题和解决方法是什么？招生官的工作除了审阅申请还有哪些不为人知的方面？等等。

此外，作为留学过来人，书中也有我自己作为留学生在美国求职、申请工作签证、走上招生官的职业之路，以及通过教育不断升华自己的经历和体悟。我既经历了大多数留学生所经历的困境，又走出了一条很少有前人走过的职业发展之路。我希望通过分享我的个人经历来给未来赴美留学的同学们以借鉴和思考。

本书的写作得益于我做招生官这一路上遇到的众多世界各地的升学指导老师和美国招生行业的同行们，尤其是那些将毕生精力用于扶持寒门优才，通过自己默默的付出悄悄改变学生命运的全球各地的老师们。他们带给我震撼心灵的感动和无限的启发。我也要感谢为这本书作序和推荐的所有前辈和老师们。谢谢你们的信任。我也想谢谢我在圣十字学院和阿默斯特学院共事过的、对我施予恩待的同事和领导们。我从他们身上学到了很多可以受益终生的智慧和经验，以及领导者身上应该具备的风范和态度。感谢我在美国丹佛的家人塞申斯（Sessions）一家。他们是我在外交学院读书时的美国教授，从北京开始就对我照顾有加，给予我宝贵的人生建议和温暖的支持。我也想谢谢本书的编辑，世界图书出版有限公司北京分公司的夏丹女士。夏女士也是我上一本书《升学之道》的编辑，她自始至终都对本书寄予厚望，并且倾注了大量的心血来完成本书的编辑工作。最重要的是，我想将这本书献给无时无刻不在关注我成长的父母，谢谢他们的养育之恩和给予我的爱。

最后，想要声明的是本书所有涉及我所服务过的大学的信息都是招生办在公众场合跟外界分享的信息，或者是可以在网络上查阅的公开信息。为了保护隐私，除公众人物或者得到当事人允许以外，所有人名均为化名，部分细节也做了改动或者模糊化处理。书中所有近距离正面合照也全部获得当事人授权。本书中所有的观点均属作者本人立场，不代表阿默斯特学院或圣十字学院的官方立场。想了解关于这两所学院的官方信息，请参考两所学院的官网：阿默斯特学院（www.amherst.edu）和圣十字学院（www.holycross.edu）。

第一次写书，诚惶诚恐。书中不免有些不尽如人意的地方，望各位读者海涵。如果您在阅读的过程中有任何问题或感想，您可以发送邮件至xfwan2023@gmail.com，或者关注我的个人账号。

小红书：招生主任万晓峰

微信视频号：Dr.万晓峰

微信公众号：Dr.万晓峰

我很期待收到您的来信。

万晓峰

2024年写于美国马萨诸塞州阿默斯特

目录

第一章
走上招生官的职业之路

美国大学的招生行业是一个专业性极强的行业。美国大学，尤其是精英大学采用的是综合评审的录取方式，招生官在当中扮演着至关重要的角色。他们不仅要对所阅读的申请有深刻的洞见，能够透过表面信息辨别核心内容，更要帮助大学甄选符合大学特色和理念的学生。这与中国大学按分数选拔人才的方式截然不同，对招生官的要求也更加全面。

　　美国招生行业内很流行的一个问题就是"是什么让你选择了招生官这个职业？"，最常听到的同行们的回答就是"I stumbled upon it.（我无心插柳入了这一行。）"确实，我们常听到小朋友们说他们未来想当医生、当律师、当宇航员，却几乎不会听到他们说自己以后的职业梦想是当一名大学招生官。

　　2011年我来到美国读研究生。来之前，如果谁告诉我我以后会成为美国一所最知名大学的国际招生主任和办公室副主任，还能到世界各地去搜罗优才，那我肯定会觉得这个人是在开玩笑。

　　通往招生官这一行业的路有很多条，好似条条大路通罗马，但我的这条职业之路不仅跨越了国界、文化、语言和阶层，还是一条鲜有人走过的路。回看这段旅程，苹果创始人乔布斯曾经说过的一句话让我深感共鸣。他在回顾自己创建苹果公司前去追逐那些自己很热爱，但看似毫无关联的事情时说："往前看的时候，很难将这些事情联系起来；只能是回顾过去的时候才会发现它们之间的联系。所以，你要相信，你所经历的事情会在未来的某个时间以某种方式连接起来。你一定要相信一些东西，例如你的直觉、命运、人生、因果报应，等等。这种对待人生的态度从未让我失望过，它反倒让我的生活发生了翻天覆地的变化。"

短暂且精彩的播音记者生涯

2011年我来美国时已经在国内有了几年的工作经验。大学时期我在北京一所英语培训机构做兼职，教成人英语并做企业英语培训。我在外交学院学的是英语专业，因为学习英语的过程受益于英国广播公司（BBC）的录音磁带，跟着模仿了一口还算标准的英式英语，所以我对英语新闻播音一直很向往。

机缘巧合，2010年初，我在听中国国际广播电台节目的时候突然听到一条台里招英语播音记者的招聘启事，于是我抱着试试看的心态就报了名，给国际台寄了一个英语播音小样。没想到，最后竟然过五关斩六将，从几百人里被录用了，被分到了英语海外广播部。

国际台在八宝山烈士陵园正对面。每次去台里，都要坐地铁一号线到八宝山站下车。如果上早班，得凌晨四点到班，而我租住在市中心的西城区展览馆路，时间太早，没有地铁赶，只能打车。当时还不兴导航，也没有叫车软件，跟出租车师傅说去中国国际广播电台他们经常不知道在哪，于是后来我就直接说去八宝山，着实让很多司机感到惊讶，甚至有一点惊恐。上早班三点起床真是挣扎，每天过得像是在倒时差。这段经历让我对早间新闻的工作者产生了由衷的敬意。

我服务的节目是一档当年一月份刚刚开播的全新新闻播报类节目，叫《新闻纵贯线》（*The Beijing Hour*），内容涵盖面很广，一天早晚两次，后来又加了中午场，而且都是实打实的直播。当时的主持人是英国广播公司前资深女主播苏珊·奥斯曼（Susan Osman）。每次听她开口讲话，感觉就像是在听磁带，真是让人陶醉，哪怕她是在发牢骚。我的工作是负责节目的采编，如果有非英语的音频，我还会录一段英语的翻译覆盖到原声上。后来还开始慢慢录播更长的报道并到全国各地出差。

国际台的工作给了我一次拥有不一样人生体验的机会。能成为国家媒体的一员对我这个不是科班出身的人来说简直像做梦一样。每天戴着国际台的工牌进出台里都觉得是一种荣耀，能跟来自世界各地的同事们共事更是让我感觉三

在中国国际广播电台的节目直播间跟主持人坐在直播台

生有幸。

在国际台工作了小半年后，为了有更好的属于自己的舞台，也趁年轻，我在同事们惊诧的目光中辞去了这份"铁饭碗"工作，转而回到了英语培训学校全职教课，为下一步申请美国大学教育方面的研究生项目积攒学费。由此，我短暂的播音记者生涯画上了句号。

申请美国大学研究生项目的过程全部由我一个人来完成。最后申请的五所大学中只有波士顿学院录取了我。没有其他的选择也是好事，可以心无旁骛地安心入学。研究生两年转瞬即逝。是去是留，是摆在所有留学生面前的一个选择题。我选择了后者。当时想哪怕以后不能长期留在美国生活，积攒一些工作经验后再回国也会有更多可选择的职业发展机会。

与"藤校"中文系擦肩而过

2013年5月，我顺利从波士顿学院获得高等教育行政管理的硕士学位。作为国际学生，我们在跟美国本土学生竞争工作职位时要面对比他们更多的障碍，例如工作签证。所以在毕业前几个月我就开始张罗着求职了。

我刚开始申请的职位都是中文的教职，因为研究生二年级时我在学院带了一门本科生的中文课。能得到这份工作也着实出乎我的意料。那是研究生一年级暑假来临前，我带着简历来到中文系主任的办公室毛遂自荐，想谋求一份兼职，例如帮助系里批改学生作业。让我没想到的是，暑期的时候系主任给我发邮件问我是否愿意在新的学年带一门本科生的中文练习课，而且会给我不菲的时薪，每周三个小时，一学年下来有12 000多美元。我毫不犹豫就答应了。这

我的美国家人黛比·塞申斯（Debbie Sessions）和史蒂夫·塞申斯（Steve Sessions）来参加我研究生毕业典礼。他们曾经是我在外交学院的教授

完全是意外的惊喜。

4月上旬的一天，我在教育学院招生办公室当助理时突然接到了一个电话，是一所位于美国东海岸著名的常青藤联盟大学中文系的老师打来的。他很有兴趣跟我见面，并邀请我月底去校园参加他们举办的中文教学研讨会，顺便面试。这所大学的中文系在美国大学里有很好的声誉。通完电话我激动得无以言表。办公室的美国同事也炸开了锅，纷纷来祝贺我获得这个难得的机会。

4月底我从波士顿坐火车来到了校园，见了系里所有的老师，做了试讲，但感觉并不理想，缺乏很多基本的中文文法知识储备。会说中文跟会教中文还是有天壤之别的。系里的老师有意让我先去北京的暑期班锻炼一下，再通过考核决定是否录用为长期讲师。我很犹豫，担心回了北京再来美国就难了，而且系里并没有提到以后关于工作签证方面的支持。

这段经历也让我认识到我的优势是国际高等教育。虽然有过教中文的经验，但从长远的职业发展角度分析，我不认为我有足够的专业功底和动力做下去。回到波士顿，我给系主任发了邮件，感谢他的器重，婉拒了这份难得的机会。

放弃这份只有半分熟的工作也就意味着我结束了申请中文教职的努力，接下来把重心全部放到了跟国际教育有关的工作上。

有缘无分的高中工作

3月初的一天，在教育学院一起上过一节教育理论课的韩裔美国同学给我发邮件，问我有没有兴趣去她的高中工作。我兴冲冲地答应去聊一下。

同学的名字叫娜塔莉，她之所以这么热情把工作机会介绍给我是因为我们秋季上课时被分到一组做了一个课业项目。项目要求我们去一所高中的课堂实地听课，并用学过的课堂教学理论对这堂课进行分析。娜塔莉的全职工作碰巧是在波士顿郊区牛顿镇的一所私立天主教高中教英文，所以我就去听了她的课作为作业分析的内容。

她找到我的另外一个原因是之前我帮她所在的高中解决了一个特别棘手的国际学生问题。娜塔莉找到我说一名从上海来的中国留学生即将被寄宿家庭劝离，想让我当翻译，帮助她的学校跟这名学生远在上海的家长沟通。

事情远比听起来复杂。

娜塔莉说这名女学生在美国短短一年内，已经换了三个寄宿家庭。她不但跟原来的寄宿中介切断了联系，控告了第一个寄宿家庭，还向学校提出了很多学习方面的请求，已经超出了学校所能接受的范畴。现在的寄宿家庭也同样到了不能接纳她的地步，学校因此考虑将学生劝退送回中国。但在做出如此重大的决定之前，学校想弄清楚学生在中国的家人是否了解自己孩子在美国经历的一切以及他们的看法。收到邮件后，我很快回复说我很乐意去帮助协调。

约好了周中的一天上午，我赶到娜塔莉的学校。校长、教务长已经在会议室等着了。电话打到上海，还没说几句，女生妈妈已经哭上了，说自己的孩子在美国受苦了，当父母的又帮不上忙。她说女儿不习惯美国寄宿家庭的饮食习惯，所以从来不愿意出房间吃饭。而且更令人震惊的是，第一个寄宿家庭里的美国女儿载着自己女儿开车出门，结果出了车祸，自己女儿的一只眼睛差点被撞瞎，说到这里她更是泣不成声。

我虽然只是在做翻译，但也在尽量安抚家长。她说自己所了解的一切都是女儿告诉她的，她相信女儿，站在女儿一边，态度非常坚决。

虽然我不知道最后的处理结果是什么，但是这次经历让我更加意识到低龄学生出国的很多弊端。一旦出现类似棘手的问题，学生自己往往没有足够的阅历去解决，而父母又远在天边，学校跟父母沟通又有语言这一巨大的障碍，就算跟学生在语言上没有太大障碍，但文化上的冲突也是一道坎。我很替学校捏一把汗，也更替在中国国内期盼自己儿女在美国一切顺利的家长感到紧张。

临近毕业，我突然收到娜塔莉的一封邮件。邮件的大意就是再次感谢我帮助她们学校解决了很棘手的问题，并问我是否正在找工作，如果是的话可以考虑一下她们学校，她觉得我很适合去那里工作，因为他们学校有相当一部分学生都是来自中国和韩国的留学生。

在找工作伊始正没头绪的时候，竟然有一份"内推"的工作，这对我是很大的鼓舞。空缺的职位正是娜塔莉自己的职位——国际学生处主任。她因为家庭的原因需要搬到另外一个州，也顺便帮助学校物色新的人选。

面试完一个星期后，校长给我发邮件说他们很希望录用我。高兴之余，我也将自己作为国际学生的处境分享给校长，并提出一年实习期签证过后需要学校协助申请工作签证。他对工作签证的申请并不了解，加上对薪酬还有异议和马上要进行的研究生毕业典礼，我提出希望有更多时间来思考这个问题。

5月份毕业后，我们又一次见面，他说薪酬涨幅很难再有空间，但非常珍惜学校跟我建立的这份难得的信任，希望我能接受邀约。我非常犹豫，因为高中的工作不符合工作签证免抽签的范畴，如果抽不到就意味着只能有不到一年的美国工作经验，我会感到很遗憾。

最后，我们之间并没能达成合作。后来证明，一切都是冥冥中注定，不成是因为有更精彩的工作在等着我。

掉头转向，从头再来

高中的工作告一段落，我将所有精力放在申请大学招生官的职位上。此时，离签证到期只剩下一个半月，我已经开始在脑子里盘算该怎么把过去两年积攒的物件和回忆打包带回国了。

产生当招生官的想法是因为我在波士顿学院的专业里有一门实践课，系里所有的学生必须到波士顿地区各个高校实习。我很幸运被自己所在的教育学院录用为研究生招生办的助理，负责招生办公室日常的行政辅助工作。伴随这份工作的还有全额奖学金；另外，每个学期还有6500多美元的生活补助。我简直不敢相信。

我当时是系里整个年级唯一一名国际学生，做助理的经历让我逐渐意识到

我当助理时的研究生招生录取、财政补助和学生服务办公室

我自己独特的优势：作为桥梁将美国大学和国际学生连接起来。

理想跟现实还是有落差的。当递交了几十份申请，收到的大多都是以"很遗憾"开头的回信后，我感觉整个人都垮了，自信心受到了无比沉重的打击。

呃！好消息一定会来的，我一边删着一清早就收到的拒信一边宽慰自己。

与天主教耶稣会大学的不解缘分

我研究生读的波士顿学院是美国最知名的天主教耶稣会大学之一。而马萨诸塞州还有另外一所非常有名的耶稣会大学——圣十字学院。

国内很多家长听到耶稣会大学会自然有疑虑，是不是只有信仰天主教才能被录取？会不会被要求皈依？其实不然。耶稣会非常注重教育，注重回馈社会。

所以，当我7月下旬看到圣十字学院招聘招生办助理主任的职位后，马上填好了在线申请表。职位要求里还写明要有国际招生审核经验，就更觉得对我的胃口。找工作的过程虽受打击无数，自信心时不时降到冰点，但遇到对口的职位，还是会非常兴奋并重新燃起希望。

对圣十字学院之前有些许了解。我在研究生时期修过一门高等教育金融管理的课，教授请了圣十字学院的首席财务官来给我们分享他们学院的校友捐款（endowment）情况。美国私立大学的校友捐款关乎学校的存亡，因为它们不像公立大学可以接受联邦和州政府拨款作为主要收入来源。学院有专门的投资办公室来运作校友捐款，每年将收益的5%左右用于学院支出，包括日常运行开销、教职工工资、学生的奖/助学金发放，等等。

圣十字学院是只有本科的文理学院，学生人数有将近3000人。学校虽不大，但校友网络很紧密，对自己母校的捐款也非常慷慨。2015年，学院收到了从1843年建校以来最大的一笔校友捐款。1971届的校友，纽约航空咨询公司Seabury集团创始人和夫人为学院体育中心的建设捐助了3250万美元（约合人民币2.2亿）。

我在波士顿学院的专业里也有几位从圣十字学院毕业的学生，他们对自己的母校赞不绝口。通过跟他们的交往，我对圣十字学院的学生也有了初步的了解，但从来没有想过能有机会去那里工作。

与时间赛跑的当"官"之路

我看了看日历，已经7月26日了，离实习期找工作的期限只剩下一个多月了。

申请提交后不久，我收到了圣十字学院招生办公室副主任安迪的邮件。他邀请我参加电话面试。电话中，安迪问了我在研究生院做招生助理的经历和我对这个职位的兴趣。双方聊得很愉快。

两天后，安迪发来邮件邀请我去学院参加面试。我知道，可能有戏了。

圣十字学院坐落在马萨诸塞州的第二大城市——伍斯特。从波士顿坐通勤

圣十字学院校园

火车过去要一个半小时，开车也得四十分钟左右。

面试不间断地进行了四个小时，从上午11点一直到下午3点多。期间，我分别见了招生办公室的主任、两位资历较深的副主任和人力资源部主任，中午还跟大家一起吃了午餐。结束了一天的面试，在坐通勤火车回波士顿的路上，我感觉像是刚刚经历了一场战役，筋疲力尽，但满怀期待。

校园面试后第二天，安迪给我发邮件，让我提供三位推荐人的联系方式。通常进行到这一步，被录用基本上就是铁板钉钉了。波士顿学院教育学院主管学生的院长，也是我做招生助理时候的直属主管，在跟圣十字学院录取办公室主任通完电话后，立刻给我发了邮件，说我肯定会被录用，让我在家等好消息。

三天后的下午，我果真接到了508开头的电话，这是伍斯特地区的区号。我的心一阵狂跳。

电话是圣十字学院人力资源办公室主任打来的。寒暄了两句后，她说恭喜我，学院决定录用我为Assistant Director of Admissions Office（招生办助理主任），让我考虑一下再给他们答复。

我哪里还需要考虑。当场接受，也着实让这位主任感到吃惊。

此时，时间已经到了8月9日，离实习期找工作的期限仅剩不到三个星期。

刚开始在圣十字学院工作的三个星期我每天从波士顿南站坐通勤火车去上班。我住在波士顿郊区的牛顿镇，为了能9点准时到岗，我每天早上需要5点50分起床，6点15分准时出门，赶6点20分去市区的特快公交，再走几个街区到波士顿南站。火车到达伍斯特的联合车站最少要一个半小时，到站后还需要再骑15分钟的单车穿过伍斯特不太安全的一个街区，然后扛着车爬楼梯到位于圣詹姆斯山顶上的学校。所以每天到班已经基本上做完了一整套铁人运动：步行、坐公交、坐火车、骑自行车、扛车爬山。刚开始工作的三个星期，每天花在通勤上的时间最少5个小时。虽然现在想想就觉得累，但当时有班上的兴奋完全淹没了身体的疲惫。

聘一个"老外"招美国学生

工作落实，但对我这个"外国人"的考验才刚刚开始。

美国大学的招生行业是一个以美国人为主导的行业，外籍招生官少之又少，中国籍的更是闻所未闻。当时的我虽然有做研究生招生办助理的经验，但没有真正参与过招生录取的决定过程（研究生的录取通常由教授做出），对美国本科招生行业更是两眼一抹黑。

虽然招聘启事里提到这份工作会涉及国际招生方面的工作，但真正入职后发现，我的工作内容跟办公室其他的美国同事并没有太大区别，都是负责美国本土的招生。

现在回想，一所著名的美国大学招了一个在中国土生土长，仅仅在美国学习了两年的留学生来帮助他们在美国招美国学生，让我感到不可思议又无比激动。

在美国国内招生的经历对我来说是一次无比宝贵的历练，每一段出差经

跟两名学院招生办的同事在波士顿参加年度大学展。很巧合的是我们三个都是波士顿学院的毕业生

历都是一次学习的机会。从基本的如何找到美国高中的校门（国旗杆子的位置），到进门后怎么与接待室工作人员打招呼才能留下一个好印象，再到进入升学指导办公室如何与指导老师和学生互动、问什么样的问题、如何回答，等等，都需要学习。

很多对我美国同事来说显而易见的信息，我需要很刻意地去理解才能明白信息表面之下的内涵，特别是跟文化和社会习俗有关的事情。因为跟很多国际学生一样，我没有在美国成长和长时间生活的经历，也缺乏美国的社会阅历，但这些都可以靠留意学习来弥补。

有一次，一名居住在纽约长岛的爸爸给学院招生办打电话。他想咨询女儿申请奖学金的事情。他说他一年的收入是12万美元，妻子不工作，自己的薪水支持家用刚刚够，没有额外的钱来支付女儿的学费，因此申请奖学金对他来说很重要。我当时心里的第一感觉是：一年12万美元是很丰厚的薪水了，怎么可能没剩余呢？但对熟悉美国税费和物价以及美国人消费习惯的人来说，一家三口只靠这些钱在物价并不便宜的长岛生活，除去房贷、车贷、日常生活开销后，确实没有什么富余。因为当时的我在美国只有不到三年的生活经验，且前两年还是学生，所以根本不能真正体会这名家长的困惑，更不能有意识地提供设身处地的回答。

随着自己阅历慢慢地积累和对美国文化理解的加深，这些当年看起来很难理解的事情也逐渐变少。所以我始终非常感恩学院为我提供了一个如此宝贵的学习机会。

第一次到中国招生

当时圣十字学院虽然有将近3000名学生，但四个年级加起来只有九名中国留学生。每年申请的中国学生也是寥寥无几，总共才十几名。申请的人数少跟学校宗教化的名字有一定关系，但更主要的原因是学院从来没去过中国招生。

2014年7月，在学院第一年年末，我第一次接待了中国来访的高中驻校升学指导老师——人大附中的郭老师和南京外国语学校的陈老师

　　我第一次代表圣十字学院去中国招生已经是入职第二年的事情了。第一年，我做的基本全是美国本土的招生，只能通过电话、邮件的方式与中国的高中建立联系。因为没有行业经验，更不认识任何在中国高中的升学指导老师，只能一所一所高中打电话联系，而中国绝大多数公立高中的网站并不是很实用，只能看到总机号码，而且当时升学指导办公室还不是很普遍，只存在于一些顶尖公立中学的国际部和少数提供国际课程的私立学校。因为有十二个小时的时差，我都是在美东时间晚上九点后，也就是中国高中上班以后拨打。

电话打到高中的传达室总机，接电话的经常是看门的大爷和大妈。有一次我给北京一所非常著名的高中打电话，接线的大妈听到我说来自圣十字学院后，很爽快地说："我们不信教！"然后就把电话挂了。

虽然吃了多次闭门羹，但也有让我印象深刻的通话。有一次电话打到了北京四中的国际校区，接电话的是当时负责招生的葛老师，她很有耐心地在电话里跟我聊了一个多小时，不厌其烦地跟我分享四中的情况、了解圣十字学院的招生要求。我做了整整两页的笔记。至今想起来，那通电话都是我当时混沌状态里的一线光亮，让我对做好这份工作有了更多的信心。

为了能更多了解美国大学如何做国际招生，我给很多文理学院和综合型大学的招生办打电话和发邮件，试图向他们负责国际招生的招生官取经，但回复率并不高。给我印象最深的是有一次电话打到了位于美国东北部佛蒙特州的明德学院（Middlebury College）的招生办。招生办负责国际招生和录取的芭芭拉·马洛（Babara Marlow）女士正好在。她在电话里跟我聊了一个多小时，不仅跟我分享明德学院的国际招生录取策略，也无比耐心地回答了我很多入门级别的问题。我在圣十字学院的第二年，收到了她要退休的群发邮件。我给她回了一封祝贺退休的邮件，并感谢了她曾经对我无私的帮助。

在进入行业之初两位老师的帮助对我的影响非常深远。后来自己有了一定的行业经验，只要有其他老师找到我，我都会尽自己最大的努力去帮助他们答疑解惑，分享自己的经验。

第二年我终于有机会代表学院到中国拜访高中。因为学院在中国的知名度并不高，每次能见到的学生人数也不多，但每次在介绍完后，看到学生和家长因为获得新的认知而满足的表情顿时就觉得很有成就感。家长们能听一场中文的对美国大学的介绍，也拉近了他们与学校的距离，对学校也有了更切实的了解。

也因为知名度不高，所以并不是所有高中都会为我敞开大门，甚至有几次我在到达高中后出现了没有老师接待的窘境。有一次，我甚至在北京一所高中升学指导办公室门前的走廊里硬生生坐了四十分钟才等来一名自称负责升学指

2014年我代表学院在北京四中国际部举办的一场招生宣讲会，这是开始前在播放一段学院宣传片

导的老师，他毫无热情地让我到其办公室向他一个人介绍圣十字学院，而他也爱搭不理地听着。这让我感到异常不适。这种情况，在我后来加入阿默斯特学院这所无论从排名还是声望上都非常高的学院后，就从来没发生过。想想就让人很心寒。

到中国访校之后，我们当年秋季收到的申请数量是以往的四倍，有更优秀的学生递交申请，我们也破格录取了十几名中国学生。

在圣十字学院的两年，我一直处于一种观摩、模仿、吸收和学着输出的

拜访一所香港高中时升学指导办公室内屏幕上的大学到访活动通知

状态。身边的同事都是我的榜样；每一次与学生和家长的互动都是我学习的机会。每天早上叫醒我的不是闹钟，而是对工作满满的憧憬。虽然听起来俗套，但这确实是我当时的心境，因为一切都来之不易。

跳槽是为了更好的未来

2015年春天，我萌生了跳槽的想法。

在圣十字学院两年的时间内，我代表学院走访了美国很多州的高中，通过招生官这个令学生敬畏的工作近距离地与美国的学校、年轻人和他们的家庭互动。最大的感触就是尽管出身和家庭境遇不同，美国学生跟中国学生一样，都在为进入自己心仪的大学而付诸努力。美国的家长也跟中国的家长一样，在有资源的前提下会倾囊支持自己的孩子寻求最优质的教育。另外，我也第一次代表学院到中国招生，并全程参与了两届学生的录取决定。

决定离职最主要的原因有两个。

第一是圣十字学院当时对国际学生的财政补助非常有限。我去中国出差时得到的唯一指示就是去那些招收富人家庭子女的高中招生，因为他们可以负担学习的费用。

虽然圣十字学院代表的耶稣会崇尚教育，并且以回馈社会和服务他人为核心教义，但耶稣会大学却几乎不给国际学生提供奖/助学金。这与他们所崇尚的教育公平的理念背道而驰。耶稣会大学并不缺钱，缺的是更加国际化的视野。在这方面，哪怕是坐落在首都华盛顿特区、国际化非常出色的乔治城大学（Georgetown University），国际学生接受助学金的比例也只有可怜的个位数。

我在圣十字学院的第二年，学院突然决定拨一部分款用于支持国际学生。当年我们收到了一份来自非洲战乱国家苏丹的申请。苏丹当时刚刚结束了漫长的内战，南苏丹宣布独立，很多家庭因为战乱流离失所，学生也无法正常在学校完成学业。这名学生异常优秀，虽然无法负担学习的费用，但招生委员会还是将其录取，原因是办公室主任告诉我们的、我到现在还记忆犹新的一句话："我们'扔'给他两万美金，看看他能不能来。"意思是学院给他一年两万块美元的奖学金，看看他能不能自己负担或者找其他资金来支付剩下的四万多美元。

我当时职位很低，也没有资历跟招生办主任进一步讨论。可想而知，最终这名学生没有入学。对国际学生，特别是来自如此贫穷国家的学生来说，一张自掏腰包的机票可能都是横亘在他们面前的大山，更别说让他们自己去筹集四万多美元了。面对这样的政策和理念，我觉得我没有能力做出任何实际的改变，至少在短时间内不能。

第二个考虑是我作为一名外国人在一个以美国人为主导的行业里优势并不突出。在参加以国内招生咨询为主的新英格兰区域招生咨询行业年会时，我经常留意到偌大的会议场地里只有我一个人是亚洲人的模样，更有可能是唯一一名来自中国的外国人。我渐渐意识到自己想要在美国国内招生行业里崭露头角，得先跟这一屋子有着先天优势的美国人竞争。

我在心里开始跟自己对话。

"美国国内招生是一份可以发挥我全部潜力的工作吗？"

"不是，虽然能学到很多东西。"

"如果一直做一份美国人有先天优势的美国国内招生官工作，虽然我也能胜任，但是我的立业之本在哪里？"

"我找不出我比美国同事有任何竞争优势。"

"我如何能让自己在这个行业里有属于我的一席之地和话语权？"

"如果一直做美国国内招生，我可能很难有话语权，更不会有人愿意听我说什么。"

"那如果想有话语权和一席之地，应该做什么？"

"找一份专注做国际学生招生和录取的工作。"

"国际学生招生和录取的工作能够发挥我所有的潜力吗？"

"能，因为我曾经就是留学生，也是科班出身，而且我有很足的动力来作为他们与美国大学之间的桥梁，这个想法让我感到兴奋。"

把自己的内心想法捋清后，我便正式开始了寻找其他大学的国际学生招生官的职位。有了两年的国内和国际招生录取经验，这次的找工作经历要比第一次顺利得多。

重新上路，找工作

在工作签证期间跳槽是需要很大勇气的事情，因为新雇主不一定会愿意为我办理签证。所以在每一次的电话面试环节，我都会告知对方我需要工作签证才能工作。这是想让新的雇主早做好思想准备，如果他们没有意愿或者能力办理的话，可以省下后面的面试环节，这对双方都有好处。

我只申请了两份工作，都是新英格兰地区的文理学院，其中一所就是阿默斯特学院。

电话面试进行得很顺利。不久我就收到了学院的面试邀请。

2015年7月初，我开车从波士顿来到了一个半小时车程外的阿默斯特学院。一到校园就被曼荷莲山脉壮美的景观震撼到了。当时的我对阿默斯特怀有敬畏之情，知道这是一所妥妥的名校，因此来面试的时候也是带着些许探秘名校的心态。

当时即将卸任的国际招生主任还在。她跟我介绍了这份工作的主要内容，也问了我对这份工作的看法。面试进行得很顺利，我认为我发挥了最好水平。

从阿默斯特学院远眺曼荷莲山脉

七月底，圣十字学院的两名被我列为推荐人的同事告诉我她们收到了阿默斯特学院的电话邀约来聊聊她们对我的评价。聊完后，她们跑到我办公室跟我说："应该有戏。"

　　八月初的一天，我刚从办公室到室外透透气就接到了一通区号是413的电话，这是阿默斯特所在地区的区号。接起电话，电话那头是负责我职位的直属上司。他用很兴奋的语气说："我给你打电话是想告诉你，你被录用了。恭喜你！我们迫不及待要欢迎你的加入了。"

　　我抑制不住内心的激动，跟两年前接到圣十字学院的电话一样，当场答应。

从芬威克厅的看台眺望伍斯特市的城际线

我透气的位置是圣十字学院主楼芬威克厅（Fenwick Hall）的露台，可以俯瞰圣詹姆斯山下的伍斯特市区，风景绝美。我望向远方的城际线，心里开始畅想新的人生和职业旅程。

离职的当天中午，办公室特意从中餐厅定了午餐，一起聚餐给我送行。让我最感动的是我亲手招来的中国学生听到我要离开，下午组团到招生办来送我。可惜我已经先于他们走了，遗憾错过了最后一次见面。

在圣十字学院两年，中国区的申请从每年十几份，激增到了五十多份，入学的中国新生也从每年零星几个到了十几个。我走后，虽然他们好几年都没去中国招生，但是因为有了口碑，申请人数只增未减。这也是我离开这份工作后最大的欣慰之处。

正式开启在阿默斯特学院的生涯

来到阿默斯特学院，我如鱼得水。

我被录用的职位是负责学院全球的招生和录取，领导整个国际招生团队。这跟我当初决定从圣十字学院离职时的职业愿景完美契合。

阿默斯特学院坐落于马萨诸塞州西部的阿默斯特小镇，离波士顿一个半小时的车程，离纽约市3个小时车程。学院总共只有1800多名学生，全部是本科生，这比我当年在中国的高中人数还要少。虽然人数少，但学生来自世界各地。我加入的时候，学院已经有了很成熟的国际招生策略。国际团队的同事每年都会到五大洲40多个国家和地区招生。

我作为国际招生主任，不但要统筹团队到世界各地招生的安排，也要亲自出差、阅读国际申请，以及主持国际招生录取委员会，带领同事做出最终的录取决定。虽然我的主要职责是负责国际招生，但同时还要兼顾美国国内的部分招生事务，到美国各地出差，招募本土学生。

在美国，阿默斯特学院是一所享有极高声誉的文理学院。学院不仅是博雅

阿默斯特学院校园中心草坪

教育、全人培养的典范，从1821年建校起，更是培养出了众多知名的校友。其中包括《达·芬奇密码》的作者丹·布朗（Dan Brown，1986届）、美国作家大卫·福斯特·华莱士（David Foster Wallace，1985届）、带领团队成功研发新冠疫苗的莫德纳公司总裁史蒂芬·霍格（Stephen Hoge，1998届），以及五名诺贝尔奖获得者，包括中国公众熟知的诺贝尔经济学奖获得者约瑟夫·斯蒂格利茨（Joseph Stiglitz，1964届）。还有众多国家元首，例如美国第三十任总统卡尔文·柯立芝（Calvin Coolidge，1895届）、摩纳哥亲王阿尔贝二世（Prince Albert II of Monaco，1981届）、希腊两任前总理乔治·帕潘德里欧（George Papandreou，1975届）和安东尼·萨马拉斯（Antonis Samaras，1974届），肯尼亚前总统乌胡鲁·肯雅塔（Uhuru Kenyatta，1985届），等等。

美国著名诗人艾米莉·狄金森（Emily Dickinson）的爷爷塞缪尔·狄金森（Samuel Dickinson）是阿默斯特学院的主要创始人之一。她的家族故居现在也是学院的博物馆，真实保存和还原了当年艾米莉生活和写诗的场景。

阿默斯特学院与中国的渊源

阿默斯特学院与中国的渊源可以追溯到被称为"清华之父"的晚清政府驻美公使梁诚。他曾在学生时代跟随学院的教授学习，也被爱称为"阿默斯特学院之子"。梁诚于1881年从马萨诸塞州著名的高中安多佛学院毕业后与其他留美学生一起被清政府召回，而他本应在当年夏天进入阿默斯特学院开始自己的大学学业。后来，他在学院第二十届校友返校日上被学院授予1885届荣誉校友的称号，因为如果他当年顺利入学，应该于1885年毕业。

阿默斯特学院迎来真正意义上的第一名中国籍的毕业生离梁诚先生本应该毕业的年份整整晚了一百年。1985年，来自北京的孙玮从阿默斯特毕业。她后来成为美国跨国银行摩根士丹利中国区的首席执行官和亚太区的联合执行官。

近些年，学院在中国的受欢迎程度越来越高。虽然每年只有十名左右的中国籍学生入学，但已经是学院所有国际学生中占比最多的国际生人群。他们不仅来自中国的高中，还来自美国以及世界其他国家的高中。中国的毕业生中不乏各行各业的精英人才，尤其是在金融、咨询和法律方面。

美国高等教育的领头羊

除了本科教育在全国起到示范作用，学院的众多创新和前瞻政策也在美国高等教育届中扮演着领头羊的角色。

废除校友继承录取

2021年学院宣布废除校友继承录取（legacy admission）政策，在美国顶尖高校中开了一个好头。校友继承录取源自20世纪20年代的常青藤大学，目的是阻止大量犹太移民的涌入。一直到60年代，校友继承录取几乎能够保证校友子女被绝大多数美国顶尖的私立大学录取。1925年，耶鲁大学甚至称它们在录取校友子女时根本不会在乎"其他申请者的数量以及他们的竞争优势"。

校友继承录取沿用到当代，虽然已经没有以前那么肆无忌惮，但如果自己的父母当中至少一方是这所大学的校友，也有的学校延伸到祖父母一辈，那学生在申请时会得到一定的优待。

阿默斯特学院的新政在2022年秋季申请季开始实施。来年6月的统计发现，新生中只有6%来自校友家庭，远低于上一届使用校友继承录取政策下11%的新生比例。2023年夏天，美国最高法院禁止高校在招生中考虑学生种族信息的判决出来后，美国大学一片哀鸿之声，因为这有可能会大幅度拉低少数族裔的录取率，降低学生群体的多元性，更不利于整个社会的阶层流动和各行各业的种族代表性。

紧接着，社会舆论将矛头指向了美国大学的校友继承录取，批评其为有钱的富裕阶层敞开了大门，不利于招生的公平，要求大学废除、平衡最高法院的判决对少数族裔和低收入家庭子女入学的消极影响。阿默斯特学院前瞻的政策，也让学院成了美国各大主流媒体争相报道的范例。

美国对国际学生最慷慨的大学之一

阿默斯特学院自2008年开始实施对国际学生的盲审（Need-Blind）政策。意思是在录取过程中不考虑国际学生的支付能力，只关注他们的才能和潜质。学生被录取后，学院还采用百分之百按需补助并不包含任何贷款的财政补助政策。补助金额涵盖学习的总花费，包括学费、食宿费、每年往返的国际机票、生活启动资金，等等。至2024年，全美国只有十所大学采用"盲审"以及提供全额按需补助的两种政策，包括阿默斯特学院、哈佛大学、耶鲁大学、普林斯顿大学、麻省理工学院、圣母大学、布朗大学、华盛顿和李大学、达特茅斯学院和鲍登学院。

　　这两个政策我在本书中多次提及，因为它们为学院带来了很多招生录取上的优势，让我们能招到全世界最优秀的学生，并保证他们能够完成在阿默斯特学院四年的学业。也因此，我们的招生策略几乎都是围绕如何能在全美国和世界各地招到最优秀的学生，特别是来自贫困家庭的人才。

2024年6月，我同阿默斯特学院第二十任院长迈克尔·埃利奥特（Michael Elliott）、学院负责校友筹款的首席发展执行官贝茜·坎农·史密斯（Betsy Cannon Smith），以及我的老板，负责学院招生录取和财政援助的主任马修·麦根（Matthew McGann）一同到北京、上海和香港与学院校友进行互动和举办招待会。除了跟校友联络感情，更重要的是向校友表达学院对他们的关注和希望校友参与学院的发展和建设。阿默斯特学院的校友在亚洲的各行各业，尤其是金融、咨询、法律、商业和政治领域颇有建树

这些政策与外界对以阿默斯特为代表的美国精英大学只招收所谓"上流社会"子女的刻板印象完全相反。阿默斯特学院现在已经是美国所有私立高校，尤其文理学院中，学生群体最多元化的学校之一，能够真正映照美国社会和世界的多元化。学院几乎一半的学生都是非白人的美国少数族裔，10%的学生是国际学生，来自70多个国家和地区。2023—2024学年，84%的国际学生获得了助学金，平均补助金额高达81 000美元。学院每年光花在学生财政补助上的资金就高达7 000万美元。

慷慨的财政补助得益于学院雄厚的财政实力。美国私立大学主要的财政收入来源是校友捐款基金。2023财年结束时，阿默斯特学院的校友捐款基金总额为40.6亿美元。

按在校生人均算，学院2022财年在美国所有大学中排名第六，仅次于哈佛大学。前四名分别是普林斯顿大学、耶鲁大学、斯坦福大学和麻省理工学院。紧随阿默斯特的是其他三所顶尖文理学院：斯沃斯莫尔学院、威廉姆斯学院和波莫纳学院。

雄厚的资本是美国大学各项政策颁布的基石。上至对全体国际学生采用盲审的政策，下至招生办国际招生的预算，都跟大学的经济实力相关。校友长久以来对母校的捐赠折射的是美国慈善捐赠的普遍性。校友在享受了学院提供的优质教育后，获得了事业和生活上的成功，尤其是财务上的积累，再通过自己的捐赠让学院未来的学生也能够继续享受到更优质的教育体验。学院的教育质量提高了，毕业生的成就也会更大，更能得到社会的认可，进而让学院的文凭也更加有价值，吸引来更多优秀的学生，形成良性循环。

用猛犸象做吉祥物

2017年学院公布了建校史上第一个正式吉祥物——猛犸象。整个筛选过程从2016年秋季开始，总共收到了学院教职工、在校生和校友2046个五花八门的吉祥物的建议，最后在9000多人的投票中，猛犸象胜出。阿默斯特学院贝内斯基自然历史博物馆（Beneski Museum of Natural History）内藏有一尊保存相当完整的哥伦比亚猛犸象化石。它是20世纪初学院考古学教授弗里德里克·卢米斯（Frederick Loomis）在佛罗里达州一户人家的院子中挖掘并拼好的。博物馆中还收藏了世界上最大的恐龙足迹化石之一和上万件其他珍贵的恐龙和远古生物化石。

之所以大张旗鼓地选新的吉祥物，是要跟过去的非官方吉祥物做彻底的告别。2016年，阿默斯特学院董事会宣布，旧的吉祥物杰弗里·阿默斯特勋爵（Lord Jeffery Amherst）也被昵称为"杰夫勋爵"，不再被学院用于任何官方形象和宣传。

阿默斯特勋爵是英国殖民时期的一名军官，也是阿默斯特小镇名字的来

藏于阿默斯特学院贝内斯基自然历史博物馆内的哥伦比亚猛犸象骨架

源。他曾经将沾染了天花病毒的毯子送给了反抗英国统治的土著印第安人，试图进行种族灭绝。放弃使用旧的吉祥物的决定引起了行业内不小的轰动。《纽约时报》也对此做了专题报道。当中引用时任学院董事会主席、前《名利场》主编卡伦·墨菲（Cullen Murphy）的话："阿默斯特学院吉祥物的使命只有一个，就是能够促进社区内成员的团结。" 虽然对此校园内有不同的意见，而且卡伦也表达了他对自由言论的支持，但旧的吉祥物显然已经与阿默斯特学院提倡的创建多元化的社区理念有所冲突。

这一决定也是在全国各地掀起的纠正历史错误的背景下开始的。美国众多大学、政府和机构开始废除不合适的吉祥物，因为他们的形象可能是在崇拜

2022年到访英国塞文奥克斯的圣尼古拉斯教堂，这里是阿默斯特勋爵的墓地

某一位历史上的奴隶主，或者丑化土著印第安人以及其他不符合新的认知的形象，等等。很多人也将这些吉祥物的使用当作是白人至上和白人制度性地压迫少数族裔的表现。阿默斯特勋爵出生于英国小镇塞文奥克斯（Sevenoaks）。我在2022年拜访英国当地一所著名的中学时，还路过了他的埋葬地圣尼古拉斯教堂（St. Nicholas Church），与学校仅一路之隔。

禁止使用排名

尽管学院在美国种类繁多的排名中常年位居文理学院榜首或榜眼，但早在2007年秋，学院就决定放弃将任何排名用于学院的招生和宣传。时任阿默斯特院长的安东尼·马尔克思（Anthony Marx）与十九所文理学院签署了备忘录，承诺在所有的官方材料中不使用《美国新闻与世界报道》（U.S. News and World Report）或者其他任何排名机构的排名。

在备忘录中，马尔克思校长称："我们希望学生们在申请大学时可以尽可能获得全面的信息来帮助他们做出自己的大学选择。我们担心任何一所机构的排名都不可避免地存在偏差，我们也担心当前申请大学的狂热会因为这些排名而愈加严重，让人误以为教育的成功与否可以通过一份单一的数字排列来判断。"

签署备忘录的大学中包括威廉姆斯学院、鲍登学院、斯沃斯莫尔学院等顶尖文理学院。

教学材料费用全免

2023年末，学院史无前例地决定从2024年秋季学期开始，为所有学生，无论家庭经济条件如何，免费提供所有课程所需的教材，无论是纸质还是电子版。这一政策将让所有教授在选择教学内容时将重心全部放在教学和科研上，而不用担心学生是否能负担得起课程所需要的材料。对学生来说，他们也可以毫无顾忌地选择自己最感兴趣的课，而不需要关注自己能否负担得起购买学习材料的费用。学院在教育公平上又带领美国高等教育向前迈了一小步。

作为阿默斯特学院的招生官，向学生和家长介绍学院的突出特点并不难。学院在教育公平、学生群体的多元化建设、独特的课程设置、慷慨的助学金政策、卓越的本科教育等方面，都为美国高等教育树立了典范。最重要的是，所有这些政策都包含一个共同点，那就是人文关怀——保证每一名学生都能得到最佳的扶持。这也是我九年来一直在学院兢兢业业工作的动力来源之一，因为它一直在引领着美国高等教育的潮流，而我的工作也算是为其添砖加瓦。我同时也意识到这份工作能够带给我的不仅仅是更大的职业挑战，还有这个平台赋予我的能够促成行业产生积极改变的力量，让我可以通过努力在国际招生领域留下一些自己独特的印记。

第二章

文理学院的博雅教育

博雅教育是美国最古老和悠久的教育理念。美国两百多所文理学院是将博雅教育的理念发挥到极致的高等教育院校。长久以来，中国家庭在面对美国大学择校时对文理学院的认知并不深入，甚至将这种美国高等教育最为精髓的教育模式作为次要选择，遗憾错失一种真正能够让自己的人生得到升华的教育机会。对文理学院认知的局限是我认为当下选择赴美留学的中国家庭最大的遗憾。

从2018年开始，每年的秋季，我都会和威廉姆斯学院招生办的同事一同到中国举行面向公众的联合招生宣讲会。阿默斯特学院和威廉姆斯学院是美国最知名的两所文理学院。两所学院强强联合的目的就是将文理学院博雅教育的理念更好地传播到世界各地，让更多学生和家长了解这一代表美国高等教育精髓的理念。

除了阿默斯特学院和威廉姆斯学院，美国其他文理学院在近些年也频频到访中国，拜访高中和举办公众宣讲会。通过这些努力，我们也开始看到中国的家庭开始对文理学院更加感兴趣，甚至在有的顶尖公立高中，百分之三四十的毕业生都会选择去文理学院。这让我们欣喜不已。不仅仅因为中国学生对文理学院的了解更深，还因为他们也越来越觉得自己所追求的教育体验在文理学院能够最大化地实现。

那文理学院在美国高等教育体系内到底是一种什么样的存在？文理学院与综合型大学作为美国四年制本科教育的两大支柱又有什么样的不同？什么样的学生适合文理学院？为什么美国众多学者认为文理学院的博雅教育能够真正帮助学生实现有价值的人生？文理学院博雅教育的终极目的到底是什么？

第一，文理学院一般规模比较小，每名学生都能得到教授们真正的关注。

文理学院的规模通常在1000—3000人。阿默斯特学院全校只有1900多名学生，班级平均人数在15人左右，师生比只有1∶7。威廉姆斯学院甚至还提供模仿牛津大学的一名教授加两名学生的导师制课堂。在这种小班制的氛围里学习，每名学生都有充足的机会进行发言、思考、辩论和表达自己独到的见解。学生在这种环境里是能够真正被教授和班里的同学所熟知和倾听的独特个体，是课堂讨论中不能缺少的一分子。中国家庭提到美国的大学教育就会联想到其人性化的学习环境，实际上这种理想的教育体验只有在文理学院才能真正实现。

阿默斯特学院负责招生和财政补助办公室的主任马修·麦根（Matthew McGann）曾经在麻省理工学院做招生办主任，他也是麻省理工学院的本科毕业生。在每次学院的录取新生开放日上他都会分享自己从麻省理工到阿默斯特学院的感受，说他之所以被阿默斯特学院吸引正是因为学院的小班授课制，本科生可以与教授充分地进行一对一交流和互动，这是他在原来的学校很难得到的经历。

我常常在宣讲会上让在场的学生畅想一下自己未来的大学生活。他们希望看到自己是在大课上与几百名甚至上千名其他的学生一起听课，还是与十几名甚至几名同学一起围着会议桌在教授的带领下进行着热烈的讨论？如果是前者，那他们看到的是综合型大学通常的本科授课形式；如果是后者，则更有可能是在文理学院。认清了两种环境的不同，学生可以根据自己的偏好，做出适合自己的选择。

很多中国家庭因为在以往的教育体验中并没有接触过规模如此小的高等院校的教育体验，只将大学与传统的综合型大学相联系，因此对小规模的文理学院带有一定的固有印象。再加上很多文理学院通常位于小城市，更加深了中国家庭对"小"这一概念的理解误区。来美国留学，哪怕是在再小的城镇学习，学生所接触到的普世价值和教育理念也是全球化的，而这才是留学要学习的核心。

第二，文理学院以本科教学为主，所有课程都由教授亲自授课。

美国的文理学院与综合型大学最大的区别之一就是文理学院以本科教学为主，而综合型大学既有本科部又有研究生和博士项目以及不同的职业学院，如商学院、法学院、医学院等。换句话说，在文理学院，本科生是学院关注的唯一对象，而不是在综合型大学中众多核心中的一个。打一个很通俗的比方，这就好比独生子女在获得父母的关注上要比同时拥有其他五个兄弟姐妹时更容易一样。

文理学院的每一门课都是由教授亲自授课。因此文理学院的师生比通常反映的是教授与学生之间的比例，而不包括研究生或者博士生助教。很多教授愿意来文理学院工作，正是因为他们对教本科生充满热情，享受小班制中与学生一对一的交流。在小班制的课堂里，教授也会了解每一名学生的学习习惯和进度，能够提供有效的一对一的帮助。换句话说，在文理学院的小班制里，每一名学生都会被照顾到，这在大型的课堂中很难实现，或者几乎不可能实现。

最重要的是教授跟学生之间会建立非常紧密的师生关系。除了学术上的合作，很多阿默斯特学院的教授还会时常邀请全班同学到家里做饭，加深互相之间的联络和感情。每年的国际新生迎新会的最后一晚，阿默斯特学院的校长都会请所有国际新生到他家的后院烧烤。在学生毕业后，他们还是会跟教授保持联系，成为终生的朋友。而教授也会在学生毕业后申请研究生或者博士项目时为他们写出非常详尽的推荐信。这种师生之间的良性互动和深入了解，能够让学生产生很强烈的归属感，也能够让他们及时得到学术和生活上的帮助。我在跟全球各地的校友见面时，他们总是会分享自己当年在校时与教授的互动，以及这些互动对自己今后人生和事业产生的巨大的积极影响。

我除了读高中学生的申请，还会读转学生的申请。从其他四年制大学申请转学到阿默斯特学院的学生中，那些来自文理学院的申请者通常有更加详尽的来自教授的推荐信；而那些来自综合型大学的申请者的推荐信往往是助教撰写，很多情况下，因为课堂太大，他们跟学生并无太多交集，只能凭有限的印象或者学生在作业上的表现来做出有限的推荐。中国家庭如果真的想让自己的子女在大学四年期间与教授和周围的同学建立紧密的联系，文理学院提供了得天独厚的条件，是综合型大学望尘莫及的教育体验。

美国学者，理查德·A. 德特韦勒（Richard A. Detweiler）博士在2021年出版的《为人文教育作证：博雅教育如何成就大学之后的人生》（*The Evidence Liberal Arts Needs: Lives of Consequence, Inquiry, and Accomplishment*）*一书中通过研究一千名美国不同年龄阶段毕业的学生发现，与学习内容相比，教育环境对人生结果的影响更为积极且长期。这种教育环境即在课内外与教师互动，在课内外与其他学生进行严肃讨论，等等。

在《大学的作用》（*How College Works*）一书中，研究人员通过对位于纽约州的著名文理学院汉密尔顿学院（Hamilton College）的一百名学生长达六年的追踪研究发现，有效的大学学习需要牢固的人际关系和社会归属感。他们的研究发现教育环境不仅对汉密尔顿学院的毕业生至关重要，对其他大学的毕业生同样如此。"无论就读什么类型的院校，对学生影响最大的都是与教师、导师和其他学生在课外进行有意义的互动。"

想要得到这些能够让自己受益终生的师生间的互动，文理学院是不二的选择。

第三，灵活的专业选择和深度的科研经历。

文理学院的学生入校后都没有专业，申请时也不需要说明自己未来要选择什么专业。尽管学生需要在申请表中列出自己的学术兴趣，文理学院的招生官通常会认为这只是学生在高中期间的兴趣，未来进入大学很有可能改变自己的方向。这正是大学的意义所在：帮助学生探索和深挖自己的学术兴趣。因此，在文理学院的前两年，学生可以自由选课，或者修大学规定的核心课程，大二结束之前才需要报专业。

这种灵活的选择专业机制给学生提供了更多在大学期间探索自己学术兴趣的空间，学生不需要在申请大学时就决定自己未来的专业是什么。哪怕选择了某个专业，如果在大三或者大四改变了主意，只要能够在毕业前完成新专业的

★ 该书中文翻译版已于 2023 年 11 月由世界图书出版公司出版。——编者著

课程要求也可以很灵活地转换专业。在大学期间探索不同课程最大的好处之一就是可以去修一些自己以前没有涉猎过的课程，去发现"新大陆"，更能建立跨学科的思维方式和批判性看待问题的习惯。

我的一名招生办的前同事是阿默斯特学院的毕业生。他入校时铁了心要学数学，但是毕业后他数了一下，总共修了将近二十门音乐系的课。他后来获得了数学和音乐的双学位。在音乐系，他跟教授一起做了大量的研究，在毕业时还提交了音乐系的荣誉科研论文。离开招生办后，他去了美国中部一所著名的大学读法律，现在已经是一名律所的律师。

在美国，教授要获得终身教职，必须要有科研成果和著作，综合型大学的教授如此，文理学院的教授亦是。不同之处在于，综合型大学的教授通常会雇用博士生或者硕士生来辅助他们做研究，这是博士生和硕士生的本职任务；而文理学院的教授则会让本科生替代这一角色，让他们在本科阶段就能深入接触和参与科研。

在美国，通常情况下，无论去何种类型的大学读本科，如果想继续深造，都需要向硕士项目或者博士项目重新递交申请。并不是在综合型大学读本科就可以直接延续硕士或者博士的学业。由于在本科阶段就参与教授的科研，与教授一起发表文章和出版书，并在教授的指导下完成自己独立的毕业论文，文理学院的众多毕业生可以直接进入综合型大学的博士项目进行深造。

我个人认为，到美国的文理学院读本科再到综合型大学读硕士或者博士可能是到美国接受高等教育的最佳组合。

第四，文理学院，文理兼备。

文理学院的英文名称是"liberal arts college"。很多人误认为文理学院名字中的"arts"指的是单纯的艺术或者人文，因此中文网络上会经常看到文理学院被翻译成"人文学院"或者"文科大学"。这与事实相去甚远，也可以说是很多中国学生和家庭的认识误区。

文理学院的课程设置既强调文科也兼容理科，所以既有"文"，又有"理"。在专业设置上，既涵盖人文社科，也提供自然科学、数学和计算机科学。例如，在阿默斯特学院的42个学术专业中，有将近三分之一都是理科方向。近几年学院选择理科专业的学生，与15年前相比增长了85%，增幅之大让学院不得不重新构想在理科方面的投入。也因此，学院投资了2.5亿美元（将近18亿人民币），在2018年落成了一座新的科学中心，为学生提供最顶尖的科研设施。这种巨大的投入，在综合型大学通常是为硕士研究生以及博士研究生所提供，而在阿默斯特学院，所有的资源都只提供给本科生。

这种文理兼备的教育理念，也让文理学院鼓励学生在校期间进行跨学科选课，学生即便修读理科专业，也会同时涉猎很多人文社科领域的课程。美国绝大多数大学，包括文理学院都有核心课程，但也有极少数，大概十所，例如阿默斯特学院和格林内尔学院（Grinnell College）等提供的是开放性课程（Open Curriculum），学生可以自由选择不同学科的课程，在导师的指导下自主决定大学的学术探索方向，将学习的主动权握在自己手里。

跨学科的学习能让学生在看待问题时从不同角度进行剖析，得出独一无二的解决问题的方法，也能让他们将人文关怀纳入科学研究当中去：在看重科研结果的同时，也关注科研所带来的社会效应，以及对他人的影响。尤其是在人工智能飞速发展的当下，我们如何将科技的发展用于服务人类，而不是取代人类，是需要更多文理兼备的科学家、工程师、教育工作者、政策制定者等各行各业的人进行思考的。在大学期间只专注于某一项职前培训技能可能会很快被飞速发展的科技所淘汰，但跨学科学习所获得的批判性思维以及多维度思考问题的能力是科技代替不了的，也是能够真正引领未来科技走向的不可替代的核心技能。

第五，文理学院毕业生去向多元。

文理学院的就业问题是中国家长最担心的问题，这同样与认知的局限有关。虽然文理学院普遍不提供在综合型大学常见的职前培训专业，例如传媒、金融、商业、贸易等，但文理学院的学生毕业后在就业上同样有非常好的发展。相对他们只学习某一种职前培训专业的同伴来说，文理学院的毕业生甚至有更大的发展空间和成功潜质。这不仅跟博雅教育所塑造的核心技能有关（在下文有详细分享）；同时，在大学四年的暑假，学生有很多实习的机会，而且当中大多数还是由校友提供。得益于文理学院师生间以及学生跟学生之间深度的交流，毕业后的校友关系网络也异常紧密和忠诚，这些校友能为毕业生提供很多力所能及的帮助。

每年，阿默斯特学院的勒布职业探索与规划中心（Loeb Center for Career Exploration and Planning）都会对毕业生进行一次"初次就业"调查，询问他们在毕业六个月后的初次就业情况。整合四年（2019—2022）的数据发现，75.2%的毕业生在毕业六个月内从事全职工作。14.2%的毕业生进入硕士研究生或者博士项目深造，录取阿默斯特学院毕业生最多的研究型大学包括哈佛大学、哥伦比亚大学、牛津大学和耶鲁大学，等等。毕业生就业的前四大领域分别是健康保健、管理咨询、互联网和软件、投资银行，尽管这些都不是阿默斯特学院所提供的专业。最经常录用阿默斯特学院毕业生的雇主包括亚马逊、高盛、德勤、谷歌、微软、贝恩咨询、麻省总医院、富布莱特学者项目、丹娜-法伯癌症研究所，等等。

阿默斯特学院的毕业生不仅在自己的领域有所建树，还成为了终身学习的实践者。80%的阿默斯特学院的毕业生在毕业后五年内都会选择到硕士或者博士项目进行深造。他们一生都会不断寻求提升自己的机会。

德特韦勒博士的研究发现，尽管职业化学习的确有其价值（如毕业后第一份工作的薪资可能更高），但从长远来看，那些更成功的人在大学所修读的课程中至少超过半数是专业以外的课程，也跟教授和同学有更加积极的互动。在大学期间的跨学科选课，包括人文社科、自然科学以及社会科学等，这些学习内容与许多更长期的人生结果有更加密切的关系，例如职业上取得的成就、终身学习的习惯、利他主义，以及更加能够实现自我价值。

德特韦勒博士引用了世界经济论坛（World Economic Forum）最近发表的分析报告《未来的工作》（Jobs for Tomorrow）指出，在未来，人与科技共存的时代，所有职业都需要领导力、谈判力、创造力、沟通力以及解决问题的能力这些核心技能。在总结未来成功人士所应该具备的技能时，报告讲道：

"数字和人工任务即将合二为一，最适合承担这些任务的是那些具有更广博知识、更全面思维的人。从传统上看，我们在具有博雅教育背景的人才中看到了这种特质。与具有技术或STEM（科学、技术、工程和数学）背景的员工相比，这些人才通常被视为多面手，他们接触的广阔世界往往给他们带来明显的优势。那些具备博雅教育知识的人在学习全新的不同的主题方面训练得当，而在需要终身学习的时代，这就是又一个加分点。"

博雅教育的终极目标

两千五百年前，苏格拉底将博雅教育的传统介绍到雅典。当时的诡辩家们教导年轻人如何在正在萌生的雅典民主制度中夺取权力和成功。苏格拉底强烈斥责诡辩家的错误引导，让有抱负的未来的领导者们只去追求荣耀而不追求美德，只追求权力而不追求原则。作为对这种虚伪的教义的替代，苏格拉底主张人们训练自己的心智去寻求真理。

随着时间的推移，博雅教育开始风靡中世纪的欧洲。传统上，博雅教育由七个科目组成：人文三科（语法、逻辑和修辞），以及科学四科（天文/占星、音乐、几何和算数）。这种教育理念也被称为"自由人的教育"，认为只有当人能够识别和做出不同的选择时，自由才真正存在。

确实，自由的理念贯穿博雅教育的起源与发展。liberal（自由）一词来自于拉丁文的liberalis，意思是与自由有关，与自由的人有关。但它其实还有更久远的来源，可以追溯到古英语里的一个词 Leodan，意思是成长（grow）。所以博雅教育最深层次的内容讲的就是两个概念：自由（freedom）和成长（grow）。因此，博雅教育的本质也是致力于人类的成长，以促进和服务于全人类的自由。只有得到了自由的人才能获得身心的解放，进而去探索和实现他们所能够达到的人生的至高理想。

因此，博雅教育也被称为自由教育。这里的自由教育并不是在政治上常常听到的自由派或者保守派，也不是指一种专门向学生灌输自由派政治理念的教育。虽然现在美国很多的社会话题都离不开自由派或者保守派的争论，例如民众持枪的权利、女性堕胎的权利、高等教育的推崇、种族歧视以及对移民的欢迎态度等。尽管接受了博雅教育的人也确实更倾向于政治上自由派的作风，但这并不是博雅教育本身所倡导的。相反，博雅教育指的是一种教育传统，一种被学者们描述成"来庆祝和培育人类自由"的教育。

需要补充的一点是，博雅教育虽然是文理学院的核心，但它也存在于一些综合型大学的本科部。哈佛大学的本科部哈佛学院（Harvard College）或者耶鲁大学的本科部耶鲁学院（Yale College）其实都是文理学院，只不过规模和人数要远高于单独的文理学院。

那这些听起来就很晦涩的理念真正落实到现实层面有哪些具体的表现呢？又或者说，接受过博雅教育的学生会成为什么样的人，他们的身上会有哪些共同的特质？

我想引用威斯康星州大学麦迪逊分校的环境历史学家威廉姆·克罗农（William Cronon）教授的观点来分享几点我的看法。

在阿默斯特学院2017年的毕业典礼上，克罗农教授因其对博雅教育的推崇和影响力而获得了学院颁发的荣誉文学博士学位。在《联结：博雅教育的目标》（"Only Connect…"：The Goals of a Liberal Education）一文中，他列举了十个不同的特质，我选了其中五点，并结合阿默斯特学院的特点来跟大家分享。

受过博雅教育的人，喜欢阅读，并能写出有说服力的文字

他们会通过多种方式涉猎读物，阅读范围包括小说、历史、学术期刊、数据库、报纸、诗歌、实验室报告，甚至数学公式。在阅读的同时，他们也会深度解读字里行间背后的含义，得到独一无二的阅读体会。在校期间，阿默斯特学院的学生会被教授要求做大量的、跨学科的阅读，阅读量之大远超一般人的想象。因此，学生们会学会阅读的艺术，并养成终身阅读的习惯，无论他们将

来的人生选择是什么。

广泛和深入的阅读及跨学科的学习会为学生的写作提供巨大的帮助。通过写作，他们会学会如何把不同学科的不同观点进行融合来服务于自己的观点，他们也会引经据典，用科学事实来支撑自己的论点。阿默斯特学院的学生不仅会被教授要求进行大量的写作，而且教授也会亲自向他们提供详尽的反馈。未来的雇主或研究生院会对大学毕业生的写作能力抱有很高的期望。他们希望看到毕业生有能力进行自我表达、去说服、去创造。无论他们将来是成为律师、科研人员、医生、教师，还是投资银行家，有说服力的写作都会让他们在众人中脱颖而出。

我曾在2019年新加坡的一场校友招待会上，跟一名20世纪80年代从阿默斯特学院毕业的美国校友攀谈。她从学院毕业后成为了一名成功的律师，分别在日本和新加坡的律所工作。她非常感慨地跟我分享自己在学院的写作经历。她入学后的第一份作业是一份一页纸的政治科学课论文。当她拿到教授的反馈时，她惊讶地发现教授给她写了两页单行距的评语，还附加了一个录了更多评语的磁带让她听。她大为震惊，以至于几十年过去了，她谈到这件往事还是充满感恩之情。

好的写作也是深度思考的表现。写作能让学生将脑子里的想法经过筛选和精练后落在纸上，而这一过程需要进行大量的思考。我在阿默斯特学院的这些年，听到过无数世界各地的校友跟我分享他们如何感恩学院的教授们对他们写作的帮助，以及写作能力是如何让他们在进入职场后脱颖而出的。很多阿默斯特学院毕业的行业领袖也告诉我他们喜欢雇用阿默斯特学院的毕业生，因为他们是很好的思考者。阿默斯特学院对写作的训练之严格还让学院得到了一个别称叫"写作学院"。

我经常在校园宣讲会上问在场的学生，商业、金融、咨询、传媒这些行业需要写作吗？学生还没回答，在座的家长通常就已经开始点头。写作是真正能够让学生在未来任何行业脱颖而出的技能，也是能够惠及他们一生的能力。但写作能力的提升并不能一蹴而就，也不可能在进入职场后才开始训练，而文理学院四年的时间为学生提供了宝贵的训练以提升学生写作的能力。学生大可不必花四年的时间只去学习一门可能在不久的将来就已经过时的科目，尤其是他们可以通过实习获得相应的经验，这已经足够。

受过博雅教育的人，愿意倾听，并能理解语言背后的真实含义

他们在倾听别人的话语时会专心留意、听取论点、追寻逻辑，并找出不合逻辑之处。阿默斯特学院的教授在日常教学和交流中会让学生养成倾听和思辨的习惯。因为班级规模小，教授会赋予学生们充足的发言机会，让他们在课堂中发表自己的观点，进行相互之间的思想碰撞，以及用尊重的态度去倾听对方观点背后所代表的更深层次的社会、文化和习俗。这里的听超脱了简单的听的动作（listen to），而是真正去听到（hear）观点背后更具细节的内涵。

在这样的环境下，学生会突破自己原有的惯性思维，真正设身处地地去了解别人的观点，并在互动的过程中保持开放的心态，不断摒弃以往的错误认知（unlearn）和吸收新的认知（learn）。

这些习惯的养成，会让学生将这种缜密的思维方式带到课堂以外的讨论中去，带到对国家或国际不公正事件的反思和行动中去，也会带到团队间的协作，甚至宿舍夜谈的探讨中去。对逻辑的追寻也会让他们在看到或者听到来自不同声音的信息时学会思辨，得到自己独立的判断，在纷繁复杂的信息世界中保持自己的独立思考。

在未来的人生中，学生们将面对一个越来越多元化的工作和生活环境。如何能够与来自不同背景的人沟通和协作是他们需要在大学期间就开始锻炼的能力，这也是所有未来的领导者都应该具备的技能。

受过博雅教育的人，可以解决问题、破解谜题

他们可以批判性地思考，了解数据背后的力量，能够看清看似矛盾的观点，并能从不同的角度去看待问题、冲突和困境。他们既能独立地解决问题，也能与别人协作共事。他们不会轻易相信周围人或者媒体"投喂"给他们的信

息，而是会通过批判性的眼光来思考问题背后更深层次的含义，探索并尽量接近事物的真相。这将会是他们终生的习惯。

受过博雅教育的人，可以与任何人自由地交谈

他们可以发表演讲，提出深思熟虑的问题。阿默斯特学院是一个多元化、崇尚智识的大学社区。学院在校园里创造了很多能够促进对话、交谈和辩论的空间，让这一互动能够以不同的形式自然地展现。无论他们以后到哪个国家或者在哪种环境工作和生活，他们能够很自然地与当地人和周围的同事互动和交流。这是一种不可多得的能力。

受过博雅教育的人，可以与别人联结并互相赋能

他们懂得怎样与他人进行联结和沟通并互相赋予对方力量。博雅教育所倡导的是人与人之间的联结和互相赋能。一个自由的人只有在一个真正自由的社群中才能获得自由；相反也是，自由的社群赋能给每一个个体来寻求属于自己的自由，而自由的社群也是靠每一个自由的个体来进行组建和获得繁荣的。

虽然有这些核心素养，但是否真正可以称自己就是一个自由的人，或者已经达到了博雅教育的终极目标呢？

克罗农教授说："博雅教育不是我们任何人所能够彻底达成的一种教育结果，也不是一种状态。相反，它是一种我们在面对自己的无知时的一种生活方式；一种我们在充分认识到自己的愚蠢的状态下不断探索智慧的一种方式；是我们在认识到教育是一场永不终结的旅程的基础上不断让自己接受教育的一种方式。"

第三章
美国顶尖大学的综合评审

每一份递交到美国精英大学的申请都会被全方位审阅。在选择性极高的大学，例如阿默斯特学院、哈佛大学、耶鲁大学等，所有最终的录取决定都由招生录取委员会集体做出。这种综合和民主的申请审阅方式在全世界独一无二。

综合评审（holistic review），也叫全人审核（whole-person review），顾名思义，招生官在审阅申请时会从不同方面了解学生，包括但不限于学生的学术表现、学术兴趣、写作水平、思考深度、个人特质、面试、课外活动以及学生学习和生活中的很多现实处境，等等。标准化考试成绩并不是综合评审的核心，而仅仅是当中很小的一部分。在审阅的最后一步，招生官会以他们所服务的大学所期待招募的学生特点和申请者整体的质量为依据，通过集体投票的方式做出最终的录取决定。

美国大学的综合评审与中国传统人才选拔机制不太一样。中国的人才选拔标准向来以考试为主。远至公元605年由隋文帝首创的科举制度，近至一年一度的高考和公务员考试，中国的人才和社会阶层流动主要基于考试的结果。因此，不将考试结果作为主要评审标准的美国大学招生录取制度很容易让已经习惯了中国传统人才选拔机制的学生和家长感到水土不服。近年来，中国的高考制度虽然有了向综合评审转变的迹象，例如，强基计划的面试环节，但高考分数还是占综合成绩的85%。

那美国大学的综合评审到底考查哪些方面？招生官想从中得到什么信息？究竟什么样的学生才能在综合评审里脱颖而出？美国大学颁布的一系列招生录取政策背后到底跟国际学生有什么关系？这些招生录取政策背后更深层次的渊源是什么？

高中课程

虽然在综合评审制度下，很难听到招生官公开表示哪一部分最重要，但根据我在美国两所不同的顶尖大学做了十一年招生官的经验来看，学生的学术表现要比其他任何部分都重要。

学术表现指的是学生在校所修课程的科目、成绩以及课程的难度。因为在校时间跨度长，这更能反映学生的学习能力和应对挑战的决心，也是预测学生进入大学后是否能在大学的学术环境中取得成功的很重要的参考依据之一。因此，申请者首先要充分利用好学校的学术资源。

不同的学术课程

美国顶尖大学每年都会收到全国和世界各地的申请，而每所高中的学术设置都不一样，不同区域间、国家间的学术标准和课程体系更是千差万别。至少在顶尖大学，所有学术成绩都是由招生官亲自审阅，通常不使用第三方机构的评估。因此，招生官在审阅申请时并没有先入为主地表达对某一类课程的偏好。

学术设置的不同在中国尤为突出。中国的高中种类很多，例如有以高考为目标的普通公立高中、公立高中国际部或者国际课程中心、私立国际课程高中、外籍人员子女学校，以及中外籍都招的私立高中，甚至还有只招收外籍人员子女的公立高中国际部，等等。这些学校也提供不同的课程，例如高考课程、AP、IB或者A-Level，等等。

面对不同的高中和课程类型，很多家长在给孩子择校时犯了愁。2019年圣诞节期间在上海的一场《升学之道：美国大学申请全解析》的新书预热会上，一名母亲从观众里站起来非常焦虑地向我询问关于自己孩子选择课程的问题。她的孩子在上海一所非常知名的公立中学读高考课程，但是她在纠结要不要让孩子去同一所学校的国际部，因为她觉得国际部的课程能帮助孩子被排名更高的美国大学录取。说着说着，这位母亲开始流眼泪，可见这个问题对她和她的家人造成了多么大的困扰。

对招生官来说，无论学生在哪个课程中学习，都不会对他们的申请有自动的优势或者劣势。招生官想看到的是学生是否充分利用了自己所修的课程，例如学生是否修了有挑战性的课程？课程的科目是什么？是否涵盖了核心的课程，例如英语、数学、社会科学、自然科学和计算机科学？最后的成绩如何？

在一所国际课程高中里，哪怕资源再丰富，课程和师资质量再高，但是如果学生没有利用好这些资源，也没有能在自己的班级里脱颖而出，自然也就很难在选择性很高的精英大学的录取中得到任何优势。

在高考课程里的学生同样也如此。如果没有在标准课程里取得好的成绩，那也不会在精英大学的申请中崭露头角。学生如果觉得在高考课程里无法获得与出国留学相关能力的提升，特别是缺乏用英文来理解和学习不同的学科内容方面的练习，那可以通过自修美国大学先修课程或者利用网络公开课等来提高自己的英语学术能力。当然，这些额外的探索不是大学期待一定要看到的，因为高中的课程设置并不是学生可以任意改变的，他们唯一能改变的是自己在探索学术课程上所做出的努力和表现。

假设学生所修的是AP课程，那招生官会先了解学校总共提供多少门AP课程？学校对学生每学期所修数量是否有限制？学生修了几门AP课程？是什么科目？是不是自己所擅长或者对自己有挑战的？最后取得的校内分数是什么？需要补充的一点是，并不是所有大学都要求学生提交官方的AP考试成绩，特别是顶尖大学。我们会更加看重学生在校内的表现，是否参加官方考试学生可以自己决定，最后的分数不一定非要提交，除非学生想让我们参考。

关于AP

我们经常看到中国学生在申请表里填写了十几门AP考试的分数，大多都是五分，但其中很多并不是他们高中所提供的。除非学生对某一门额外的AP课非常感兴趣，想拓展自己的知识，如果仅仅是为了让申请看起来有竞争力而去考试，这并不是招生官所期待看到的。

2022年5月6日，我正在接受上海外语频道《海外路路通》节目的在线专访，谈美国大学的招生录取，突然美国大学理事会（The College Board）宣布因疫情影响正式取消中国多个城市的AP考试，包括北京、上海等AP课程学校众多的城市。一石激起千层浪，无论是学生、家长还是高中都对这一消息感到震惊，尤其是考试主办方美国大学理事会并没有提供补考的机会或者在线考试的替代。

借着《海外路路通》的平台，我跟学生和家长分享了几点美国精英大学对AP考试的看法。

第一点是美国精英大学采用综合评审的理念，学生申请中的所有信息都会被我们考虑，除了成绩，我们还会看学生的课外活动、老师的推荐信、写作，等等，也会将影响学生学术和课外表现的所有信息都纳入考虑范畴。

第二点是AP考试成绩通常不作为美国顶尖大学申请或者入学要求的一部分。对招生官来说，我们更看重学生在校内的表现。官方成绩有的话我们会看，没有的话我们也不会太纠结学生为什么没有考。

另外，在顶尖大学，高中期间的大学级别课程，例如AP、IB或者A-Level，通常不能直接转换成大学学分。入校后，教授可以在学生提供足够分数证据的情况下允许他们跳过入门级别的课，但并不能缩短他们在校的时间和减少完成毕业要求的课程总量，更不能提前毕业。例如在阿默斯特学院，所有学生必须在四年内修满至少32门课，哪怕学生已经在高中期间修了大学先修课程，也不能在入校后少修课程。

最后，考试的取消并不是学生所能控制的。超出学生控制范围的因素不会对学生的申请有任何不好的影响。遇到这种超出控制范畴的影响因素，学生可以自行与招生办取得联系，最佳的方式是写邮件，分享自己的处境，并要求招生办将信息纳入综合评审中。学生也可以要求自己的升学指导老师向招生办发邮件说明情况。

访谈后一周的时间内，这段视频的播放次数超过了两万次。但中国家长的焦虑并没有得到缓解。他们将AP考试的重要性与中国的高考相提并论，认为如果自己的子女参加不了AP考试，那他们的申请将处于劣势。一位匿名观众在视频下的评论区问"您说的是实话吗？"，暗示我只是在重复一个很官僚的答复。

焦虑的来源

他们的焦虑并非杞人忧天，因为对考试的重视深深植根于中国数千年的人才选拔机制。无论是AP考试，还是任何其他标准化考试，如SAT或者ACT，如果没有一份实实在在的高分在手，中国学生就感觉没有底气去申请美国大学。而美国众多顶尖大学采用可选择性提交标准化考试的政策，更让很多中国家庭无所适从。无论我们作为招生官如何解释分数的角色，中国家庭对分数的执着还是让他们对我们的解释将信将疑。

除了中国教育传统本身所带来的影响，另一个焦虑的来源是网络和自媒体上一些错误信息的传播。我听到一位抖音上的留学自媒体主持人"告诫"家长，中国学生考不了AP，那就应该把精力转移到考SAT或者ACT上来，以弥补没有AP考试成绩的不足。总之，一定要有一份成绩在手。但2022年因为客观原因出境考SAT比登天还难。这样的建议除了制造焦虑，没有起到任何实际作用。

在没有官方AP成绩的情况下，很多家长会担心其他高中夸大他们的内部打分，也包括IB和A-Level的预估分，从而间接让自己孩子的成绩处于劣势。在这种情况下，学校不断受到家长以及校外中介的压力来篡改分数。这样一来，整个留学市场就变得更加混乱和无序，中国学生整体的申请可信度也大打折扣。

坚守底线

最后再赘述一点额外的思考。说实话，我在开篇处说成绩单是申请中最重要的部分，一定会让国内的一些读者，特别是了解中国长久以来存在的申请材料诚信不足现象的读者感到困惑。我甚至听到一名国内的同事质疑美国大学的这种认知，言外之意是中国高中的成绩单很多都不可信，美国大学将成绩单作为审阅的重中之重是一件很"单纯"的操作。

很遗憾，这的确是中国区申请的一个现状（当然，并不是在所有高中都存在），而且美国大学对此心知肚明。这也是很多美国大学热衷于面试中国学生的原因，他们要来佐证学生是否如申请中描述的那般"优秀"。往细里想，这其实是一件很悲哀的事情，而那些坚守底线的高中却必须在各方压力下艰难地负重前行。

换位思考，如果你是招生官，看到来自同一所中国高中的十几份申请中所有科目的成绩全部都在95—100分之间，甚至有的全部在98—100分之间，或者全部都是A/A+，你会为这样的成绩单的真实性打几分？如果我再告诉你，这样的申请者还被美国最顶尖的大学录取，你会不会像我一样，从心底里发出一阵悲凉的叹息？

当然，中国并不是成绩单不诚信问题突出的唯一国家，但作为向美国输送留学生人数最多的国家之一，这种现象值得中国整个留学行业和社会深思。这难道就是我们想向世界传递的信息？难道我们甘愿只被看作是能付得起高昂学费的"摇钱树"，而不管是否被默认为可以为了目的而践踏道德底线？

有一年我在拜访南京的一所高中时，升学指导办公室主任很认真地向我介绍了他们为了保证学生成绩单的真实性都做出了哪些流程上的把控。我记得整个流程单上总共分了四五个环节，层层检查，为的就是避免任何人通过任何方式更改学生的成绩。对成绩没有了异议，招生官才能心无旁骛地关注学生其他方面的表现，也能让招生官对未来从同一所高中申请的学生至少在成绩的真实性上不用过于担心。

高中的成绩单管理和在申请时上传本应该是一件简单到不能再简单的事情，但在中国却变得如此艰难。如果我们想让整个行业和社会有向上的发展，就必须知道问题出在哪里，必须知道底线在哪里，必须做出努力让自己成为那道可以给同样坚守底线的人带来希望的光。

标准化考试

对习惯了中国应试教育的学生和家长来说，综合评审最大的不同之处就在于美国的标准化考试（SAT/ACT）成绩不作为大学录取的唯一标准。

新冠疫情开始后，标准化考试纷纷取消，美国大学为了适应新的现实开始采用可选择性提交标准化考试成绩（Test-Optional）的政策，允许学生在申请大学时自主选择是否提交考试成绩。如果不提交的话不会对申请造成任何不好的影响。这种快速的政策变通是美国大学综合评审的一大优势。

标准化考试成绩变成可选项给很多自认为自己的分数不足以申请顶尖大学的学生打开了新的思路，最直接的结果就是美国顶尖大学在疫情开始后的第一届申请时出现了申请人数井喷式的增长。例如阿默斯特学院的总申请人数从10 000份出头窜到了惊人的将近15 000份，威廉姆斯学院从疫情前的9700多份申请暴增到了12 000多份。

人数众多的申请促使录取率急速下降，但也为大学吸引来了更多元化背景的申请者，尤其是来自资源匮乏的美国低收入家庭、第一代大学生以及少数族裔背景的学生，特别是非洲裔美国学生和拉丁裔美国学生。这些学生由于历史遗留问题和社会资源分配不均的问题一直在美国大学极度缺乏代表性。他们也因此是美国大学，特别是精英大学，近些年花费巨大财力和人力招募的对象，因为这符合美国大学促进教育公平、创造更多入学机会和建设多元化学生群体的使命。

对这些学生来说，因为家庭和学校资源的匮乏，他们无法像富裕的同龄人一样负担得起额外的考试培训，很多人还需要打工来补贴家用或者照顾家人，哪怕参加标准化考试，最后的分数跟来自富裕家庭的学生相比也会有明显的差距，但这不表明他们没有潜质胜任大学的学业。

恢复考试要求

仅仅两年后，麻省理工学院在2022年3月突然宣布学院将重新要求申请者提交标准化考试成绩。理由主要是标准化考试成绩能够更好地预测学生入学后的学业表现。对麻省理工学院这样一所无比看重数学和理工科的大学来说，这一消息并没有让业内的人感到吃惊。消息一出，中国国内的留学自媒体也纷纷报道，情绪喜忧参半，有的甚至对恢复考试这件事情持欢迎态度，因为这是中国学生能够拿得出手的"硬货"。

紧接着，两年后的2024年2月份，体育联盟常青藤的盟校之一达特茅斯学院宣布他们也将恢复对标准化考试的硬性提交要求。学院对恢复标准化考试给出的理由是可以帮助更多来自缺乏代表性群体的学生，也能够为未来的申请者创造更多的申请机会。

两个星期后，常青藤联盟的另一所盟校耶鲁大学也宣布恢复要求标准化考试的新政。跟麻省理工学院和达特茅斯学院不同的是，耶鲁称自己的政策为灵活提交（Test-Flexible），允许学生用AP或者IB课程的考试分数来代替SAT或者ACT。耶鲁大学给出的理由中很独特的一点是，他们认为允许学生选择是否提交标准化考试成绩会让那些原本能够因为自己的分数而获得申请上的优势的学生最终选择不提交，因为他们担心自己的分数不能够达到耶鲁大学的录取要求。

这些在耶鲁眼里不懂得如何利用自己分数的学生指的是来自少数族裔、低收入家庭和第一代大学生背景的美国学生。他们的标准化考试成绩受限于家庭和学校资源，通常会比来自富裕地区的学生低。

负责SAT考试的美国大学理事会在2024年公布的考试数据中可以看出，亚裔美国学生的SAT平均成绩为1228分，是所有族群中最高的。白人学生的平均分是1083分，而拉丁裔学生的平均分是939分，非裔学生的平均分是所有种族中的倒数第二，907分，排在最后的是印第安裔和阿拉斯加原住民学生，只有881分。SAT的总分是1600分。

学生家长的学历也对子女的SAT考试分数有显著的影响。拥有研究生及以上学历的家长，他们子女的SAT平均分是1186分；有本科学位的家长，子女的平均分为1108分；有社区学院学历的家长，子女的SAT平均分是1001分；而没有高中学历的家长，子女的SAT平均分只有903分。

家庭收入也跟学生的SAT表现成正比。家庭年收入超过117 610美元的家庭，子女的SAT平均分为1152分；年收入89 466—117 609美元的家庭，子女的平均分为1038分；而家庭收入在最低档，55 667美元以下的学生，平均分也是所有收入档位中最低的，887分。

这些来自少数族裔，受制于家庭收入和父母教育背景的学生是可选择性提交标准化考试政策的最大受益者，因为他们可以通过在校的表现来证明自己可以胜任大学的课程，而不是一份需要花费大量财力和资源而获得的标准化考试分数，这些资源是他们负担不起的。

在达特茅斯学院关于恢复硬性要求标准化考试的官宣中，他们强调："首先，标准化考试成绩是预测学生在达特茅斯课程中取得成功的重要指标，无论学生的背景或家庭收入如何，都是如此。其次，在考试选拔制度下，许多申请人不提交考试成绩。这对家庭经济条件较差的申请者不利，因为达特茅斯招生办会根据申请者所在高中的当地标准来考虑申请者的分数（举例来说，如果申请者所在高中的 SAT 平均分是 1000 分，而他的 SAT 分数是 1400 分，那么这就为我们提供了有价值的信息，让我们了解申请者在其所处的环境、在达特茅斯以及其他地方是否有能力取得优异成绩）。"

1400分听起来并不高，但对资源匮乏的少数族裔的学生来说，这是一件比登天还难的事情。我们再来看美国大学理事会公布的2024年的SAT考试数据。在1400—1600分这一分数档中，能取得这一区间的学生在亚裔美国学生中占27％，白人学生中占7％，拉丁裔学生中占2％，而非裔学生只有1％处于这一区间。也因此，要达到达特茅斯学院所说的1400分，非裔学生需要成为他们族群中的前百分之一才有机会被考虑。

耶鲁的消息让行业内的升学指导老师们还没缓过神来，两个星期后，第三所常青藤联盟盟校布朗大学也宣布恢复对标准化考试的硬性提交要求。同时，布朗大学还决定继续使用被诟病的为白人富裕阶层打开大门的绑定性早申请和更偏向于富裕白人家庭的校友子女传承录取偏好政策。布朗大学给出的理由是，标准化考试成绩跟学生在布朗大学学习期间的学术成绩挂钩，但并没有给出任何实际的数据来支撑，也没说标准化考试成绩是否是唯一跟学生在布朗学习期间学术成绩挂钩的因素，以及其他的因素是否也能够预测学生在布朗学习期间的学术成功。

这四所大学是美国精英大学的代表，他们的政策调整瞬间在行业内掀起讨论的热潮，尤其是在高中的升学指导行业，因为升学指导老师们承担着帮助学生谋划未来、申请大学的重任。

有意思的是，在行业内最大、最活跃的脸书（Facebook）论坛里，这四所大学的政策均受到了美国国内升学指导老师们的集体讨伐。他们认为这些大学打着使用标准化考试成绩的旗号来招收更多欠代表性群体的学生听着是为了学生好，但实则是挂羊头卖狗肉，前后矛盾、虚伪异常。

不仅是美国的升学指导老师们反应巨大，美国国外专门扶持寒门学子到美国留学的非营利性教育慈善组织的老师们也感到气愤和无奈。一名来自美国、本科毕业于布朗大学、曾在国际升学指导行业因扶持非洲寒门学子而获得过最高荣誉的指导老师在社交媒体上炮轰她的母校，说布朗大学应该为其颠倒的政策感到羞耻。

这名老师帮扶的学生全部来自非洲某贫困国家，她也已经为此深耕几十年。要求学生提交标准化考试成绩意味着她的学生需要承担巨额的考试费，这让已经挣扎在贫困线上的非洲学生更加雪上加霜。不能参加考试，也就意味着学生们不能申请布朗大学和其他要求硬性提交标准化考试成绩的精英大学，而这些大学往往给国际学生提供丰厚的奖学金或者助学金，因此也就是说学生们失去了原本就很少的改变命运的机会。这与这些精英大学所倡导的教育公平与入学机会平等的理念背道而驰。

在布朗大学公布自己要恢复要求考试的同一天，常青藤盟校宾夕法尼亚大学宣布他们将继续延长可选择性提交标准化考试成绩的政策。消息一出，没出意外，得到了论坛里升学指导老师们热烈的欢呼。

2021年开始担任宾夕法尼亚大学招生和财政补助的副校长惠特尼·首尔

（Whintey Soule）女士是可选择性提交标准化考试成绩的坚定拥护者。她的前雇主是缅因州的鲍登学院（Bowdoin College），是美国第一所采用可选择性提交标准化考试成绩的大学，始于1969年，距今已经超过了半个世纪。但在众多同伴院校都已经180度大转弯要求恢复考试的气氛下，宾夕法尼亚大学能够坚持多久还是未知。

果不其然，2025年新年过后不久，在本书出版前夕，宾夕法尼亚大学本科招生办发布公告，称他们将于同年秋季开始恢复硬性要求提交标准化考试成绩的政策。至此，所有美国八所常青藤院校中，只有哥伦比亚大学和普林斯顿大学还保留着可选择性提交标准化考试成绩的政策。两所大学的不同在于哥伦比亚大学的官方公告称他们的可选择性提交标准化考试成绩的政策是永久性的，而普林斯顿大学的政策目前只延续到2025年至2026年的申请季。

布朗大学的消息一出，一名著名公立大学的招生副校长也在论坛里发帖称："在学生自主选择是否提交标准化考试成绩下，录取少数族裔学生的效果在这几所学校过于明显了。"他幽默地讽刺了这四所大学因为采用了可选择性提交标准化考试成绩的方式招收了超出预期的少数族裔学生，这使得他们赶紧踩急刹车。他的留言也引来了众多升学指导老师的附和。

他的调侃并不是空穴来风。从这四所大学最近八年的少数族裔学生入学人数统计可以看出，采用可选择性提交政策后的入学人数明显高于以往。

数据显示，在采用可选择性提交考试成绩的政策下，2022年布朗大学秋季入学的大一新生中，非洲裔美国学生人数达到了创纪录的259人，比2020年需要提交考试成绩政策下入学的人数翻了一番。在实行可选择性提交政策的第一年，2021年，耶鲁大学大一新生中非洲裔美国学生的入学人数达到了153人，也是历史最高，比上一年增加了37%。拉丁裔美国学生人数更是猛增了56%。

当然，也有例外。打着能够多招收少数族裔旗号而恢复考试要求的达特茅斯学院，非洲裔美国学生和拉丁裔美国学生入学人数并没有因为采用了可选择性提交的政策而发生任何实质性的改变。换句话说，达特茅斯学院长久以来，无论采用什么考试政策，并没有在少数族裔学生的招募上有过任何长足的进步。这也让业内人士认为达特茅斯学院恢复要求考试的理由稍显牵强。

在达特茅斯学院、耶鲁大学和布朗大学等"藤校"相继宣布恢复标准化考试提交要求之后，哈佛大学原本计划延长至2030届，也就是2026年秋季申请季的可选择性提交标准化考试成绩的政策突然在2024年4月份被废止，转而硬性要求在2024年秋季申请哈佛大学的申请者提交标准化考试成绩。

政策发生更戏剧性转变的还有加州理工大学。2020年，加州理工大学宣布采用完全不用标准化考试成绩的政策（Test-Blind），却与哈佛大学同日宣布恢复硬性提交标准化考试成绩的要求。两所学校如此临时和突然的政策调整让行业内包括其他招生办在内的人士感到愕然。

消息一出，约翰·杰伊刑事司法学院 （John Jay College of Criminal Justice）教授埃文·曼德里（Evan Mandery）在美国《时代周刊》（*Time*）网站上发表观点文章《恢复SAT考试只会让富家子弟更富》，批评以哈佛大学为代表的美国精英大学"报复性地"恢复考试要求的政策会让已经处于劣势地位的来自社会经济条件较差的有色人种学生的处境雪上加霜。

曼德里教授认为，2023年美国最高法院废除的《平权法案》已经对少数族裔和低收入家庭的学生进入精英大学造成了不可弥补的创伤，美国精英大学恢复考试要求的政策无疑又是给他们来了当头一棒。

他在自己的著作《毒常春藤：精英大学如何分裂我们》（*Poison Ivy: How Elite Colleges Divide Us*）一书中将美国精英大学帮助来自低收入家庭和有色人种学生的使命描述为"嘴皮子功夫"（lip service），认为他们实际上维护了权贵阶层的统治地位，加剧了社会阶层的分化和种族隔离。

标准化考试和种族主义

标准化考试之所以在美国国内能够引起如此巨大的讨论，是因为自近一个世纪前诞生以来，标准化考试就一直被诟病为统治阶层实行种族主义和设置有偏见的社会制度的工具。从19世纪开始，美国从欧洲吸收了数以百万计的移民，当时的主要社会科学家（其中许多人是盎格鲁-撒克逊白人新教徒）对非白人渗入美国公立学校感到担忧。

1923年，普林斯顿大学的卡尔·布里格姆（Carl Brigham）在《美国人智力研究》（*A Study of American Intelligence*）一书中写道，基于种族的智力测试证明北欧的人种群体有更高级的智力。该书出版后不久，美国大学理事会就委托他领导开发了SAT，并于1926年首次推出。

吉尔·特洛伊（Gil Troy）在他的文章《SAT的种族主义起源》中称布里格姆是一个"优生学盲目的偏执狂"。优生学通常被定义为一门科学，通过控制育种来增加理想遗传特征的出现，从而改善人类种群。它是由弗朗西斯·高尔顿（Francis Galton）提出的一种改良人类的方法。优生学也是美国《1924年移民法》制定的基石，法案全面禁止来自亚洲的移民，但同时刻意增加来自英国和西欧的移民人数。第二次世界大战中，该理论因被纳粹歪曲利用才被西方世界广泛否定。

1993年，美国大学理事会放弃了SAT"学术天资测验"（Scholastic Aptitude Test）这一全称，而改为"学术评估测试"（Scholastic Assessment Test）。"天资"意味着与生俱来的能力，测试的目的让公众觉得是在区分有些学生天生就该上大学，而有些则不是。在当下的美国，这种测试天资的考试已经被时代所淘汰，也是一种社会和文化的禁忌，因为它会加深人们刻板地认为白人，特别是来自富裕阶层的白人拥有更多先天的人种优势。几年后，大学理事会取消了SAT以前的全称，只叫作SAT。近年来，不断改良的SAT更向高中授课的内容靠近，特别是向有41个州都在使用的"通用核心州立标准"（Common Core State Standards）课程靠拢。

尽管如此，因为学校资源、学生家庭收入水平、父母受教育程度在不同种族群体之间存在着客观的差距，也导致来自不同群体的学生在考试中的表现也大不相同。哈佛大学经济学家拉吉·切蒂（Raj Chetty）、约翰·弗里德曼（John Friedmann）和戴维·戴明（David Deming）在2023年末发表的论文《让社会上的领导者更加多样化？：进入选择性高的私立大学的决定因素和因果效应》指出，美国最富有的前1%的家庭的子女在SAT/ACT考试中取得

1300 分或更高分的可能性是来自低收入家庭子女的 13 倍。而在收入最低的五分之一家庭中，只有 2.5% 的学生能达到 1300 分。

2022 年，根据美国大学理事会公布的 SAT 考试数据分析，非裔学生的阅读测试平均分为 474 分，比白人的平均分低 82 分。在数学部分，非裔学生的平均成绩为 452 分，比白人的平均分低 91 分。在综合测试中，非裔学生的平均成绩为 926 分，白人的平均成绩为 1099 分。

波士顿大学反种族主义研究与政策中心的伊布拉姆·X. 肯迪（Ibram X. Kendi）在《如何成为一名反种族主义者》一书中说："（这么多年过去了）我们还是认为是孩子们出了问题，而没有认识到问题的根源在考试。"他还说："标准化考试已经成为有史以来最有效的种族主义武器，用看似客观的方式来贬低黑人和棕色人种，并合法地将他们排除在名校之外。"

2020 年夏天，布鲁斯·翰蒙德（Bruce Hammond）在美国高等教育领域的主流媒体《高等教育内部参考》（*Inside Higher Education*）发表了观点文章《SAT 和系统性种族主义》。他在文中犀利地指出！"如今，SAT 考试是美国高等教育未能与时俱进的象征：对种族历史的健忘、未经检验的传统主义思想、招募多元化教授群体的失败、无力摆脱死记硬背的教育模式而忽略批判性思维的重要性，以及精英院校一心只想维持其精英地位。这些因素交织在一起，导致了 SAT 考试的长期存在。这些也都是系统性种族主义赖以生存的土壤。虽然世界在飞速变化，但美国大学的面貌却与 50 年前大同小异，尤其是在研究型大学。"

翰蒙德是《费思克美国大学入学指南》（*Fiske Guide to Colleges*）的作者之一，曾参与创办清华大学附属中学国际部。他本科毕业于耶鲁大学经济系和政治科学系，研究生毕业于布朗大学教育学院，这两所大学如今都恢复要求提交标准化考试成绩。

他在文中说："美国大学的教授缺乏对教育研究的兴趣。他们当中的许多人还是支持保留 SAT/ACT 作为大学入学的参考标准。他们希望按照自己习惯的方式授课，不受他人干扰。他们的教学脱离基于教育学研究的指导，而是以自己的生活经验为主导。他们的经验通常包括学生应该在 SAT 考试中取得好成绩。取消 SAT/ACT的提交要求让他们感到忧虑，因为他们担心大学会降低录取标准，让不合格的学生入学，进而改变课堂的性质。这跟卡尔·布里格姆的优生学理念异曲同工。"

标准化考试会在未来很多年继续被美国社会所广泛讨论。这不仅跟考试本身所测试的内容有关，也跟美国社会当下对历史上种族主义的遗留和延续的反思有关，更会与未来社会秩序的重建同频搏动。

中国学生应该如何看待标准化考试

分享这些并不是来证明我认为这四所决定恢复考试要求的精英大学都有种族主义倾向，或者未来选择恢复考试要求的大学都是因为种族主义的驱动，但是我们可以从历史的镜子里窥探一二，了解标准化考试在美国社会被讨论的最核心的问题所在。

接下来一定还会有其他精英大学选择恢复考试要求，也会有精英大学继续坚持可选择性提交的政策，甚至像加州公立大学体系一样采用完全不考虑标准化考试成绩的政策。这不仅仅是一场关于考试政策的调整，更是一场理念和意识形态上的无形碰撞，这在当下政治两极化严重的美国会变得越来越复杂。

对国际学生来说，在面对美国大学政策反复调整时，要学会如何以不变应万变。虽然这四所精英大学选择恢复考试要求，但他们仅仅是美国四千多所高等院校中极少数的代表。这些政策的调整都是超出国际学生控制范畴的事情。除了积极应对，没有别的选择。

第一，最明智的应对方式就是思考清楚自己能控制的是什么，不能控制的是什么，然后将精力花在自己能控制的事情上。这在大学申请的各个环节都适用。如果自己中意的大学恢复了考试要求，那就去考试；相反，就不一定非要考试。

当然，很多学生可能会说不管学校要不要求考试，我都去考那就解决问题了。确实有一定的道理。我在政策出来后第一时间跟国内关系比较紧密的高中升学指导老师们沟通，他们觉得恢复考试的政策并没有对他们的学生造成任何影响，因为绝大多数学生已经默认如果申请美国大学最好还是去考试。这些老师服务的都是顶尖的私立高中，学生群体几乎都可以负担昂贵的考试培训费以及出国考试的费用，但并不是所有中国学生的家庭都有资源和经济实力支持他们去上培训课和到境外参加考试。

第二，美国大学的政策颁布后通常不会有弦外音。美国大学是美国社会的一部分，而美国社会喜欢的沟通方式是直来直去的，一就是一，二就是二。大学一旦公布了政策，说不参考某项信息就不会参考，不会私底下对某一类或者来自某个国家的学生群体有另外的要求，哪怕有也会公之于众。例如，加州大学系统完全不考虑标准化考试成绩，学生提交成绩也不会被考虑。但是还是有学生认为如果提交会对自己的申请有帮助。这让招生官们也很无奈。

一名加州大学的招生官说学生在申请时提交标准化考试成绩纯粹是浪费时间。所以当大学称自己的标准化考试政策是可选择性时，那说明他们不会因为学生没有提交考试成绩就对他们另眼相看，更不会对申请造成不好的影响。

在很多大学公布的采用可选择性提交成绩政策后学生提交成绩的比例中可以看出，申请者中选择不提交标准化考试成绩的要比提交的多得多，但在录取的学生中，比例正好相反，提交了标准化考试成绩的要比不提交的多。很多学生会因此得出结论：交了标准化考试成绩会更有利于被录取，或者大学更偏向于录取提交成绩的学生。但实际上，那些被录取的学生通常在校成绩表现突出，而在校成绩往往与标准化考试成绩相对应，因此也不奇怪在被录取的学生中选择提交的学生更多。

那到底提交成绩会不会对申请有帮助？这也是刚开始实行可选择性提交标准化考试成绩的大学所担忧的问题。对习惯了参考标准化考试成绩的招生官来说，分数突然变得可有可无，对他们的审阅也造成了一定的影响。政策实行伊始，阿默斯特学院招生办就做足了功课，保证招生官不会惯性地考虑分数，或者偏向于提交分数的申请者。如果申请者表示他们不希望我们看到标准化考试成绩，我们的行政秘书们会进入学生的申请手动覆盖掉申请表中所有出现标准化考试成绩的部分。同时我们也降低了标准化考试成绩在整个综合评审中的权重。招生官们还做了好几轮的模拟审阅练习，适应新的政策。这一切都是为了确保我们真正将可选择性的政策落到实处，保证那些不提交成绩的学生不会处于任何劣势。

政策实行一年后，在一封给所有升学指导老师的公开信中，我们分享了办公室内部的研究结果：如果将学生的在校成绩作为不变量，那些选择提交了标准化考试成绩的学生与选择不提交的学生之间没有录取率上的差别。这不仅给全美国和全球各地的升学指导老师吃了一颗定心丸，也让我们自己松了一口气。

第三，标准化考试即便恢复提交，考试成绩也只是美国精英大学综合评审的一部分。美国的标准化考试在大学申请中的分量跟中国的高考不可同日而语。它是在一种跟中国有着显著区别的文化和社会环境中存在，因此不能将中国社会对考试的态度直接带入美国的大学申请中。一旦将中国社会对待考试的思维硬性代入美国大学的录取，那会产生一系列的不良连锁反应。要知道，在美国精英大学，没有任何一名学生会仅仅因为标准化考试成绩很高而脱颖而出。中国学生、家长和社会需要理性看待标准化考试分数，不要被部分精英大学恢复考试要求的政策带偏节奏，重新回到疯狂刷分和考试的循环中。

第四，标准化考试政策的制定是基于招募美国本土学生的情况来决定的，政策制定使用的论据和数据支撑也是基于美国国内学生。国际学生虽然是美国大学很重要的一部分，但这些政策的制定并不会以国际学生为参考的核心（尽管这并不完全合理）。从以上提到的大学的公告里可以看出，国际学生并没有被提及。哪怕参考，也是未来在政策制定后根据国际学生和国际招生咨询行业的反应来做进一步回应。这不能说明美国大学不重视国际学生，只是美国大学服务的主体还是美国本土学生，政策制定的核心也是围绕国内学生。尽管如此，对国际学生来说，了解这些政策背后的更深层次的含义，不仅仅是考试恢复和取消这些表面的信息，也是对美国高等教育和社会文化的一种重要的认知。

写作

写作能力的体现是综合评审中很重要的一部分，因为学术写作会贯穿未来学生进入大学后几乎所有的课程。学生高中期间在英语写作上打下坚实的基础，未来进入美国大学后更能适应大学严谨的写作要求。

通常情况下，学生在申请时需要提交一篇申请表中的主文书，以及大学所要求的单独的额外写作文本。这些文本的写作为学生提供了一个展示自己真实写作水平的机会，也能让招生官通过学生自己的文字更进一步地了解学生的经历、想法以及他们在表达自己思想时所展现出来的深度。一篇好的文书，能让申请者的形象跃然纸上，与招生官产生共鸣。

文书怎么写？

文书是申请表的填写过程中花费时间最多的部分，不光对中国学生如此，对美国和世界其他地区的学生也是一样。有一年秋季，我在拜访马萨诸塞州的一所高中时，一名即将申请大学的学生跟我诉苦说文书太难写了。我说难在什么地方？她说她还没彻底领悟自己到底是谁，未来想做什么，因此不知道如何下笔。有同样困惑的申请者不止她一人。

在中国举办的一场宣讲会上，我跟在座的观众打了一个比方。招生官在看文书时，就好比打开了一本申请者的人生相册。如果一页一页走马观花地翻看，我们对申请者的了解只能浮于表面。相反，我们希望申请者从相册里抽出一张他们最想与我们分享的相片，通过文字，将我们带入相片中的情境中，感受申请者当时的感受，透过他们的视角来了解他们的世界。

也因此，招生官不会期待学生在文书中已经彻底领悟自己的人生方向，因为大学存在的目的就是帮助学生在四年的时间内不断探索自己的兴趣。招生官也不会先入为主地对某一类文书的话题有特殊偏好。招生官更不会期待学生有完美的写作，但希望看到学生的写作水平能够胜任大学的写作要求。

首先，在文书写作方面，最重要的是，文书的故事一定要与自己相关，因为这是学生自己的大学申请，因此要讲自己的故事。这点看似简单，但每年我都会读到很多主题是关于别人的文书，比如自己最好的朋友、祖父母或者叔叔，甚至还有同学写自己的宠物或者历史人物，等等。如果这样的话，申请者就失去了一个宝贵的分享自己故事的机会，对申请也起不到任何帮助作用。

其次，文书的写作应该遵循写作的基本规律。写作是一个渐进且反复的过程，没有人可以一气呵成地创作出一篇完美的文书或者文章。

美国已故小说家E. L. 多克托罗（E. L. Doctorow）在谈如何写作时曾说："写作就像在一个雾气弥漫的黑夜里驾车，你只能看到车灯照到的地方，但即使这样你也可以到达目的地。"

我在读博士时，很受益于美国作家安·拉莫特（Anne Lamott）的一本叫《一只鸟一只鸟地来：关于写作和人生的指导》（*Bird by Bird：Some Instructions on Writing and Life*）的书。她在书里写道："人们应该放下负担，去写看起来糟糕透顶的初稿（shitty first drafts）。"意思是，我们在写作时不能急于求成，只有写下糟糕的第一稿，才有可能经过反复的修改得到第二稿、第三稿、第四稿……直到写出一篇自己满意的作品。

这种反复的修改过程就是作家巴金所说的"用辛勤的修改来弥补自己作品的漏洞"；也是托尔斯泰对自己文学作品抱有的"一改再改"的精神。老舍先生也说过，"好文章，三分写作，七分修改"。跟自己的文字有了互动，也会逐渐产生感情，最后呈现出来的才是真正饱含自己温度的作品，这才是招生官想看到的。

每次在宣讲会上，我都会建议学生在打完草稿后让稿子静置一会甚至几天，然后再回来修改。修改的过程就像是在雕琢一件艺术品，一定会发现一开始没有注意到的问题，不管是文法、句型、逻辑还是修辞，又或者是故事本身。写得差不多了可以邀请老师、同学和其他信得过的人阅读自己的文书并分享他们的读后感，然后再进行改进。

学生可以在高中期间有意识地锻炼大学文书风格的写作。可以用大学的文书题目作为平时练习的主题，让自己慢慢习惯用大学文书的方式表达自己的想法。高中也可以提供更多英文写作课帮助学生用英语的思维进行写作（这对习惯用中文思维表达的学生来说尤为重要）。这些都会让最后的文书写作水到渠成。

需要格外强调的是，申请大学的文书写作不同于平日写作，因为它会对自己的大学申请结果有直接的影响。因此，学生最好不要在大学文书中使用平日自己不熟悉的写作方式，例如诗歌、冗长的对话或者创意写作；如果自己本身不是一个很幽默的人，那就不要试图写一篇很幽默的文书，这可能会适得其反；尽量不要只描述一件事情，需要更多地去剖析和反思自己在这件事情上的看法和做法；更不能用文书来表达自己对某件鸡毛蒜皮的事情的不满和抱怨，或者写其他一些不成熟的话题。总之，一定不能在文书上冒险，最后提交的作品一定是经过了反复修改，可以直接有效地向招生官传达自己的故事和思考。

最后要说的是，文书是一个自己向招生官表达真情实感的媒介，是申请中不多的可以通过自己的语言来分享人生体悟的途径，也是一个难得的进行自我剖析的机会。在申请大学的年纪，这可能是学生第一次认真地回顾自己的人生和展望未来。也因此，文书的思考和写作一定不能让别人代替，这就好比将自己的人生拱手交给了别人一样，得不偿失。

文书的真实性

在真实性方面，过度修饰的文书在中国区的申请中比较常见。如果文书看起来修辞过于成熟和俗套，不像是一名十七八岁的中国高中生的文笔，尤其当申请表中其他部分的写作并不能与文书的写作水平相匹配时，更会让招生官对文书写作的真实性产生怀疑。一旦产生怀疑，最后的审阅结果也就可想而知。

最近几年，人工智能工具的普遍应用，特别是生成式人工智能，如ChatGPT，让很多同学也跃跃欲试地尝试借助这些工具撰写大学文书。2024年的申请季，我们读到过很多篇明显借用人工智能工具制作出来的文书，有些甚至生搬硬套，几乎没有修改。怎么能看出来？人工智能工具写出来的文字缺乏"人味儿"，语言组织机械、空洞、了无生气。哪怕是经过修改的文字，也还是缺乏真情实感。这样的文字对读过成千上万份大学申请材料的招生官来说，分辨起来并不是难事。借助人工智能工具寻找写作灵感无可厚非，但一旦让机器代替了自己的思考和成长，那我们存在的意义又是什么？

最后补充的一点是，文书在中国的留学市场上经常被渲染成美国大学申请中最重要的一部分。很多靠兜售焦虑为生的留学机构也将文书的功能吹嘘到了极致，但却在实际操作上生搬硬套模板。每次读到这样的样板文书，我都禁不住替学生和他们背后花费了大量心血的家庭感到遗憾，同时也对这些背后操刀的留学机构感到愤慨——他们毫无职业规范和道德底线的操作将学生的未来毁于一旦，而学生和家庭可能完全被蒙在鼓里。

文书跟申请其他部分一样，只是综合评审中的一部分。试想，如果申请者的文书写得天衣无缝，但申请的其他部分并没有展示出学生拥有写出一篇如此成熟的文书的能力，或者在老师的推荐信里也并没有提及学生的写作水平很高，这会让招生官产生很大的疑问。失去了真实，就失去了自己；失去了自己，那我们又是谁？

推荐信

推荐信能让招生官迅速了解学生在学校和课堂中的表现。好的推荐信来自于最了解学生的任课老师和升学指导老师或者班主任。我们希望通过阅读这些评价和具体事例来了解学生的基本情况，第一，了解学生在高中期间的学术和课外表现；第二，判断学生是否能够在大学的课堂中继续保持求知欲，提出自己经过深思熟虑的问题，贡献自己的想法和观点，并与同学进行团队协作；第三，学生入校后是否能够为大学做出他们独一无二的贡献。

推荐信还有一个重要的作用就是可以让升学指导老师和任课老师向招生官提供关于自己学校的补充性信息来引起招生官的格外注意。例如，一名在埃塞俄比亚战乱地区工作的升学指导老师因为学校被地区政府切断网络，学校断网整整两个月，而当时正处于大学申请期间，于是他载着二十多名学生专门赶到离学校将近三个小时车程的首都阿迪斯阿贝巴去参加考试和提交申请材料。提交完后再返回学校。升学指导老师在推荐信中提供这些信息会让招生官了解申请背后学生所经历的困境，并将这些困境带入申请的审阅过程中。

类似于阿默斯特学院的高校通常只要求三封推荐信，一封来自升学指导老师，另外两封来自高中学术课程的任课老师，如历史、数学和英语等。招生办通常不鼓励学生提交额外的推荐信，尤其在推荐人对学生的学术潜质没有深入了解的情况下。

国内很常见的一种情况是高中经常会请校长出面给比较优秀的学生写推荐信来代替升学指导老师。这在中国社会和文化中是对学生的一种褒奖，但在美国高中却很少发生。不了解中国文化的招生官可能会感到疑惑：为什么校长会代替升学指导老师写推荐信？他们与学生相处的时间长吗？他们对学生真的了解吗？

另外，一些学生的家庭可能会通过关系请一个在社会上有一定名气的人写推荐信，或者实习机构的上司写推荐信。这类推荐信通常也会让招生官产生疑惑：推荐人对学生的学术能力和潜质有深入的了解吗？如果有，那这封推荐信可能会给招生委员会提供有价值的参考；如果没有，那就没有提交的必要。

有一次，我收到了一封某个国家的前领导人给一名申请者写的推荐信。这名领导人对学生的了解只局限于私下家庭间的互动，对学生在学校的表现和潜质并没有深入的了解。尽管推荐人来头很大，但这封信对学生的录取结果并不能起到任何实质的作用。

总之，无论有多少封额外的推荐信，招生官会更看重申请中要求的这三封来自升学指导老师和任课老师的推荐，因为他们才是最了解学生平日表现的推荐人。

好的推荐信通常需要既有评价又有实例支撑。如果一名老师说这名学生是他从教生涯里最好的学生，那作为招生官，我们马上想看到的是真实的例子。学生有什么具体的表现让老师有这样高的评价？这名老师是在所有推荐信里都这么描述自己的学生吗？如果一封推荐信里只有评价，没有实例，会让招生官产生疑问：这封推荐信是专门写给这名学生的吗？这名学生真的如此优秀吗？尤其是当同一所学校的另外一名学生的推荐信中用词造句很相仿的时候，招生官更会对推荐信内容的真实性打个问号。

这让我想起有一年阅读中国区申请时，很惊喜地读到两份来自国内某著名高中的申请。当我阅读第二份申请里的升学指导老师推荐信时，突然有一种似曾相识的感觉。我打开已经读过的那份，发现两份申请中的升学指导老师的推荐信几乎一模一样，只是学生的名字进行了更换。这让我大失所望。

推荐信的长度通常是一页或者最多两页。四五页，甚至七八页的推荐信我们经常在一些特定国家看到，但是应该没有哪名招生官会推荐老师写如此冗长的推荐信。推荐信的长度不等于传达信息的质量。

世界各地不同文化下的写作方式不同，对人的表扬和推荐方式也会有不同。有的文化更强调直来直去地推荐，而有的则比较含蓄。但是要知道，招生官在面对巨量的申请时通常没有太多时间来研读每一封推荐信的每一句话，必须采用快速阅读的方式。因此，无论当地的文化习俗是什么，在为申请美国大学的学生写推荐信的时候，还是要用相对直接的表达方式来写作会更容易抓住招生官的注意力和更有效地传达信息。

推荐信的写作跟文书写作一样，也需要反复修改，尽量避免出现太多语法错误或者模棱两可的信息，特别是中式的英文表达，因为这会让不熟悉中文表达方式的招生官在阅读推荐信时不知所云。国内的高中需要有意识地为升学指导老师和为学生写推荐信的任课老师提供系统性的写作培训，避免因为语言表达的不到位而体现不出学生真实的能力以致错失脱颖而出的机会。这是我想格外强调的一点。

虽然推荐信的质量会直接影响学生最终的录取结果，但作为审阅者，我们知道，并不是所有高中都有配置优良的升学指导老师。在美国很多资源并不充足的公立高中，可能整个毕业年级两百名学生中只有一名升学指导老师。可想而知，升学指导老师能够花在每名学生身上的时间非常有限，甚至根本无暇顾及。在美国资源相对充足的私立学校和富裕地区的公立中学，升学指导老师的比例非常高，能够保证每名学生都有机会得到指导，也能保证老师们有时间为每一名学生雕琢一份经过深思熟虑和反复修改的推荐信。

中国国际课程高中现在越来越注重校内升学指导老师团队的建设。在一些国际课程学校，学校不仅雇用了中国籍的升学指导老师，还请了英语为母语的升学指导老师。有的升学指导办公室甚至有十多名指导老师，每名老师只需要负责二十名左右的学生，这样能够给每名毕业生充分的支持。但并不是所有高中都有这么"豪华"的升学指导团队。在很多校内升学指导团队刚刚起步的学校，最初的指导老师可能并没有任何海外大学的升学指导经验，更不熟悉如何有效地写推荐信。

我们在阅读推荐信时，也会把这些巨大的资源差距带入评审过程中，以学生的真实处境为出发点进行审阅，并不会因为学生所在的学校资源更充足就自动对他们刮目相看，以保证最终评审的客观性和公平性。

通常，美国顶尖大学没有针对推荐信来自哪个学科老师的要求。学生可以根据自己的情况自行决定。通常，我们在阅读推荐信时希望看到老师对学生详细的评价。所以，学生可以去找那些对自己非常了解的老师来写推荐信，并不一定只找自己得到高分的课程的老师。写推荐信的老师也最好是在最近两年教过自己的老师，他们的评价更有时效性，也更能体现学生在高中后期选修挑战性课程时的表现。

学生或者家长一定不能为了控制老师的推荐内容而绕过老师，到校外去找中介或者机构代写甚至代交推荐信。美国大学跟中国高中的升学指导老师交流密切，一旦辨认出推荐信不是来自学校老师，后果也可想而知。

有一点可能会超出大家想象。我在做招生官的十一年中，几乎没读到过一篇不支持学生的老师推荐信。很多学生担心老师会在推荐信里提出对自己的批评，或者写自己不足的地方，这些担心在大多数情况下都是多余的。作为审阅者，我可以很确定地说，99.99%的推荐信都是老师在尽全力支持自己的学生。

面试

面试在美国大学申请中非常常见。美国大学希望通过面试了解更多学生的信息，也想通过面试来考查学生对大学表现出的兴趣值（demonstrated interest），来判断学生入学的概率有多大。

美国大学的面试在功能上分两种，第一种是信息交流面谈（informational interview），主要是给学生和大学提供一个交流的机会，有点类似于在大学展会上学生和招生官之间的对话，以交流为主，谈话内容不会被作为申请审核的一部分。

另一种是评价式面试（evaluative interview），这是大家通常想到的面试形式，学生的面试表现会被纳入最终的综合评审中。我曾经服务过的圣十字学院采用的就是第二种方式，而且学院鼓励所有申请者都来参加面试，无论是到学校与招生官面对面交谈，还是参加与全国和世界各地校友的面试，甚至我们在出差的时候也会在当地的酒店安排面试。因为面试的人数太多，圣十字学院还培训了二十多名大四学生作为学生面试官，来协助招生办进行面试。

面试结束后，面试官会写一个简短的总结并放进学生的档案里。我在圣十字学院任职的两年内，每年都要面试两百多名学生，其中绝大多数都是美国本土学生。后来因为国际学生面试需求的增加以及对申请真实性的疑虑，我提议学院采纳一家第三方面试机构的面试视频。这也帮助学院吸引了更多中国学生来申请。

阿默斯特学院采用跟圣十字学院完全相反的面试政策。学院不提供面试，也不采纳或者参考第三方面试。为了进一步了解学生的英语表达能力和思考深度，有时我们会邀请少数英语不是母语的申请者参加校友面试。面试的反馈会作为综合评审中众多因素之一。

参与面试的大学代表中，只有招生官有资格审阅学生的申请，其他参与面试的在校生、校友或者第三方机构都没有参与审阅申请以及做出录取决定的资格。在招生办勤工俭学的学生也没有接触审阅申请的机会，也不会知晓录取背后的讨论，更不用说参与录取决定了（例如：我在研究生期间做研究生招生办的学生助理时，只负责日常的行政辅助工作，没有资格参与录取讨论）。

校友在担任校友面试官期间，不会被大学允许到市场上用校友面试官的身份为自己或者某留学机构招揽客户。遇到这种情况，可以马上跟大学核实。校友面试官必须按照大学的要求，按照规范与学生进行交流。例如，阿默斯特学院要求所有为我们面试的校友必须通过国际犯罪背景调查以及完成保护未成年人的专业培训。我也会告知校友面试官他们应该在面试中着重考查学生哪些方面的表现，以及哪些问题不能涉及，等等。我们通常只向面试官提供学生的名字、高中名称、邮箱和电话，学生申请中的其他信息我们不会给校友面试官透露。

当然，有时候大学的确会委托校友义务参与一些招生官不能亲自参与的招生宣传活动，但原则还是只有招生官才有资格审阅材料和做出录取决定。因此，当看到留学市场上的"面试官""招生办助理""校友招生官"等真假难辨的头衔时，要知道背后的真相。这在中国的留学市场中需要格外留意。

招生官对面试的思考

在一次海外招生官的会议上，一名同事分享了她关于大学面试的调研结果。参与调研的大学80%都会采用第三方面试，67%也会采用传统的由招生官进行的校内或者校外面试，44%提供校友面试。在有效性方面，将近一半的招生官表示与招生官直接的面试最有效，30%的招生官认为第三方面试最有效，还有将近7%的招生官认为校友面试最有效。

与会的招生官也提到了一些他们对面试本身的思考和担忧。

第一是负担性的问题。第三方面试通常比较昂贵，动辄两百多美元的费用让很多经济条件并不宽裕的学生望而却步，但不参加又有可能让自己的申请置于不利的境地。对崇尚公平和机会的美国大学来说，要求学生花费额外的数百美元来面试并不符合大学的理念，虽然现在有相当数量的大学鼓励学生参加第三方面试。如果学生无法负担第三方面试的费用，通常大学也会提供其他类型的面试，校友面试和招生官面试都是免费的。

第二，通常来说，外向的学生在面试中更有优势，因为他们更有表达欲并喜欢侃侃而谈；相反，内向的学生可能需要一段时间的热身后才能渐入佳境。学生可以根据自己的表达风格做出合理的选择，甚至可以在面试时分享自己是一个比较内向的人，但很期待与面试官交流。

第三，不管是内向还是外向，在面对这种有可能决定大学申请结果的面试时，学生需要在短时间内保持精神的高度集中。这对成年人来说都是个挑战，更不用说高中生了。因此招生官在看待面试反馈时也会将这种独特的处境作为考虑的因素之一。

第四，如果第三方面试官不了解学生的文化背景，在学生的短暂回答后没有提出更多引导性的问题来继续探索学生的想法，可能也无法激发学生的分享欲。例如，来自传统教育背景的中国学生可能有基于自己成长环境的特定表达方式，在分享自己的观点时不喜欢直来直去。如果面试官不了解这一文化背景，可能会让他们对学生表现的看法大打折扣。

第五，有相当一部分学生在面试后选择不提交自己的第三方面试视频，因为他们认为自己的面试表现不能与申请中的其他部分匹配，尤其是如果申请中的其他部分被大范围修改过，或者学生认为自己面试的表现会拉低申请其他部分所体现出来的能力。

另外，招生办在描述面试政策时语言是否足够清晰也是一个问题。一些大学强烈推荐（highly recommended）面试，而有的是基于邀请制（invite only）。内行人看了有时都搞不清，更不用说是在巨大压力下的申请者了。还有，面试的反馈仅仅是作为信息交流还是作为申请中的一部分？如果是强烈推荐，不参加会有什么后果？如果是基于邀请制，没收到邀请是不是就意味着申请不会被考虑？面试是否会作为学生对大学兴趣值的参考？这些问题都是学生感兴趣的问题，也是学生经常感到困惑的问题。

不清晰的面试政策表述导致的一个最大问题是对那些得不到校内或者校外升学指导服务的学生来说，他们可能并不知道应该如何"play the game"（应对游戏）。通常，如果一所大学说自己的某一项政策是他们强烈推荐的，那申请者最好能够去完成。如果参加不了，最好能向大学发一封邮件表达自己对大学的兴趣并解释为什么不能参加面试。如果大学没有表述清楚面试是强烈推荐还是必须参加，那就给招生办发邮件进行询问。如果收到大学发来的面试邀请，哪怕不是必须参加的，那学生也应该排除万难来参加面试。收到邀请说明大学已经认为这名学生在各方面都非常优秀，想做更进一步的了解，以帮助招生委员会做出最终的录取决定。如果大学说他们会追踪学生对大学的兴趣值，那学生应该尽量多地去跟大学和招生官取得联系，包括参加面试。虽然这违背政策的初衷，但懂得如何善于利用这些政策的学生就是会在申请过程中得到一定的优势。所以，美国大学的很多政策通常会被公众在公平的放大镜下审视：崇尚公平的美国大学是否因为自己的某些政策而间接加剧了大学申请过程中的不公平，让来自资源匮乏背景的学生处于更大的劣势？

面试的另外一个目的跟申请的真实性相关。近些年，越来越多的大学鼓励国际学生参加面试，因为面试不仅起到确认学生履历真伪的作用，还能帮助招生办从已经非常优秀的候选人中甄别出更为优秀的学生，这点在优中选优的顶尖大学尤为突出。

话说回来，作为申请者在看到不同大学的不同政策不知道自己应该如何应对时，最直接的方法就是发邮件到招生办进行询问，甚至提出自己对政策的质疑。不要忘了，招生官工作的很大一部分是解答学生的疑问，这是我们的本职工作。

学术和非学术方面的课外活动

在学术课程之外，招生官想了解学生如何规划和利用课外的时间以及获得了哪些成长和成就。很多学生和家长对课外活动认识的误区之一是认为大学对某些特定的活动有偏好，例如科研、夏校，等等。实际上招生官没有偏好的课外活动列表，因为这因人而异，因学生的家庭和学校资源而异。

学生选择探索什么课外活动完全看他们的个人意愿。活动列表不仅可以填写传统的课外活动，例如社团活动、学生会、志愿活动等，还可以分享一些课堂的延伸学习，例如自主研究、发表文章、参加学科竞赛等；有的学生还需要照顾家里生病的家人或者弟弟妹妹，甚至还要打多份工来补贴家用。这些信息对招生官来说都非常有价值。

无论做什么课外活动，招生官更加关注的是学生所参与活动的持久性（longevity），而不仅仅是数量（quantity）。对一件事情的执着，远比泛泛涉猎多种不同活动要更有说服力。例如：每个星期固定参与社区服务，连续几年参与学生会的事务，对某一学科或课题感兴趣进而寻找各种资源来深入探索，甚至发表研究论文，等等。

对绝大多数高中生来说，很难在高中一开始就找到自己真正热爱的活动并持之以恒。哪怕学生进入大学，面对大学里数不清的资源，也很难马上找到自己的兴趣归属。高中和大学对学生来说都是不断探索和挖掘自己兴趣的阶段。所以，虽然招生官对课外活动的持久性很关注，但我们同时也更加关注学生是否真的对自己所做的事情抱有探索的兴趣。

最近几年阅读中国区申请时，有几个趋势尤其明显。第一，同学们都在做类似的课外活动。例如：来美国读各种夏校（写作、人文、数学、计算机，等等），参加一些看起来高大上的科研项目，在一些期刊上发表论文，参加学科竞赛，去研究贫困地区或者处于社会劣势地位的人群，等等。他们似乎都遵循着同样的共识：如果这些活动都做一遍，就可以撬开顶尖大学的大门，或者哪怕知道不会撬开顶尖大学的大门，全都做一遍也不至于让自己的申请处于劣势。

我曾经听一名在夏校教课的教授说，中国来的学生会非常坚持地请求他在两个星期的课程结束后写一封推荐信。他说好像他们来参加课程的唯一目的就是这封推荐信。我作为这些推荐信的最终审阅者可以很坦率地跟大家说，这些短期项目的推荐信几乎不会给申请带来任何学生和家长可能认为的好处，甚至我可以说，在大多数情况下，这些推荐信对顶尖大学的招生官来说毫无用处。

还有越来越多的同学都会提交所谓的"科研"项目。我在这里打了引号，是因为并不是所有所谓的科研经历都能算是真正的科研。去南极"科考"好比参加了一个旅行团，这算科研吗？想要去感受不同的风景和地理环境无可厚非，但是想要让这趟没有实质科研参与的经历在申请中发挥想象中或者广告中宣传的作用是不现实的。读者们应该也都知道，大学正规的科研都是需要教授带领博士生或者硕士研究生花费少则一两年、多则七八年的努力才能得到有价值的发现，而且通常需要大学提供昂贵的科研设备、资金和人力物力的支持，以及教授还要获得国家或者私立科研机构的资金支持，等等，才能保证科研过程的顺利进展。想要发表经过同行评审（peer-review）的高水准学术论文需要同一个领域的专家严格审阅，以保证科研的准确性和严谨性，然后才能发表出来。这个过程通常少则几个月，多则半年甚至一年。我作为博士毕业生，虽然发表过多篇观点文章，但从未发表过任何经过同行评审的学术论文，因为这个过程非常复杂，对需要全职工作还要读博士课程和写毕业论文的我来说，这是一件我想都不敢想的事情。所以，任何一个高中生想靠自己的能力，或者在短短几个星期或者几个月的时间内就完成一项所谓的科研项目，并发表论文，这几乎是不可能的。可能性可能都是广告里宣传出来的。但是话又说回来，如果学生愿意就一个自己感兴趣的课题去探索和研究，这是非常值得鼓励的。最终的目的是可以让自己在进入大学后继续利用大学的资源做进一步的探索，而不是急于在申请阶段就"一口吃成个胖子"，成为科研界的翘楚。这是不现实，也是不理性的思考。

另外，我们还经常能读到来自中国学生的文书主题是学生到某个贫穷地区，或者境遇不理想的人群中去调研，然后被当地人不如自己的人生经历所打动，开始为他们筹集善款，并因此认为自己做了一件可以为申请加分的事情。这种读起来类似于"白人救世主"类型的故事，很容易让招生官感觉不舒服，认为学生的行为不成熟，且抱有功利企图，而且这种一次性的互动是否能让当地人做出任何有意义的改变也值得商榷。

另外一个趋势正好跟上一个相反。正是因为越来越多的人都去做同样的课外活动，一些学生开始去钻研一些冷僻的课题。例如：去非洲部落做田野调查，去亚马孙研究雨林和某种动物，去钻研某个鲜有人知晓的少数民族的文化习俗，等等。目的就是让自己在同质化的竞争中显得鹤立鸡群。这种做法虽然表面上看起来独一无二，但对真正了解中国的招生官来说，这些活动过于刻意，除非学生能够证明他们对这一课题有持之以恒的兴趣和付出。

这些都是近些年中国国内"内卷"的产物，也是中国留学市场上营利性机构为了利益造就的已经脱离了正常轨道的平行世界。为了能够进入所谓的名校，学生们不得不蜂拥去做那些他们和周围人认为能够帮助他们脱颖而出的学术和课外活动，最后导致大多数申请看起来都很相似。这也让招生官在审核中国区申请时不得不采用"剥洋葱"式的审核方式，扒去这些看似光鲜亮丽的外表，去挖掘学生的内核到底如何。

曾经做过全世界顶级的奖学金项目罗德学者中国区评委的李一诺在《力量从哪里来》一书里说道："我们见过这些'成功'的孩子，看简历的确很成功，但是有很大一部分孩子在光鲜的简历下是虚空的自我，他们不知道自己是谁，想要什么，能做什么。"她说："这个世界不是淘汰制的，而是彼此成全的，世界是多样的，每一个孩子都会因为他是他而在这个世界创造独一无二的价值。"

而这些正是招生官在审阅申请时所看重的：学生去做这些学术和课外活动的驱动力是什么？他们真正感兴趣的点在哪里？这些活动是他们真正喜欢的吗？他们是在努力"讨好"招生官还是真实地挖掘自己的兴趣和探索自己的潜力？他们跟其他学生相比有什么思想上的独特性？

因此，不管参加什么课外活动，出发点一定是来自心底的热爱，并能持之以恒，而不能像点菜一般将外界宣传的所谓能够给申请加分的项目统统来一遍。但只要是自己发自内心热爱的，哪怕这些活动都去做一遍也是情理之中，招生官也会感同身受。

当然，这只是针对美国金字塔尖上的几所大学。对绝大多数选择性不是太高的大学来说，对这些活动的审阅可能只需要停留在表面上，不需要深究背后的深层次逻辑。也因此，哪怕学生最后没有被美国最有选择性的几所大学录取，在这些看起来高大上或者独特的活动的支持下，学生还是会有比较好的大学选择。换句话说，去做这些活动对很多学生来说起到了"安全网"的作用。

另外，最近几年突然兴起了一些独辟蹊径的思路，例如："体育爬藤""艺术爬藤"，意思是通过体育特长或者艺术特长申请"藤校"或者其他名校。如果学生本身对体育或者艺术感兴趣，并在自己的领域有所建树，美国大学非常鼓励学生提交艺术作品或者也乐于与体育项目的教练联系。想通过体育或者艺术得到额外的优势，首先得确保自己已经达到了相当高的专业水准，并不是小打小闹的日常爱好。而且，这还要在申请的其他方面已经非常优秀的基础之上才能撬动杠杆。所以，想通过艺术或者体育被名校录取，对绝大多数国际学生来说，都不是一条现实的道路。

那如果提交了很一般或者糟糕的艺术作品集会不会对申请有不好的影响呢？完全不会。艺术作品集的提交，例如摄影、舞蹈、演奏、编曲、唱歌、戏剧表演，等等，只会对学生的申请有帮助，不会对申请有不好的影响。如果学生在活动列表里表示自己花了数年学习某一件乐器，那我们会条件反射般地去查看学生是否提交了作品集。提交艺术作品集对于在本科阶段采用博雅教育的文理学院或者综合型大学并不意味着学生入学后就一定要学习艺术，它只是综合评审的一部分，这可以帮助招生官招募一届拥有多元化兴趣爱好的大一学生群体。

处境

保证综合评审公平性和准确性的一个重要因素是将申请者的处境带入评审当中，以作出最符合学生所处环境的审阅。这里的处境指的是申请者周遭任何能影响其申请结果的因素，例如学校的资源配置、课程设置，申请者所处的社会文化习俗、家庭经济背景、父母的教育经历和职业，以及学生的成长环境，等等。

为了能够最准确地解析学生申请中的信息和表面信息之下的内涵，招生官每年都会到美国和世界各地拜访学校、社会或者政府组织，亲身体验和了解申请者所处的社会环境和教育体系，并将这些认知带入对申请的审核当中。因此综合评审也被很多人称为处境式评审（contextual review）。

如果一名来自中国的申请者是在公立高中读高考课程，那他可能没有很多机会参与课外活动。与此同时，一楼之隔的国际部的同学却有着丰富的课外活动可以选择。招生官在审阅的时候会根据学生所处的环境来考量学生的具体表现。

有的同学来自中国经济欠发达的三四线城市或者农村偏远地区，是在奖学金的支持下才来到大城市的寄宿高中学习，他可能要比周围来自城市的同龄人经历更多学习和生活上的困难以及承受心理上的负担。

再比如学生自己的父母都是高校的科研人员，而自己又做了很多跟父母科研领域相关的研究。这些研究是学生自己争取来的，还是依靠父母的帮助？最终的科研过程和论文是来自学生自己的努力，还是父母也参与到了其中？这些都是招生官会自然联想和思考的问题。

当然，这并不是说如果学生有资源优渥的背景，招生办就会对他们有过高的要求；也不意味着来自资源匮乏背景的学生就会自动获得优势。但话又说回来，如果一名来自资源匮乏背景的学生，在冲破重重障碍后取得了傲人的学术和课外成就，这确实会让美国顶尖大学的招生办刮目相看，尤其是在那些更加关注学生学业和课外表现，而不太或者根本不在乎国际学生家庭是否有能力负担大学费用的顶尖大学。在不为国际学生提供任何财政补助的大学，来自经济背景欠佳且无法证明自己可以承担大学费用的国际学生，无论多么优秀都不会被大学录取，这是很现实的局限。

大学优先发展事项

大学优先发展事项通常是大学的最高管理层——董事会设立的，对学校现在和未来的发展具有重要意义的组成部分，因此会在招生录取过程中得到优先考虑。目的是能够组建大学本身想达到的某种学生群体的构成。一些典型的优先发展事项包括：

- 体育特长生
- 欠代表性学生群体的招募
- 低收入、第一代大学生
- 校友子女
- 某些专业的人数需求
- 某些领域顶尖的艺术才能
- 来自欠代表性国家的学生群体

很多因素会影响优先事项的具体考虑。例如：大学的交响乐团突然急需会演奏大号的学生，或者会吹奏巴松的乐手；古典系需要更多对希腊语和拉丁语感兴趣的学生；大学新增添了一个专业，需要对这个专业感兴趣的学生加入；学生来自某个在大学历史上从未录取过学生的国家或者地区；等等。

这些因素不是一成不变的，也并不是说爱好越生僻就越有优势，所以学生也无从准备。哪怕是在大多数大学并不稀缺的小提琴演奏家，如果一名学生真的能演奏出顶级的水准，也会为申请增色不少。总之，想通过大学优先事项来为申请增加任何实质性的帮助，需要在申请各方面已经都非常出色的情况下才能起到作用。最重要的还是坚持自己的热爱，因为这才是自己未来在进入大学后会继续探索和享受的事情。

如果非要找到大学优先发展事项的蛛丝马迹，以帮助自己提前做好一点准备，那大学的使命宣言是一个很好的依据。

以阿默斯特学院的使命宣言为例：

"阿默斯特学院培养来自各种背景、具有非凡潜质的学生，使他们能够探求、珍惜和推进知识，参与周围的世界，过上有原则、有意义的生活。

"阿默斯特将最有潜质的学生聚集在一起，无论他们的经济需求如何，目的是在一个专门创建的小型住宿社区内促进体验和思想的多样性。阿默斯特学院的教职工致力于智识自由和最高标准的博雅教育。学院的本科生在与教职工的互动下，承担起探究问题和塑造他们在课程内外教育的重大责任。

"阿默斯特学院致力于通过密切的学术交流进行学习，并通过最高水平的学术研究和艺术创作拓展知识领域。学院的毕业生将学习与领导力联系在一起，为学院、社区和世界服务。"

从学院的使命宣言里可以看出，学院重视学生的潜质，尤其是在学术方面。学院也非常看重学生群体的多元化，例如学生成长的社会经济背景、地理位置、兴趣爱好，等等。无论学生来自何种背景，以及他们的经济能力如何，学院都会保证他们有公平的机会进入学院学习并完成学业。入学后，学院也希望学生能够在与教授的协作中探索不同的学科，参与科研，创造新的知识，拓展人类已有的认知并通过自己的努力让周围的世界变得更好。读完后，如果使命中的任何一个部分听起来跟自己的兴趣和想法很匹配，那就可以朝着这个方向做出更多有意义的努力。

集体参与的审阅过程

综合评审下的每一份申请都会由多人审核，尤其是在选择性很高的大学，而最终的录取决定通常都需要经过录取委员会投票表决才能产生。小组审阅能够确保我们不会遗漏任何有价值的信息，并能听取大家从不同角度和经历对申请做出的解读，避免一人审核所带来的无意识或者有意识的偏见。

在类似于阿默斯特学院的顶尖大学，每一份申请都会由至少两名招生官审阅。有竞争力的申请会被招生官带到终审委员会，由六七名招生官再次共同审阅，并集体投票。在阿默斯特学院，我作为国际招生录取委员会的主席，会统筹进入国际终审委员会的申请，并主持讨论和投票过程。无论招生官的职位和资历如何，每个人都有一票。当大家讨论结束后，我会请委员会的同事们进行匿名、实时在线投票，然后公布投票结果。

总的来说，综合评审不仅仅是对学生个体的审核，也是为了帮助大学组建一个多元化的新生群体。招生官作为大学的"守门人"，我们的工作就是为所服务的院校甄选最匹配学校发展方向的人才。这个过程从来都不是单向的。申请者也应该在申请初期就认真考虑哪些大学才具有最吸引自己的特质，然后花足够的时间来了解这些大学和提交自己的申请。

如何能在顶尖大学申请中脱颖而出

几乎每次和学生或家长交流时我都会被问到同样一个问题：阿默斯特学院喜欢什么样的学生，我需要做什么才能在阿默斯特学院的申请中更有竞争力？所以，到底什么样的学生能被阿默斯特学院这样的顶尖学府青睐，他们身上又需要具备哪些独特的品质呢？

美国顶尖大学致力于创建一个多元化的学生群体。他们希望自己的学生群体代表不同的地域、文化、宗教信仰、政治倾向、语言、教育背景、社会文化习俗、种族，等等，这样能更好地促进学生间的互相学习，帮助他们学会与来自不同背景的人相处。因此，招生办在审阅申请时也会致力于招募来自不同背景的学生，而不是倾向于某一种背景的学生。虽然学生背景千差万别，但有一个共同的特质是顶尖大学都想看到的，那就是求知欲。

求知欲几乎是所有顶尖大学都希望看到学生拥有的特质。它指的是学生对事物抱有好奇心并带有激情地去探索新知识或者尝试去了解新的观点和事物。这不仅体现在学习上，还体现在生活中的方方面面。有求知欲的学生能更充分地利用大学的学术和课外资源，也能通过自己独特的视角与周围的同学进行思维的碰撞，并保持开放的学习心态不断充实自己。

那如何在申请里体现出自己有求知欲呢？方式有很多种。例如：学生可以通过文书的写作展现出自己有深度的思考方式和透过表面尝试看清事物本质的洞察力；也可以通过文字表达自己对某一学科或者事物的探究所作出的努力。此外，老师的推荐信也能向招生官传达学生平日对某一问题或者科目与同龄人相比有更执着的投入和探索，而且这种投入和探索的过程是发自内心的。

求知欲在倡导博雅教育的文理学院尤其重要。大一新生入校后都没有专业，大学的前两年专门让他们用来探索不同的学科，找到自己最感兴趣的专业，然后在大三和大四两年专注于自己的专业。因此我们期待能在学生的申请中看到他们对不同事物感兴趣，而不只是一件事情或者一门学科。所以保持对不同学科和领域的求知欲是所有特质里面最重要的。另外，学生进入多元化的学生群体后，大学希望看到他们广交不同背景的朋友，对别人的故事和经历抱有真挚的好奇心，也乐于分享自己的经历，并能以自由、开放的心态面对不同于自己的观点。

那如果拥有了求知欲以及一份各方面都非常优秀的申请，就一定能被顶尖大学录取吗？答案是：没有任何人可以保证，包括招生官在内。也因此不存在所谓的"神奇录取公式"。这是因为顶尖大学在录取过程中也会面临很多现实的局限。

首先，在顶级院校，申请的平均质量非常高。

大多数申请美国顶尖大学的中国申请者都具有无可挑剔的学术成绩和标准化考试成绩，至少在表面上来看如此。选择提交申请的学生，大多也已经经过了自我筛选。最后被录取的申请者，已经超出了一般意义上的优秀（excellent），而是出众（extraordinary）。对绝大多数的申请者来说，这并不是一件容易的事情。

2023年，我在做客上海外语频道《海外路路通》节目的时候跟观众分享过一个故事。我2015年刚加入阿默斯特学院的时候跟一名在招生办已经有二十多年阅读国际申请经验的同事共同阅读一名亚洲学生的申请。她有15门满分5分的AP考试成绩，满分120分的托福成绩和全A的校内成绩，还有2300多分的SAT考试成绩（当时的总分是2400分，2016年3月份总分改为1600分）。

我被这名学生如此完美的量化成绩震惊到了。如果是在圣十字学院，招生委员会可能会给这名学生最高的评价，甚至恨不得马上录取，因为当年学院很少收到有着如此厚实的学术背景的国际申请者。但同事的一句评语让我突然意识到我已经来到了一个完全不一样的竞争环境。她说："这名申请者看起来很无趣。"我心里咯噔了一下。

当时因为还没有太多审阅阿默斯特学院申请的经验，我自然以为这样一份看起来硬件条件特别好的学生已经无比出色。后来认识到，想要在阿默斯特学院这样的美国顶级大学中脱颖而出，再好的硬件条件都不能够保证学生被录取，甚至连通过基本的初选都不一定能成功。哪怕是曾经获得过奥运会金牌的运动员也照样会因为申请其他方面的短板而不被录取。也就不奇怪为什么每年放榜季的时候经常会听到一些学生和家长的惊呼："哇，这么好的标化成绩都被某某大学拒绝？！" 这样的感叹对像阿默斯特学院或者哈佛大学这样的顶尖大学来说再正常不过了。

学生在选择申请一所大学的时候，不能想当然以自己的标准化考试成绩为依据来判断被录取的概率，更不能将录取成功与否的标准全部放在标准化考试成绩上。中国学生和家长需要在面对美国大学申请时转换以分数为中心的思维方式。那很多人会有疑问，虽然标准化考试成绩不被看作是让学生脱颖而出的唯一条件，但有好的标准化考试成绩是不是最起码不会给申请带来坏处？确实是，尤其是中国区的申请。当在一所顶尖大学的申请池子中几乎所有来自中国区的申请都有很好的标准化考试成绩时，一旦学生的成绩明显过低，就会显得突兀。如果申请者觉得自己的分数不能代表自己的学术潜质，而且申请的大学又采用可选择性提交标准化考试成绩的政策，那最好的方式就是不提交分数。

其次，最现实的局限在于顶尖院校的申请人数远大于每年入学的人数。

在2028届的申请季中，哈佛大学总共收到了54 008份申请，最后被录取的学生有1937人，录取率只有3.59%，最终入学的人数为1600人左右。同年，耶鲁大学收到57 465份申请，2146名学生被录取，录取率只有3.7%，入学人数也在1600人左右。跟哈佛和耶鲁的新生人数相比，阿默斯特学院的大一新生入学人数只有473名，但学院收到了13 700份申请，有1200多名学生被录取，录取率为9%。我在2015年加入阿默斯特学院时，学院总共收到了2000份出头的国际学生申请。后来连年增长，到2024年，已经增长到几乎三倍，但入学人数并没有改变，国际学生录取率更是跌到了惊人的2%，甚至有时会低于2%。从这几个数据可以看出，顶尖大学的申请和录取之间有巨大的差距。

哪怕申请者再优秀，也可能会因为大学本身的录取人数有限，而无法被录取，也就出现了很多明明申请各方面都很优秀却被顶级的这几所大学拒绝的情况。当大学拒绝一名学生的理由是申请人数太多，而能够录取的人数有限时，确实是有其道理的，虽然并不一定都是这个原因。

在这种时候，学生要告诉自己，"我已经做了所有我能够做的努力了，结果不是我能控制的，也不能定义我未来的成功"。一定不能因为录取结果不如自己的预期而自我否定。即便是被阿默斯特学院拒绝或是放在等待名单上的学生，很多也会被"藤校"或者其他顶级文理学院录取，这也是让我们很欣慰的一点。有一年，我在放榜后回复一名被放在等待名单上，但非常优秀的中国学生的邮件时说："大学的申请结果只是更多努力的开端，并不是努力的终点。"我相信这名学生一定也会有其他非常好的大学选择，未来也一定会在属于自己的校园和领域发光发热。

再次，每一所大学都有自己独特的组建新生年级的优先发展事项。

由于大学间有着不同的优先发展事项，不同大学在面对同一名出类拔萃的申请者时，可能会做出完全相反的决定。这不是申请者本身可以控制的，也不是招生官可以预知的。例如，招生官可能事先并不知道大学的交响乐团急需会演奏大号的学生。如果申请人中恰好有一名学生提交了大号的艺术特长作品，还获得了音乐系教授很高的评价，那在学生的申请其他方面都比较优秀的情况下，这名学生被录取的概率会得到显著提升。如果一名学生碰巧对大学刚开设的美国亚裔和太平洋岛民学感兴趣，而且做了大量这方面的研究和学习，那就有可能会因此脱颖而出。但话又说回来，每年能够受益于此的学生人数少之又少。

对申请者来说，知晓这些客观局限的存在，可以更加理性地面对顶尖大学的申请结果。在面对不理想的录取结果时做到不自我否定，在收到录取通知时不骄傲自满，认为自己高人一等。虽然我作为招生官需要做到最理性的分析，但招生录取过程中的确会有一些偶然的有意识或者无意识的因素影响最终的录取决定。因此没有哪名学生可以说自己被某某名校录取，如果再申请一次，被不同的招生官审阅，就一定还会被录取。所以，要知道这个过程里有很多不能掌控的因素。

那作为申请者应该如何在申请时思考这一充满不确定性的过程呢？我的建议是将注意力集中在那些自己可以掌控的方面，并将它们做到最好。这样，最后无论结果如何，都不会有遗憾，这就足够了。例如，在学校课业上的努力，深度参与课堂讨论和参加课内外活动，花足够的时间思考和撰写文书，认真填写申请表，充分挖掘自己的课外兴趣或者课内的延伸兴趣，等等。

我翻译的《升学之道：美国大学申请全解析》一书中引用了美国经济学家斯泰西·戴尔（Stacy Dale）和艾伦·克鲁格（Alan Krueger）做的一项跨度为十年的研究。研究者们发现，在平均学分绩点（GPA）和标准化考试成绩相同的情况下，那些进入顶尖大学和被顶尖大学拒绝从而进入一般大学的毕业生在若干年后并没有收入上的差距。也就是说，那些有着相似学术能力并有动力冲刺顶尖大学的申请者虽然没被录取，但日后的经济能力，或者进入顶尖大学研究生院继续深造的概率与被顶尖大学录取的同伴相差无几。戴尔和克鲁格的研究表明，读什么类型的大学远不如学生自身的能力、积极性和野心重要。

第四章

美国精英大学如何做出录取决定

我在2015年刚加入阿默斯特学院时，学院的总申请量在8000份左右，国际学生的申请有2000多份，占总量的25%左右。到了2023—2024申请季，总申请人数已经达到了13 000多份，而国际学生申请比例也到达了史无前例的40%，国际学生录取率却降到了惊人的2%。国际学生申请比例飞速地增长虽然不能全归功于我带领的国际团队的努力，但也的确与团队的努力分不开。

　　从如此庞大的申请池子里甄选出最优秀的学生是一件相当繁复的工程，因为每一份录取决定都是在综合考量申请者所有材料的前提下作出的。如果说做录取决定是一门艺术，这一点也不夸张。招生官能做的就是在有限的申请材料的基础上做出我们认为最符合学院标准和需求的录取决定。引用我们主任在欢迎新生时常说的一句话："我们从来不会做出错误的录取决定。"

　　为了能够不做出错误的决定，这要求招生官在读申请时用最客观的角度审阅申请中的每一部分。不管是来自美国还是世界哪个角落的申请，我们都需要在短时间内理解并判断这份材料：第一是否有竞争力，第二是否符合学院要寻找的学生类型。要做到如此有效率的阅读，除了审阅材料的经验积累，负责每个区域的招生官每年都会亲自到当地拜访学校，了解不同的课程和教育文化背景。因此，美国大学招生官每年都会到全国和世界各地出差，拜访当地高中，参加大学展会，与学生和家长见面，等等。我负责的国际招生团队成员，在疫情前最繁忙的一年走访了世界各地四十多个国家和地区。

　　能在阿默斯特学院的终审委员会脱颖而出，说明申请者已经达到了我们对申请各方面最高、最苛刻的要求，也意味着学生是他们这一代人中我们认为在各方面最卓越的年轻人。前主任在欢迎我加入阿默斯特学院时说："欢迎来到全美国最好的招生办公室。"我当时还觉得这是一句客套话，但在学院工作九年多后，我可以肯定地说，这句话毫不虚夸。

申请由谁审阅

很多人在面对美国大学申请时可能会忽略一个事实，就是招生官其实也都是实实在在、有血有肉的人。他们来自不同背景、不同文化、有着不同的人生经历和教育背景。每一份申请都是经由他们的审阅后，学生才能被最终录取。

我入职时，负责招生和财政补助的主任刚刚退休。他在阿默斯特学院录取办公室主持工作将近三十年，来阿默斯特学院之前是威廉姆斯学院的招生办主任。他退休后，接任者是阿默斯特学院1981届的校友。她是学院1974年宣布从男校变为男女同招政策后的第二届毕业生。我们共事三年后，她在2018年正式退休。接任她的是麻省理工学院前招生办主任，这位主任来自纽约州，是家里的第一代大学生，也是麻省理工学院的本科毕业生，还是曾经的学生会主席，是一名非常有远见和个人魅力的领导者。

招生办有个传统就是只从阿默斯特学院的毕业生中招募入门级别的招生官，叫招生咨询员（admission counselor），以前也被称为"新手招生官"（green dean）。2022年这一传统被打破，我们破例招了一名威廉姆斯学院的毕业生。招生咨询员的任期通常为两年，之后很多人会选择去研究生院深造。已经离任的招生咨询员中有曾经的阿默斯特学院学生会主席，有在中东教过两年高中历史的老师，有在阿默斯特学院四年期间拿过全A的超级学霸，有学院女篮全国冠军队的队员，还有来自加勒比海的国际学生，等等。

一些在学院有年头的招生官更是有非凡的个人经历。已经退休的六十多岁的温迪在国际招生团队中曾是我的左右手，对来自亚洲的申请非常熟悉。在加入录取办公室以前，她曾是阿默斯特学院新生年级主任，前前后后已经在阿默斯特学院服务了将近四十年。她有一种我深深羡慕的能力，就是可以用最精准的词语来描述任何她要表达的思想，而且充满智慧。还有一名曾经的国际团队同事在一所著名的"藤校"攻读经济学博士，后任教于一所著名的文理学院。因为觉得从教生涯不适合自己，于是决定转行在高校做行政工作。还有一名同事身兼两职，同时在招生办公室和学院的教学办任职。她对学院每个学术部门的了解比谁都清楚。有什么课程设置的最新动态，哪个部门急需什么特长的学生，她都会及时反馈给招生委员会。除此之外，招生官队伍中还有曾经的高中法语老师、某著名科技公司的销售，以及著名国际咨询公司的咨询师，等等。

多元化的招生官队伍，能够让我们从不同的角度去深度解读申请中的信息，帮助我们做出最综合和恰当的决定。另外，不同的看问题的角度也能让我们在审阅申请时起到彼此检查和平衡的作用，以免我们无意识或者有意识的个人偏见对申请造成不公平的评价。也因此，美国顶尖大学通常会要求每份申请都由至少两名招生官来做初步审阅。

审阅方式

每年的审阅季从1月份元旦假期返工开始到3月初结束，总共两个多月的时间。这段时间，招生官的工作只有一个，就是在有限的时间内从海量的申请中遴选出大学想要的学生。任务重，时间紧。因此，招生办采用什么样的审阅方式对整个审阅季的效率起到了至关重要的作用。

我刚入职时，阿默斯特学院的审阅方式与圣十字学院类似。在初审阶段，申请会被两名招生官分别审阅。第一遍由负责这个区域的招生官进行全篇通读，并将重要的信息和自己的总结简短记录在电子表格中。随后，申请会被系统派到另外一名招生官的文档里，再次进行全篇阅读和总结。如果两名招生官的评价有很大的出入或者互相不认同，那申请会被第三名招生官再次阅读，最后少数服从多数。现实情况中，需要三阅的案例非常少。

这种阅读方式也是我们友校耶鲁大学曾经的审阅方式。在耶鲁，申请提交后，招生办会将申请发给负责这个区域的招生官进行第一次阅读，再发给第二名招生官进行第二次阅读，如果有分歧，申请会发给第三名招生官再次阅读。那些他们认为最优秀的申请会被带入终审委员会。但在进入终审委员会之前，所有从申请被阅读时到进入终审委员会之前递交的新材料都会被再次审阅，以保证不遗漏任何对委员会了解申请有用的信息。负责这个区域的招生官也会将申请浓缩成一个简短的介绍分享给委员会成员。正式的委员会将对申请进行集体讨论，并做出暂定的录取决定。在最终录取决定发布之前，耶鲁招生办还会做最后一遍的查验，以保证申请中没有任何其他问题。

这种阅读的方式虽然很彻底，但是两名招生官重复看一份申请不免会产生一些无用的重复劳动。此外，这种每名招生官单独审阅的方式让审阅季的工作变得无比孤单和没有规律。很多行业内的人都调侃称这是招生官的"冬眠期"，因为招生官可以自己决定一天当中什么时候读申请，只要能完成规定的每日最低配额就可以，而且可以在家里读。

这种方式不尽如人意的地方就是读申请的这段时间内生活的所有安排都要以读申请为中心，这让这两个月变得"暗无天日"。我当时连去趟超市都会想，有这些时间我都可以读十份申请了，所以每天都过得神经兮兮。对喜欢自由安排时间又有强大自律能力的人来说，这种阅读方式是他们求之不得的；对我这种比较外向，喜欢跟人接触的人来说，一个人在家读申请实在痛苦，我宁愿换一种其他方式。

2013年，宾夕法尼亚大学招生办开始采用一种新的审阅方式，被称为"基于委员会的审阅"（committee-based evaluation）。意思是每份申请都由两名招生官同时审阅，两人当场共同决定是否将申请放入下一轮的终审委员会。新的方式取代了一份申请由两名招生官单独审阅的方式，最直接的好处就是将审阅申请的时间减半，甚至更多，而不影响阅读质量。

新方法在宾夕法尼亚大学的成功，让越来越多的学校在接下来几年开始试用这种方式，包括埃默里大学、斯沃斯莫尔学院，以及凯斯西储大学等，而且反馈都是一致的好。不仅审阅更有效率，招生官也从枯燥的审阅季中解放出来。

2017年，阿默斯特学院也决定采用这种新的方式，而且一直沿用到了现在。新的审阅方式革命性地改变了我们的工作方式。

每所大学在采用这种新方法时都会加入一些自己的特色。例如，在阿默斯特学院，在初审阶段，每一份申请都会被两名招生官同时审阅。审阅方式会根据综合评审的原则来，每份申请的每一部分都会被招生官阅读。两名招生官扮演的角色不同，一名是负责申请所在区域的负责人，对申请者的学校和社会环境相对更加熟悉；另外一名会随机从其他招生官里轮换，不是固定的。两名招生官阅读申请中的不同部分，并现场做出总结。如果这份申请很有竞争力，招生官会将申请暂时放入终审委员会里。负责此区域的招生官在整个阅读和讨论的过程中起到了主导作用，另外一名招生官作为辅助。这样阅读的好处是能够在保证不遗漏任何重要信息的基础上迅速做出审核结果，对不熟悉这个区域的招生官来说也是一种职业培训，起到了一箭双雕的作用。

更划时代的变化是采用这种方式之后，因为必须由两名招生官同时审阅，我们在审阅季的工作时间也从原来的自己安排变成了常规的工作日时间。每天只在上午9—12点和下午1—4点期间进行阅读。时间规律了，阅读质量也提高了，我们的生活也回来了。只要完成每天的阅读额度，下班就是下班，更不需要占用周末的时间读申请。

在审阅季，招生官的工作除了审阅申请还有很多其他办公室的职责，包括回复邮件、计划春季开放日和出差、接待访客、各种办公室内部会议，等等。因此，我们办公室将星期三空出来专门处理这些工作职责，而不用每天在阅读完申请后再花额外的时间去处理这些事务。这样，周三一天我们都不需要阅读申请，这在以前是完全不敢想象的。当然，每所学校的设置不一样，有些采用此类审阅方式的大学还是要求招生官每天都读申请，阿默斯特学院的审阅方式就比较人性化。

但并不是所有大学都采用了此种审阅方式。暴增的申请人数让耶鲁大学也必须做出审阅程序的调整。2020—2021年申请季，因为疫情期间采用了可选择性提交标准化考试成绩的政策，耶鲁大学的申请从35 000多份飞升到了47 000

多份。到2023—2024年的申请季，耶鲁大学总共收到了将近58 000份申请。与此同时，招生团队人数并没有增长，这给耶鲁招生办的招生官们带来了巨大的工作量，让很多招生官处于崩溃边缘。

我的好朋友，耶鲁大学负责国际招生的副手，在一次行业年会上跟大家分享了耶鲁大学新的应对方式，他们称为"Initial Review"（初筛）。意思是申请提交后，所有的申请都会被初筛一遍。谁来做初筛呢？只有那些在耶鲁招生办工作了八年以上的资深招生官才能被委以重任。初筛听起来虽然潦草，但是对资历丰富的招生官来说，他们很容易判断这份申请是否能够脱颖而出。以前耶鲁的招生官每读一份申请都要写总结，而在初筛阶段他们可以略过总结，换句话说，他们不需要在系统里阐述为什么将这份申请筛掉或者继续审阅，有效提高了审阅效率。

如果申请没有被筛掉，那接下来还是会按照原来的方式进行一审、二审或者必要时的三审或者四审。需要仔细审阅的申请数量因为初筛的存在大幅度下降，这大大减轻了招生官的工作负担。招生官可以将精力全部放在申请池子中最出类拔萃的申请上，也让整个讨论过程变得更彻底和全面。最重要的是，招生办的招生官们感受到了前所未有的解脱。

突然，审阅季的工作变得"正常"了。我们不需要再在家里"冬眠式"地读申请了，也不用担心在规定的时间内读不完数量越来越多的申请。由于国际学生申请的数量庞大，而我又负责国际团队，因此分配到我手里的审阅任务也是最重的。

我从加入学院开始，每年的审阅量都要比办公室其他招生官多得多。从刚开始的1000多份，到现在有点让人惊讶的3000多份，我一个人承担了办公室将近四分之一的审阅任务。我的审阅效率比较高，因为实在是没有办法。想要在固定时间内审阅完数量庞大的申请，我必须训练自己高效审阅。但话又说回来，一个人负责审阅这么多申请在其他大学是闻所未闻的。每次跟其他同伴、大学的同事分享，他们都会惊掉下巴。回想当年在圣十字学院，我每年只负责阅读400多份申请。

新的审阅方式也让我们在疫情期间申请人数暴涨的情况下仍能如期完成审阅任务。在2021年年底一场在线讲座上，我跟一所知名综合大学的招生办主任一起做讲座嘉宾。他负责的大学在疫情暴发的2020年，收到了创纪录的7万多份申请，比疫情前一年增加了超过30%。他被问到他的团队是如何审阅完这巨量的申请时说："Read quickly！"（快速地阅读）。这是当下美国顶尖大学招生办都不得不面对的一个问题。

终审委员会

虽然在新的审阅方式下，两名招生官可以当场做出拒绝或者等待名单的决定，但如果要录取一名学生，必须将学生送入终审委员会，由委员会成员集体做出决定。

终审委员会通常要求多名招生官共同参与讨论和决定，但形式并不相同。有的是由六七名招生官组成的终审委员会共同来审阅申请中最有竞争力的申请，有的则是全体招生官集体对申请池子中所有的申请一一做决定。

我在任时，圣十字学院采用的是上面提到的第二种——全体招生官一起来做决定。从2月中旬到3月中下旬，办公室的十几名招生官都会挤到一间方形的会议室里，排排坐。会议室前面挂着两个投影屏幕，显示学生的申请表和招生官的总结表。十几名招生官会将所有的申请一份一份地讨论一遍，并举手表决。可想而知，这样的表决过程虽然全面，但也无比漫长，需要所有招生官无时无刻不集中精力，而且一天一坐就是七个小时。

阿默斯特学院采用的是第一种。我们通常会有两个终审委员会同时进行。委员会的成员都是审阅申请的招生官。在视频网站YouTube上关于大学录取委员会播放量最多的一个视频就是阿默斯特学院的终审委员会，到目前为止观看量已经超过了230万。视频是彭博社（Bloomberg News）十几年前拍摄的，他们被史无前例地允许进入录取委员会的会议室见证整个录取过程。视频中的会议室也是现在终审委员会的场地，陈列几乎完全一样，只不过我们已经不再使用纸质材料。

通常，在顶尖大学的终审委员会，负责某地区的招生官会向所有委员简短介绍自己带入委员会的申请。随后，所有招生官都会再次审阅申请中的每一部分，挖掘申请中的亮点，并与委员会成员分享。大家在分享和听别人分享的过程中也可以提问。如果对申请有疑问，招生官也会跟高中的升学指导老师联系。一份申请被讨论完毕后，委员会的主席会示意大家投票并统计票数。无论职位高低，每个人都有一票。整个过程非常民主和透明。

笼统地来说，终审委员会录取多少人通常是根据常规申请阶段录取新生的入学率（yield rate）来计算的。例如，如果一所大学录取了100名学生，只有50名最后选择入学，那入学率就是50％。倒推过来就是，如果一所大学想填满大一新生年级的50个席位，历史上的入学率是50％，那他们就必须录取100人左右。所以大学最终的大一新生人数不是这所大学最终录取的人数，因为录取的人数往往要比入学人数多得多。例如，阿默斯特学院每年录取1000出头的新生，最终入学的人数实际只有473人左右，因为在常规申请阶段被录取的学生也会被其他大学录取。跟阿默斯特学院相交叉录取（学生同时被阿默斯特学院和其他大学录取）最多的大学是耶鲁大学、哈佛大学、普林斯顿大学、斯坦福大学、威廉姆斯学院和麻省理工学院等，所以在学生面前的选项很多。

乐此不疲的审阅季

在过去的九年，我非常有幸能够参与国内和国际的终审委员会并主持国际终审委员会。委员会的六名成员对每份申请缜密的剖析让我时常感到敬佩。说句毫不夸张的话，能够被阿默斯特学院录取委员会录取的国际学生放到世界上任何一所大学的申请中都会是出类拔萃的。

申请当中的每一个细节都会被委员会成员们仔细审阅，找出真正能代表学生的过人之处。我们从来不会有先入为主地想要去拒绝一个学生的想法，相反，我们的工作是进入每一份申请去搜寻最能够让学生被录取的长处来跟委员会成员分享。

也因此，在审阅季，招生官的工作强度之大超乎大多数人的想象。招生官不仅要在阅读一份申请后将申请中繁多的信息在脑海里整合和分析，以做出精简、有效的总结，还要决定申请在整个申请池子中的竞争力以及是否将申请带入终审委员会。进入终审委员会后还要向委员会成员介绍这名申请者，随后参与讨论。讨论的过程中所有在座的招生官不仅要搜寻申请中的亮点，还要同时听其他招生官的分享，这要求他们将所有感官全部打开，长时间保持高度的精力集中和脑子的高速运转。

我在写这章时正值终审委员会录取阶段。每天从上午9点到下午4点，除去中午饭的一个小时，我们都会坐在会议室里周而复始地讨论申请和投票表决。一天工作结束后，基本上已经没有任何力气去做需要费脑力的事情。我自认为自己的身体素质还不错，国际长途飞行、在国外出差连轴转都没问题，但也抗不住终审委员会高强度的脑力劳动，经常回到家后就瘫倒在床上一动也不想动，第二天再接着来。

是什么支撑我们在如此重压下保持工作的热情？首先，选择做招生官的人通常对教育行业有着崇高的职业理想。他们希望通过自己的努力去帮助最需要教育改变人生的年轻人，而进入大学是进行人生转折的最关键一步。其次，招生官通常都对人的故事感兴趣。他们享受阅读不同的人生经历，也会跟着学生的故事时而激动，时而悲伤，时而振奋。他们也希望通过阅读这些故事从中发掘有经历、有动力、有独特视角的学生进入他们所服务的大学社区，创建一个学生之间可以互相学习和进步的场域。最后，这也是我们职业本身的一部分。既然学生选择申请我们所服务的大学，并且花了很多精力和时间来完成他们的申请，那么我们就有义务来认真对待他们的申请，了解他们想要传达的信息，并做出我们认为的最合适的决定。

几点额外的思考

读美高会有优势吗？

有计划让子女出国留学的中国家庭最近几年最关心的问题似乎是高中择校问题。是让子女在中国读国际学校还是读高考课程？是到美国读高中还是到英国读高中又或者是其他国家？这一考虑背后最大的原因之一是近几年被美国顶尖大学录取的中国籍学生中相当一部分是在海外读的高中，特别是在美国。在国外读高中真的能给申请带来优势吗？

我们先来看一组数据。根据美国国土安全局下属的学生和访问交流学者项目（SEVIS）公布的学生签证（F-1）数据来看，由于疫情的影响，2021年持学生签证在美国高中读书的中国留学生有13 500多名，是近些年来人数最少的一年，比2020年直接减少了一半。而2020年的人数又比2019年减少了30％，比2018年降低了将近40％。也就是说，近年来从中国赴美读高中的学生人数一直在下降。

好消息是，最近公布的2022年的人数出现了小幅度反弹，增加到了18 300多名，比2021年高出36％。这与疫情结束、国际旅行限制取消、美国政府对国际学生的欢迎程度提升有很大的关系，同时也得益于中国家庭对送子女到美国读高中和大学热情的回温。

不光是去美国，越来越多的中国家庭将子女送到中国香港、新加坡、加拿大和英国等国家和地区读高中。除了获得优质的教育资源，这样做的另外一个很重要的原因是为了规避与中国学生和在美国读高中的学生进行直接竞争，间接增加进入名校的概率。

想法看似有道理，但奔着进名校而出国读高中是不是最明智的选择呢？

其实，要想被美国顶级的大学录取，在哪个国家或地区就读、读什么样的学校并不会自动为申请增加优势。去一所招生官比较熟悉的学校意味着招生官不需要花太多时间去了解学校的课程和课外活动设置，但对不熟悉的学校，招生官也会花时间来了解学校。例如，在阿默斯特学院，我们2023年收到的6000份国际学生申请来自世界上160多个国家的4000多所高中。每一份申请都会在他们所来自的高中进行审阅。想要靠高中名气脱颖而出是不现实的。我们寻找的和录取的是学生，不是他的高中。

招生委员看重的是这名学生在学校里的具体表现：学生是否修了学校最有挑战性的课程？是否充分利用了学校提供的课外活动？是否跟同学和老师进行有意义的互动？是否是这所高中不管从学术还是课外活动方面最出色的学生之一，甚至是老师和升学指导老师从业生涯里教过的最优秀的学生之一？而这些要在异国他乡靠自己的努力做到需要非凡的勇气和才华。哪怕有了所有这些也不能保证学生在顶级大学竞争激烈的招生录取过程中脱颖而出，更不能确保最终被录取。

学生如果是以学习为目的来美国或者到世界其他地方读高中，并不是一心只为在申请大学时有优势，那可能最后的受益会远超自己的想象。心态放平后，自然也会更加享受新环境里的各种机遇和挑战，而升学的结果会成为自己在高中期间努力的自然汇聚，被适合自己的大学录取也就水到渠成。要知道，高中的三年或者四年也是非常宝贵的成长经历，并不仅仅是为大学申请而做准备的训练营。

国籍在申请中的角色

顺着这个话题我们再来谈谈国籍在申请中的角色。很多中国家长问我，如果自己的孩子是美国国籍或者有美国绿卡，但在中国读书，会不会对申请有帮助？会被放到申请的哪个池子里审阅？

这些都是一些实际操作上的问题，而且不同的大学可能会给出不同的答案。通常来说，在顶级大学，国籍跟在哪个国家读高中一样，本身不会自动为学生带来任何优势或者劣势。招生官还是会在审阅申请时更加关注学生的学术和课外表现，以及写作、推荐信，等等。有一种情况除外。

这种情况跟钱有关。

在2024年，美国只有十所大学对国际学生采用盲审政策。盲审的意思是大学在录取过程中不会考虑学生家庭的支付能力，学生在申请时也不需要提交财力证明。这些大学包括：阿默斯特学院、哈佛大学、普林斯顿大学、麻省理工学院、达特茅斯学院、圣母大学、布朗大学、华盛顿和李大学、耶鲁大学和鲍登学院。而对美国国籍和绿卡的学生采用盲审政策的大学多达110多所。

对国际学生来说，如果申请上述十所大学的同时也提交了财政补助申请，那最终的录取结果不会跟学生提交的财政补助挂钩。换句话说，申请奖/助学金与否，都不会对学生在这十所大学的录取产生不好的影响。如果国际学生申请了除这十所大学之外的其他大学，都会或多或少因为自己申请了奖/助学金而影响最终的录取结果，尤其当大学明确表明不给国际学生提供任何财政补助时。而拥有美国国籍和绿卡的学生可选择的范围要比国际学生大得多。

另外的优势是有美国国籍和绿卡的学生可以申请美国政府的贷款，包括联邦助学贷款，但国际学生不能。

有的家长还会问，如果自己的孩子是中国国籍，但在美国读高中，他们的申请会被放到中国的申请池子里与中国学生进行比较，还是跟自己所在的美国高中的同学比较？这个问题的答案也因校而异。但我知道问题的背后，是家长想知道自己孩子面对的竞争对手是谁。被放到中国的池子里竞争很显然压力会很大，因为中国优秀的学子众多。但放在美国本地的池子里竞争，也不说明脱颖而出的概率就会自动变大。美高的中国留学生需要经历与中国的同龄人相比更多的挑战，不管是在适应新的学术环境还是人际交往上，作为外国留学生想要在跟美国同学的竞争中出类拔萃并不是一件容易的事情。

在阿默斯特学院，在美国本土读高中的国际学生会被放在他们所在学校的环境中，由负责美国国内区域的招生官审阅，不会与自己国家的学生一起进行比较，也不会进入国际委员会，而是直接进入美国国内的终审委员会。例如，我曾经负责的拥有众多私立寄宿高中的康涅狄格州、马萨诸塞州和纽约州，如果国际学生提交申请，他们会被放在自己学校的申请池子里进行审阅，而不会与其他跟自己拥有同样国籍的申请者进行比较。换句话说，在美国读高中的国际学生都被当作美国本地学生来看待。这是新的招生办主任上任后更改的政策。之前，所有非美国国籍的申请者最终都会与来自自己国家的同龄人竞争，脱颖而出的难度可想而知。当然，这种政策背后的决定性原因还是阿默斯特学院在录取过程中不考虑学生家庭的支付能力。

绑定性早申请有优势吗？

美国大学的申请计划通常分为绑定性早申请（Early Decision，以下简称早申请）和常规申请（Regular Decision）。顾名思义，早申请的截止日期更早，通常在11月初，放榜日期也更早，通常在12月中旬。常规申请的截止日期通常在次年1月初，放榜通常在3月中下旬。当然，现在也有很多大学采用早行动申请（Early Action），虽然也是早申请但并没有绑定性。还有一些大学采用限制性早行动申请（Restricted Early Action），一种介于早行动和早申请之间的申请。但这些细分并不是本节讨论的重点。

除时间不同以外，两种申请计划最大的区别是绑定性早申请只允许学生申请一所大学，还需要签订绑定申请协议，因此录取后也必须入学，除非有与财政补助相关的特殊情况；而常规申请学生可以同时申请多所大学，并被多所大学共同录取，最终选择一所自己最中意的学校入学。

对学生来说，早申请可以让他们更早地结束申请过程（如果被录取的话），但是前提是他们必须把所有的筹码全部押在一所大学上。对大学来说，通过早申请录取的学生因为签订了绑定协议，通常会百分之百入学，减少了在常规申请阶段的很多不确定性，包括学生群体的组成成分，奖学金预算的使用情况，等等。

近几年，一些美国比较知名的大学通过早申请录取的学生人数几乎占到大一入学人数的60%，更有极端的大学通过早申请录取了占大一新生90%多的人数。申请这样的大学，想要得到高的录取率，提交早申请是很明智的选择。

话又说回来，并不是所有学生都适合早申请，也不是所有大学都会倾向于录取早申请的学生。如果学生在研究大学阶段没有找到让自己真正动心的大学，或者找到的大学超出了自己的学术和课外活动条件所能触及的，那提交早申请可能并不是明智的选择，因为最后的结果也可想而知。

还有更实际的考虑，那就是如果学生需要大学提供相当一部分的助学金才能负担得起大学，而自己中意的大学并不一定能够提供慷慨的财政补助，甚至根本就不提供财政补助，尤其是对国际学生，那就要慎重考虑向这所学校递交早申请。最让人失望的结果可能是学生被录取了，但发现大学根本不能提供足够的或者任何财政补助，到头来竹篮打水一场空。

对需要大学提供财政补助的学生来说，通过常规申请向多所大学递交申请可以让自己有机会比较不同大学的财政补助金额，让自己有更多的选择余地。

对一些大学来说，包括很多顶级的大学，他们将大部分给大一新生的财政补助预算用于早申请阶段被录取的学生。所以向这些学校提交早申请不仅有录取上的优势，还可能更加容易获得按需助学金补助。原因很简单，因为将奖学金或者助学金提供给通过早申请被录取的学生可以帮助大学更精准地计算预算的使用情况，把钱用在刀刃上，特别是对那些财政预算比较吃紧或者有严格预算上限的大学来说。

在极少数使用早申请的大学，申请者并不会因为递交早申请而在录取过程中得到任何优势。阿默斯特学院就是其中一所。我们在做录取决定的时候不会因为学生只申请了阿默斯特学院一所学校而放宽录取标准。虽然最后差不多三分之一的大一新生都是通过早申请被录取的，但当中绝大多数都是特招的体育特长生。因此，我们在宣讲会上会开诚布公地跟学生和家长说，除非他们认为阿默斯特学院是他们的第一选择，否则还是通过常规申请更明智。一来可以多申请几所大学，二来可以比较不同大学的财政补助金额，三来也不会降低自己被录取的概率。

像阿默斯特学院这样不偏向于早申请的高校在顶尖高校里并不多见。学院之所以这么做，第一是学院并不以学费收入作为主要财政收入来源，更不把国际学生当作"摇钱树"。学院的财政收入主要以校友捐款基金的收益为主，学费收入为辅。学院的盲审政策让我们的录取决定不跟学生的支付能力挂钩，因此最后的补助总额有点跟开盲盒一样，需要多少就补多少，并没有上限。在2023财年，学院为学生提供的助学金总额超过7100万美元。去除助学金的支出，学院从学生学费、食宿费和其他费用中得到的总收入为8000多万美元，但从校友捐款基金当中用于运营的收入高达1.4亿多美元。

第二，学院秉承一贯坚持的公平原则，不希望在早申请阶段录取过多的人数，保证常规申请阶段的学生同样有机会被学院录取。招生办在审阅早申请材料时也更不会降低门槛。

公平原则的背后是因为最受益于早申请的学生大多来自富裕的上层社会。在2021年，使用通用申请表（Common Application）提交大学申请的公立高中学生中，只有不到10%的学生选择了提交早申请。而在私立学校（通常学费在每年3万美元以上）约有三分之一的学生选择早申请。同样，来自最富裕的邮政编码地区的学生提交早申请的可能性是其他地区学生的两倍。

拥有优越资源的学生在申请大学的过程中能够得到更多的一对一指导，对早申请的优势也有比其他学生更多的了解，也因此更善于利用早申请，进而获得更大的被录取的机会。换句话说，来自富裕家庭的学生更懂得如何玩早申请的"游戏"。而那些最需要早申请推一把的来自低收入家庭的孩子，无论是在录取率上还是获得财政补助上，都因为自己没有触手可得的资源而错过机会。对很多来自低收入家庭同时又是家里的第一代大学生的人来说，他们可能连早申请这个政策的存在都不知道，更不用说能够利用好早申请这一途径了。他们当中，很大一部分是来自少数族裔背景的学生，也是美国大学正在极力想要招募的学生。因此，早申请就产生了一个矛盾：大学想要通过早申请提前锁定入学的学生，但受益于政策的大多是来自富裕背景的学生，那些大学着力招募的少数族裔、第一代大学生和低收入背景的学生因为资源匮乏，在不知情的情况下就已经处于更加劣势的境地，更难被顶尖大学发现，也更难被录取和得到足够的财政补助。

2023年，美国最高法院禁止美国大学在做录取决定时考虑学生种族信息后，美国高等教育界就一直在探索其他能够吸引和扩大少数族裔学生的招募策略和方法。早申请与校友子女传承录取因对白人富裕阶层敞开了便利之门，是目前美国高等教育界探讨最多的问题之一。这个问题不仅涉及教育公平，也跟大学的使命以及美国社会阶层流动性和根深蒂固的种族主义有紧密的关联，会是未来美国大学招生录取中被讨论最热烈的话题之一。

平权行动对招生录取的影响

平权行动（Affirmative Action）兴起于 20 世纪 60 年代的民权运动（Civil Rights Movement），是对少数族裔以及妇女在就业和教育机会方面所面临的系统性歧视的回应。这一概念旨在确保边缘化群体获得平等的晋升和融入机会。1961年由约翰·F. 肯尼迪（John F. Kennedy）总统签署的第10925号行政命令是实施平权行动的第一项官方政策。该行政命令规定，联邦承包商应采取 "平权行动，以确保不分种族、肤色、宗教或民族血统，平等对待申请人"。

1964年的《民权法案》（Civil Rights Act of 1964）禁止拥有15名以上雇员的雇主在就业方面的歧视，无论他们是否与政府签订合同，该法案还成立了平等就业机会委员会。

1965年，林登·约翰逊总统颁布了第11246号行政命令，要求"联邦承包商不得在就业方面进行歧视，并采取积极行动，确保基于种族、肤色、宗教和民族血统的平等机会"。此外，该行政命令还设立了联邦合同合规办公室（Office of Federal Contract Compliance）来执行该命令。

1965年9月，约翰逊总统在签署该命令之前，于6月4日在霍华德大学（Howard University）毕业典礼上发表演讲时，说出了至今仍荡气回肠的话："自由是不够的。……你不能把一个多年来被枷锁束缚的人解放出来，把他带到赛跑的起跑线上，然后说'你可以自由地与其他人竞争'，并仍然信誓旦旦地认为你已经完全公平了。"

1971年，第10925号行政命令被修订，将性别纳入其中。最后，理查德·M.尼克松（Richard M. Nixon）总统签署了1973年《康复法》（Rehabilitation Act of 1973），要求各机构向平等就业机会委员会（Equal Employment Opportunity Commission）提交一份关于雇用、安置和提升残疾人的平权行动计划。

在平权行动政策开始被用于纠正美国历史上的不公正和系统性种族主义仅仅14年之后，大学招生中的平权行动就受到了第一次攻击。最重要的平权法案案例之一是加州大学董事会诉巴克案（1978年）。艾伦·巴克（Allan Bakke）是一名白人申请者，他对加州大学医学院的招生政策提出了质疑，因为该政策为少数族裔申请者预留了一定数量的名额。最高法院在此案中的裁决禁止种族配额，但允许在录取决定中将种族作为诸多因素之一加以考虑。这项裁决标志着一个转折点，它将种族多元化确立为平权行动的一项迫切利益。

25年后，平权行动再次受到挑战。这次被牵扯进来的是密歇根大学的本科招生政策。格鲁特诉波林格尔案（2003年）是美国最高法院关于大学招生平权行动的一个里程碑式的案件。法院认为，大学在招募"代表性不足的少数族裔群体"的学生过程中，只要将申请者当作个体来审阅，并参考申请中其他因素，不仅仅是种族，就没有违反第十四修正案的平等保护条款。该判决在很大程度上维持了法院在加州大学董事会官诉巴克案中的判决，该判决允许在招生政策中考虑种族因素，但认为种族配额违宪。

在与格鲁特案同一天判决的另一起案件，格拉茨诉博林格案（2003年）中，法院驳回了仅根据种族给申请者打分的本科生录取政策，认为该政策过于机械，类似于配额制度。

2013年在费舍尔诉得克萨斯大学奥斯汀分校案中，攻击平权行动的尝试继续进行。艾比盖尔·费舍尔（Abigail Fisher）是一名白人学生，她在2013年向最高法院提起诉讼，质疑得克萨斯大学奥斯汀分校的招生政策。法院将此案发回下级法院重审，指示其适用更严格的审查标准。2016年，最高法院在费舍尔诉得克萨斯大学奥斯汀分校案第二次诉讼中重申了得克萨斯大学奥斯汀分校综合评审政策的合宪性。

与此同时，美国总统特朗普在2017年1月上台。在他在任的四年内，他任命了三名最高法院大法官，包括科罗拉多州的尼尔·戈萨奇（Neil Gorsuch），马里兰州的布雷特·迈克尔·卡瓦诺（Brett Michael Kavanaugh）和印第安纳州的艾米·康尼·巴雷特（Amy Coney Barrett）。这三名法官都是保守派代表。他们的加入，也让美国最高法院九名大法官中保守派和自由派的比例达到严重失衡的6∶3，给未来关乎美国的重要法律埋下了保守主义的种子。

在这种政治背景下，一个名叫"学生争取公平入学"（Students for Fair Admissions）的非营利性组织在经过两次状告哈佛大学招生录取政策违反1964年《民权法案》都败诉的情况下，在2021年向美国最高法院提出了申诉，而以保守派法官为多数的最高法院同意审理此案，这让美国高等院校不寒而栗。

"学生争取公平入学"组织成立于2014年，背后的主导者是一名叫爱德华·布鲁姆（Edward Blum）的右翼保守主义者。他曾经在2005年成立了另外一个组织叫"公平代表项目"（Project on Fair Representation），但他自己是唯一一名成员。虽然打着"公平"的旗号，背后支持他的都是右翼的捐款人和组织。从20世纪90年代开始，布鲁姆已经向美国最高法院提起了八起诉讼，也包括上面提到的费舍尔诉得克萨斯大学奥斯汀分校案。而这些诉讼的核心主题都是来试图限制少数族裔，特别是非裔美国人的投票权或者接受教育的权利。

尽管同意审理此案对美国大学来说是他们不想看到的，但又在意料之中，因为当下最高法院的保守派法官占绝大多数，而特朗普的执政理念又将很多他对社会的不满指向代表精英阶层的美国大学，指责他们培养了太多自由派的学生，因为支持他的选民大多都是保守派和没有受过高等教育的美国人，尽管他自己也有美国精英大学的背景。

四十五年来，最高法院一直将申请人的种族信息作为大学在做出录取决定时可以考虑的众多因素之一，尤其是为了帮助高校实现多元化的教育利益。然而，"学生争取公平入学"组织称，根据哈佛大学和北卡罗来纳大学的招生程序来看，尽管亚裔美国人申请者的学术表现要比其他种族群体更强，但他们的录取率却相对较低。他们因此声称，这两所学校的平权行动政策歧视亚裔美国人申请者。

最终，在6∶3的裁决中，法院的保守派多数推翻了哈佛大学和北卡罗来纳大学的平权行动招生政策，彻底禁止了所有公立和私立大学在招生过程中考虑申请者的种族信息。首席大法官约翰·罗伯茨（John Roberts）在为多数派撰写判决书时说，考虑申请人的种族信息"无法与平等保护条款的保障相调和"，但他指出，该判决并不妨碍大学"考虑申请人关于种族如何影响其生活的讨论"。

索尼娅·索托马约尔（Sonia Sotomayor）大法官在法庭上宣读了严厉的反对意见，指责多数派"进一步巩固了教育领域的种族不平等，而这正是我们民主政府和多元化社会的基础"。她补充道："今天，本庭成了拦路石，使数十年的先例和重大进步倒退。"她在反对意见中写道："在这样的判决中，法院将对肤色无差别对待的肤浅认识作为一项宪法原则在一个有普遍种族隔离的社会中得到了进一步巩固。在这样的社会，对种族的认知至关重要，不仅是现在，还包括未来。"

消息一出，整个美国高等教育界乌云遮日，愤怒、无奈、悲伤和无力感充斥着几乎所有大学的校园。美国总统拜登也在第一时间发表讲话称："我完全不同意最高法院的判决……我一直相信，美国最伟大的力量之一就是我们的多元化……我始终相信，美国的胸襟宽大到允许任何人都取得成功。每一代的美国人都受益于为那些落在后面的人打开机会的大门。我坚信我们的大学校园会因为多元化的存在而变得更加有力量；我们的国家也会因为来自多元化的人才而更加强盛。"

对高等教育行业内人士来说，新的判决将无疑对未来少数族裔，尤其是非裔和拉丁裔的入学人数造成毁灭性的打击。这并不是空穴来风。加州早在1996年就通过了209法案禁止了州内的公立大学采用平权行动考虑申请者的种族信息。法律颁布后，加州大学体系内最有选择性的分校中非裔和拉丁裔学生的人数骤降了40%。法律颁布至今，加州大学系统已经在招募多元化学生群体上花费了5亿美元。效果虽有，但离目标还是差得很远。

新的最高法院判决对大学来说意味着学生的种族信息不能被单独拎出来作为录取学生的依据，但如罗伯茨法官所说，学生基于种族的人生体验和成长可以被考虑。例如，一名非裔学生提到自己在枪支和毒品泛滥的社区出生和成长，这教会了他刻苦学习、坚韧不拔的品质。当招生官读到这些信息时，我们可以考虑"韧性和刻苦学习"这些优秀的品质，而"非裔"不能被作为左右我们审阅的信息。又或者，一名亚裔的美国学生，虽然他的姓氏可能一看就知道是传统亚洲人的姓，但是我们不能将其单独用来思考我们的录取决定。所以，中文网络中很多家长担心的"招生官肯定能猜出来是亚裔"等言论，担心招生官会因此继续考虑申请者的种族来做出特定的决定。事实上，我们哪怕能看出来学生是什么种族，也不能够将种族信息单独用来作为综合评审的一部分，因为这是法律规定，而我们必须在法律规定的框架内工作。更甚者，还会说有"亚裔配额""亚裔禁令""亚裔录取人数天花板"等等，首先，这不符合美国法律，其次，并不是所有听起来像是真的的言论或者恰好类似于我们在中国社会的一些行事方式的事情都是成立的。我们因此要格外注意分辨网络上一些刻意煽动恐慌情绪和不实的信息。

对国际学生来说，虽然我们也不能单独考虑他们的种族因素，但是他们并不是美国人，对很多美国大学来说，更重要的还是他们的家庭支付能力和其他跟国际学生相关的政策。平权行动存在与否，在我看来，对国际学生的影响几乎可以忽略不计。我们通常提到的亚裔指的是亚裔美国人，不指代来自亚洲的国际学生。在美国教育部官方的高等教育种族数据统计（IPEDS）方法下，亚裔的人数统计不包含任何亚洲的国际学生。所有国际学生，无论来自亚洲、非洲还是欧洲，都算作nonresident alien（外国人）这一类别。因此，当来自亚洲的国际学生看到大学官方统计数据时，不能直接将自己与亚裔的数据做连接。

2023—2024年申请季是美国大学在废除使用种族信息后第一届的录取。9月份，新生入学后，大家都在互相观望不同大学，特别是美国最有声望的大学新生种族数据的变化，尤其是少数族裔的入学数据。麻省理工学院一马当先地公布了他们的新生入学数据，阿默斯特学院随后。我们两所大学随后都登上了《纽约时报》的头版报道。

麻省理工学院2028届新生中，少数族裔（非裔、拉丁裔、印第安和太平洋岛国裔）的占比只有16%，相比最近几年的25%的比例，骤降了9个百分点；非裔学生人数相较上一年从15%下降到了5%；拉丁裔学生从16%降到了11%；亚裔学生从40%增长到了47%。白人学生比例变化不大，从38%下降了一个百分点到37%。

阿默斯特学院新生中的非裔学生比例从上一年的11%，骤降了8个百分点到3%；拉丁裔学生比例从12%降到了8%；亚裔学生从18%上升到了20%；而白人学生从33%增长到了39%。有意思的是，阿默斯特学院的国际学生入学人数从去年的13%飙升到了学院有史以来最高的16%。这也为我在阿默斯特学院招募的最后一届国际学生画上了一个创纪录的句号。

哈佛大学随后也公布了他们的数据。在2028届新生中，非裔学生的比例从上一年的18%降至14%，亚裔学生比例为37%，跟上一年持平。而在耶鲁大学，出乎大家意料的是，非裔学生比例与上一年持平，都是14%；亚裔学生的比例比上一年减少了6个百分点，从30%降到24%；白人学生增长了4个百分点，从42%到46%。布朗大学的非裔学生比例从上一年的15%骤降到了9%，亚裔学生比例从29%增长到了33%，白人学生下降明显，从46%下降到43%。

数据公布后，业内人士对不同大学在同一法律框架下入学的学生成分出现如此大的不同感到诧异。大家都被这毫无规律可循的新生成分数据弄得一头雾水。但毋庸置疑的是，在几乎所有美国选择性最高的学校，非裔学生的比例出现了明显下滑，甚至大幅度下滑。统计发现，在美国50多所有选择性的大学，非裔学生的入学人数在当中四分之三的学校都出现了下滑。

之所以会出现如此不同的分布，业内人士只能做一些基于事实的猜测，因为这仅仅是在新法律框架下的第一年。例如，一些大学选择不公布具体的种族比例信息；有些大学还对数据做了手脚，只公布学生自报的种族信息，这样就可以包含拥有多个混血种族的信息，而不是单一非裔或者白人，以及国际学生的种族，而不使用教育部的高等教育种族数据统计方式，让数据稍微好看点。另一个原因是越来越多的学生拒绝在申请表里填写自己的种族信息。在塔夫茨大学（Tufts University），选择不填报自己种族信息的学生从上一年的3.3%增长到了6.7%。在哈佛大学，选择不填报的学生人数从4%增长到了8%。在杜克大学（Duke University），该比例从5%增长到了11%。布朗大学也从4%增长到了7%。在新的法律框架下，学生也想尽量通过弱化或者隐藏自己种族的信息试图让自己不处于劣势。事实上，申请者不需要做任何改变，因为新的法律约束的是大学，而不是申请者。申请者还是可以在申请中随心所欲地分享自己想分享的任何事情和看法。

阿默斯特学院校友，《寒门子弟上大学》（*The Privileged Poor*）作者安东尼·杰克（Anthony Jack）在2024年10月份回到学院做讲座时评论道："推翻平权行动让大学重新回归到了种族隔离的时代。少数族裔学生入学人数的下降背后，不仅仅是一串数字，而是一个个的梦想。"有加州大学的前车之鉴，他说美国大学，特别是精英大学，应该马上付诸行动，来弥补新的法律对未来少数族裔学生进入精英大学的消极影响，尽管这可能需要未来很多年的努力。

第五章

每一份录取都值得庆祝

被大学录取，对全世界所有的家庭来说都是一件值得庆贺的事情。在将教育视为"树人"根基的中国，将子女送入顶尖大学一直以来都是让中国家庭趋之若鹜的奋斗理想。但在采用不以分数为主要依据的美国大学综合评审的过程中，被录取或者不被录取并不是对学生在未来取得人生或者事业上成功的预判。相反，每一名学生在获得美国大学录取时都是赢家，因为他们最终会进入一所认可他们的大学，而这份认可不是建立在一个冰冷的分数的基础上，而是基于对学生作为一个人的综合肯定，这难道不是对年轻人最高的认可吗？入学后，大学还会为他们提供丰富的学术和课外资源帮助他们挖掘自己的潜力，创建属于自己的未来。这是一件多么让人有成就感的事情。但在当下的中国，追逐海外名校已经达到了狂热的地步，似乎只有进入所谓的名校才值得被赞许，值得被看到。

每年美国大学都有两次主要的放榜季。第一次通常是在年末的早申请或者早行动阶段，第二次是在来年三四月份的常规申请阶段。

因为美国顶尖大学的录取率近些年逐年降低，美国和世界各地申请美国大学的同学们在此刻都会变得格外紧张。留学网站和社交媒体上也会出现各种与大学放榜有关的帖子。我们招生官也会偶尔到这些论坛和帖子里"潜水"，看看同学们都在讨论什么话题。

紧张的情绪全世界的学生都是相通的。每年都有数不清的大学放榜后查询录取结果时的反应视频在网上出现。当被自己心仪的大学录取时，学生们的兴奋和欣喜溢满屏幕，让另一侧的观众也能瞬间被他们的情绪所感染。有的还是一个家庭，甚至一个班级一起查看录取结果，大家一起欢呼的场景是所有学生都想要经历的。毕竟，申请大学对所有人来说都是一个重大的人生转折点，而与自己最亲密的人一起庆祝更是能让这一刻显得弥足珍贵。

随便打开视频网站Youtube搜索大学申请反应（college admission reaction）就可以看到很多相应的搜索结果。我随意打开一个，是一名申请了25所大学的美国学生，包括所有常青藤大学和众多大家耳熟能详的知名大学。她说之所以自己申请这么多大学是看到这几年顶尖大学的录取率越来越低，又加上美国顶尖大学的录取决定很难预测，所以她觉得自己根本没有希望被这些大学录取，于是就拼命往自己的大学清单里加学校，以增加自己的成功率。虽然最后她被自己心仪的大学录取了，但在这个过程中她充满了焦虑和恐慌。这些情绪背后折射的是在家长、同伴和社会追逐名校的压力下，这名学生将对自己的肯定和未来人生的成功与否全部都押在了这一纸决定上。尽管大多数时候，同学们收到的录取决定并不都是以"恭喜"开头。

这名同学的经历跟很多将名校作为自己追逐目标的学生很像。这造成的一个直接影响就是少数几所有名校光环的学校每年收到的申请人数剧增。在入学人数不变的情况下，录取率则逐年降低，而越低的录取率反而又让这些学校更具有吸引力，进而让更多学生参与竞争，周而复始，形成恶性循环。

根源之一在于我们的社会、学校以及家长将太多的注意力放在了所谓的名校光环上，忽略了学生自身成长的需求和真实的渴望，而学生又不自觉将这种对名校的崇拜转化为自己的目标，将外界投射的期许当作自己真正的人生追求。这种现象在崇尚教育的中国尤为突出。

每年的放榜季，我都会关注微信上的动态。名校的录取结果一公布，我的朋友圈内就可以看到国内升学指导老师们骄傲地分享自己学生的录取结果。很多学校也会第一时间在学校的公众号上张榜宣传自己学生的录取喜报。喜报上通常不仅有学生的名字、头像，还有大学在各大榜单上最高的排名，无论是综合排名还是专业排名。

更让我感到惊奇的是，在很短的时间内（几乎是一夜之间），各大留学自媒体平台上就会出现美国各大名校在中国的录取统计数据和每所国内及海外高中被这些学校录取的中国学生信息以及为他们服务的留学中介机构的名字。

同时，各种抓人眼球的公众号标题也能瞬间将焦虑感拉满，例如，"某某某大学放榜，国内录取惨不忍睹""某某某大学放榜，国内仅录取一人""爆冷，某某某大学放榜，国内全军覆没""美本放榜，某某某中学赢麻了"，等等。作为招生官，以及所谓"国内仅录一人"背后那个做决定的人，我光扫一眼这些标题，还没点进去阅读，就已经觉得血压开始飙升了，更不用说正在经历放榜的学生和他们背后充满期盼和焦虑的家长们了。"仅录一人"听起来玄乎，好似中国几百万名高中生同时申请了这所大学，而他是唯一一名被录取的。大家可能并不去想的是，可能申请这所大学的人数本来就不多，可能也就几百份，而这名学生在当中又格外优秀。

那些被某些名气尤其大的大学录取的学生，更会成为整个业内所传播的神话：学生的事迹、家长的教育方式、所在的高中、为其服务的中介或者咨询机构，等等，统统都会被迅速曝光。我曾经也是这些信息的忠实读者，例如在20世纪90年代轰动一时的《哈佛女孩刘亦婷：素质培养纪实》，让当时蓬勃发展的中国青年一代都感到振奋，看到了努力奋斗所带来的人生转折。但当下的"成功案例"的宣传已经完全变了味道。

以往没有出现过类似录取结果的高中还会被赋予"黑马"的称号，赚足公众羡慕的目光，"捕获"家长焦虑的心。各种打着名校录取揭秘的直播也会轮番登场。一些中介机构大肆渲染学生成功背后只有他们才知道的"神秘公式"，言之凿凿，虽然根本就没有所谓的"公式"可言。看上一小段直播，再冷静的学生和家长估计也会开始浑身紧张和焦虑，至少我听了以后是这样。有时候我甚至觉得这一切都太滑稽，因为他们在奋力宣扬的是他们对作为招生官的我所思考的揣测。换句话说，他们在猜我在想什么，或者我隔壁办公室的同事在想什么，又或者是我楼下办公室的同事在想什么。

一些社会机构还会将顶尖大学录取的学生人数和大学排名制作成榜单来衡量高中的优劣。高中排名的升降起伏跟大学录取结果紧密相连。

放榜季的中国留学市场就像打了鸡血一样，将这一场没有硝烟的战争烘托到了最高潮。

这种有选择性的庆祝和滔天的宣传除了彰显出其背后的利益链条，并没有从根本上去关注学生自身的成长和感受。那些虽然也找到了心仪的大学，但学校排名并不算高的学生，被完全忽略，让人不禁心寒。

我们曾经录取过一名国内的学生，他同时也被一所众所周知的综合型大学录取，他觉得自己更适合阿默斯特学院，最后放弃了这所综合型大学选择了阿默斯特学院。他并没有将自己被另外一所大学录取的消息跟自己的高中分享，因为他知道学校的第一反应一定是在官方公众号发布这所大学的喜报，宣传学校的功绩，将他置于舆论之巅。如果他最后没选择这所大学，反倒会遭受到周围人投来的异样眼光和无形的压力。

被大学录取本是一件高兴的事情，但学生为了让自己有一处可以独立思考的空间以做出忠于自己内心的决定，而不得不向本应为他们感到由衷自豪的高中隐瞒，这是一件本末倒置的事情。

在美国，不管是私立高中还是公立高中，这种"晒榜单"的做法不仅不符合行业规范，更不符合法律规定。通常，美国高中的大学申请结果只会出现在升学指导办公室制作的学校介绍（school profile）中。这份介绍是升学指导老师在提交升学指导老师推荐信时附带提交的材料。学校介绍在绝大多数美国高中官网上可以轻松找到并下载，并不是保密信息。学校介绍的最后一页通常会列出历年毕业生的大学录取数据，上面的大学名称会按首字母顺序排列，学生名字不会出现，这是行业通行的做法。

另外，美国《家庭教育权利和隐私法案》（Family Educational Rights and Privacy Act），是 1974 年颁布的一项联邦法律，旨在保护学生教育记录的隐私。学校必须获得家长或符合条件的学生的书面许可，才能公开学生教育记录中的任何信息。可想而知，没有哪所高中会愿意冒着违反法律的危险来私自公布学生的录取信息，更不可能将学生的个人信息向公众泄露。

这一在美国被行业和法律所严格规范的操作，在中国好似找到了疯长的土壤。在一次行业的国际会议上，来自四所非常知名的中国公立高中国际部的升学指导老师们作了一场介绍自己高中的讲座。讲座的第一部分是四位老师分别简短地介绍自己的学校。其中三名老师在介绍自己的学校时都比较笼统地提到他们学校毕业生进入大学的排名，主要还是分享自己学校的课程建设、课外资源以及其他值得招生官了解的信息。

第四名老师来自一所中国非常有名的公立高中国际部，他们学校的毕业生经常被世界名校录取，他们学校也常见诸各大教育媒体。这名老师的整个介绍全部与大学排名有关。他将大学排名按十名一档精细划分，每一档都详细列出，并给出被每一档录取的学生人数，言语中充满自豪。

作为招生官，听到这样的介绍时，我们并不会觉得学生在这样一所高中读书是一件多么幸福的事情，反倒会觉得这所高中像一座工厂一样在成批地淘汰和生产商品，而这名老师的介绍就像是在推介自己的产品规格：一名学生的成功意味着其他学生的失败。招生官会不自觉地想，难道这所学校存在的唯一目的就是将学生送入排名很高的大学？难道这就是高中看待人才培养成功与否的标准？这样的高中介绍，我从来没有在其他国家的升学指导老师主持的学校介绍会上听到。

国内不晒榜单，或者不按排名晒榜单，以及不用排名来衡量学生录取结果成功与否的高中反倒经受着巨大的社会舆论压力，在坚守职业操守的路上举步维艰。一些明白美国行业操作规范的升学指导老师迫于上级以及家长的压力，不得不让学校的市场部公布学生录取大学的排名，来宣传学校。他们唯一能做的就是让学校尽量不要只宣传那些被名校录取的学生，也要肯定其他学生的成功。这一切让他们感到很无奈。

名校录取为高中带来的名气是短暂的，靠偶尔出现的"黑马"案例来打造学校自己的知名度或者通过延续不断的名校录取来维持知名度只能让学校教育变得更加急功近利。如果将吸引未来学生的筹码全部押在名校的录取结果上，本身就是不遵循教育本质的短视行为。那些看似"佛系"的高中，不是他们不关注学生的毕业去向，而是将毕业去向看作学生高中三年或四年积累的自然呈现。学生被录取的学校的排名并不是他们教育的核心，更不是用来体现学校教学成果的最高标尺。高中更不能一边谈素质教育、全人培养，一边用片面的排名来衡量学生的录取结果和背后教职工的辛苦付出。

　　每一名学生的成功都值得被肯定和庆祝，尤其是当他们被采用综合评审方式的美国大学录取时，更说明他们的身上有着独特的发光点和特质以及在未来取得成功的潜质。这是任何一个排名都捕捉不到的。这些特质和潜质才是决定学生以后学业和人生成功的关键。

　　高中、家长和社会不应该将教育的成功与否全部放在片面的升学结果上，而忽略了高中三年或四年所带给学生的成长，尤其是诚信和正确价值观的养成。这些才是让学生受益终生的价值导向，而不仅是一纸名校通知书。如果一味急功近利，以录取结果为唯一目标来培养学生，并鼓励学生通过任何手段达成目的，会让学生养成功利和投机取巧的惯性思维，并将这种习惯带到学生以后的工作和生活当中，从而留下巨大的隐患。

　　中国留学市场的健康发展还在路上。如果不能走一大步，那么从细微处做出一些改变或许也能够为整个行业带来些许清风，最起码可以让那些坚守正确理念的学生、家长和高中的老师们知道希望的存在，并得到力量继续坚持下去。

第六章
中国的留学市场

2017年的夏天，我代表阿默斯特学院随一个文理学院的招生团到中国各地进行招生宣传。在北京站，我们在一所高中的礼堂举办了一场针对学生和家长的招生工作坊。场下坐满了高中生和他们的家长。

我们让现场的学生大声喊出他们觉得美国大学招生办在审核申请材料时都想看到哪些信息，然后一名招生官负责把所有提到的材料名称逐个写到白纸上。随后，我们邀请了十四名在场的学生志愿者上台，每人领一张纸，并根据他们认为的每一项材料的重要性，从左到右进行排序。

学生们经过讨论后排出来的顺序让现场很多招生官目瞪口呆。被排在第一位的居然是文书，然后依次是补充性文书、语言成绩（托福或者雅思）、标准化考试成绩（SAT或者ACT），等等，而财政补助则被放在了最后一位。

四名来自阿默斯特学院（包括我本人）以及其他三所非常优秀的文理学院的招生官们根据各自学院不同的审核方式分别将学生的排序重新调整，并做出解释，目的是让现场的观众了解其实不同的学校在审核同一份材料时对各个部分的着重性是稍有不同的，甚至可能完全相反。

以阿默斯特学院为例，我们在录取过程中不会考虑学生的家庭经济背景，学生申请奖学金与否对他们的申请结果没有任何影响。阿默斯特学院不提供面向所有申请者的面试，也不采纳第三方面试，只会从每年的中国申请者中甄选出十几名最终候选者与我们在中国的校友进行一对一面谈，面谈的反馈会作为我们最后评审的一部分。所以，我让队伍里持奖学金补助和面试的同学退出了队伍。

另外一所位于加州的大学虽然不要求面试，但他们很希望看到学生通过面试来表现他们对学院的兴趣，也作为审核他们语言和思考能力的额外凭证，所以鼓励学生从校园面试、校友面试或者第三方面试里任选其一。

除了阿默斯特学院，另外三所大学都将申请者的家庭经济背景作为录取的决定性因素之一，家庭资金不充足的申请者或者申请里标注了需要奖学金补助的申请者很有可能因此被拒之门外，所以三名招生官将持财政补助的同学挪到了队伍的首位。在同学们自己的排序里，财政补助被放到了最后一位，这也能从侧面表现出中国家庭为子女的出国留学做了充足的经济上的准备。

对规模较小，录取率很低的顶尖文理学院来讲，审核申请方式虽有不同，但差别大多都较细微，学院一般会根据自己具体的情况做适当调整。文书虽然是文理学院综合评审环节中的一部分，但申请里最重要的还要数申请者在高中阶段的学业表现。

四所主持工作坊的学院都有非常严苛的学术环境，这就要求被我们录取的新生有足够充分的准备能够迅速胜任入学后的课业要求，有能力积极参与课堂讨论和撰写学术论文。因此，申请者在高中阶段的学术课程难度以及取得的成绩、英语语言的运用程度、高中任课老师和升学指导老师强有力的推荐信，以及从申请文书里体现出来的扎实的英文写作能力都是我们在审核申请时尤为看重的。

但为什么被我们请上台的十四名学生志愿者如此果断地将文书推选为最重要的部分呢？我用中文将这个问题抛给了现场的学生家长们，因为对很多中国申请者来说，父母的意见对自己的选校和申请占有相当大的比重。我问，这样的选择结果是不是因为一些中介的宣传？在场大多数的父母都拼命地点头。

中国的留学中介

留学中介的商业模式大多获益于西方高校与申请者间的信息差。好的中介或者咨询机构会利用他们的专业知识帮助学生和家长弥补中间的信息差，帮助他们找到合适的大学；而有的则恰恰相反，他们会利用这一信息差来试图获得最大的盈利，而不是帮助学生寻找适合他们的学校。

在很多中国顶尖高中将驻校升学指导办公室作为标配以前，中国的留学申请市场大多以中介和留学咨询公司为主导。他们虽然填补了市场空白，但也是很多有违职业道德行为的源头，例如双重收费。很多中介与海外大学签订合约，替海外大学在国内招生，最终按入学的人头收取大学支付的佣金。这种为某一所大学招生的咨询服务对学生来说通常是免费的，但很多中介却向申请者和家长收取所谓的咨询费。

一些中介也会提出很不切实际的保证，例如，"保录美国前三十名校"，或者"不录前三十，全额退款"等等。他们过度强调文书的重要性，因为对很多接受传统中国学校教育的学生来说，通过文书向大学表达自己的想法是一个非常陌生的概念，因此他们借机将申请过程神秘化，让很多家长最终不得不花费高额费用来获取服务。很多留学机构将学生的申请账号和密码作为保密信息，不让学生和家长接触，甚至会从学生的奖学金金额中抽成。这种操作在中国十分常见。

对很多想省事的家长来说，他们支付高额咨询费的一个重要原因就是可以高枕无忧地任由中介完成申请所需要的步骤，并等待获得相应的承诺结果，并不关心中介使用什么操作方式来达成目的。本文中提到的"中介"指代所有校外为学生提供留学咨询服务的个人和机构，不仅是那些与大学签订招生合同、收取佣金的机构。

2014年秋季的一天，我代表圣十字学院拜访了北京一所著名的高中。晚上，我和赶来的八十多名学生和家长进行了交流并回答了很多他们关心的申请上的问题。在宣讲结束前，我再一次向在场的学生和家长强调了跟自己的驻校升学指导老师合作的重要性，并且一定不能让留学中介代写学生的文书和提交虚假材料。

结束后，待观众们都离开了，两名一直在场的驻校指导老师上前很激动地告诉我，她们非常感激我能以招生官的立场告诉学生和家长驻校升学指导老师的重要性，因为她们才真正为学生个体着想，不会因为利益将学生送入并不适合的学校。

她们跟我诉苦说很多家长对她们有不信任感，认为她们提供的建议跟中介的渲染大相径庭，所以很多家长宁肯相信自己已经付了高额费用的留学机构，也不相信驻校升学指导老师，这让她们的工作非常难做。

在搜索栏输入"中国留学生申请造假"的词条，会出现数不清的搜索结果，而这背后很大一部分来自没有职业操守的中介之手。当然，我并不是说所有中介机构或者校外咨询老师都参与不诚信的留学操作，但上面提到的问题确实在中国留学市场层出不穷。

国家在监管留学中介方面并没有非常有针对性的规范或者法律。国务院在2017年年初印发的《关于第三批取消中央指定地方实施行政许可事项的决定》中取消了自费留学中介的资格审批程序。虽然《决定》指出"要会同工商总局研究制定相关合同示范文本，加强自费出国留学中介服务机构的规范、指导和服务"，并旨在通过市场的竞争淘汰没有实力的机构，但这也同时降低了入行的门槛，让想获得留学市场巨大利益的个人畅通无阻地进入，不管他们有没有相关专业背景或资历。这对不是太了解美国大学申请的中国家庭来说，有可能会给它们带来灾难性的后果，也会给驻校升学指导老师的工作带来更多艰巨的挑战。

美国有中介吗？

在中国申请美国大学有留学中介的服务，那中介在美国存在吗？美国的《高等教育法》（Higher Education Act）禁止高等教育院校向个人或者实体提供基于入学率或者奖学金的佣金来帮助大学招收美国国内学生，但并没有禁止美国大学与中介机构合作来招收国际学生。那美国学生可以请不收大学佣金的咨询顾问吗？当然可以，因为咨询机构只与学生和家长间进行合作，并不与大学有任何利益来往。

申请不诚信的问题在美国虽然也会发生，但因为美国招生咨询行业有严格的规范以及法律的约束，很少有普遍性的造假案例。一旦有，那就是轰动全国的大事。2019年爆出的"校队蓝调行动"（Operation Varsity Blues）丑闻就震惊了整个美国社会。

2019年3月份，美国联邦检察官披露，有33名学生的家长在2011—2018年间向美国一名大学申请咨询师威廉·里克·辛格（William Rick Singer）支付了超过2500万美元的服务费，其中一部分被辛格用于在他们子女的大学申请中捏造或者夸大事实，并贿赂大学官员。

被指控的父母中有好莱坞明星和著名商业领袖，包括饰演《绝望主妇》的女星菲丽赛迪·霍夫曼（Felicity Huffman）以及私募股权公司太平洋投资集团（TPG）合伙人小威廉·E.麦格拉申（William E. McGlashan Jr.）。这些家长花费几万甚至几十万美元让辛格帮助他们的子女进入美国名牌大学。

涉案的还包括数个中国家庭。中国某集团董事长就支付了惊人的650万美元将女儿假借帆船运动员的身份送入斯坦福大学。事发后，斯坦福将他的女儿开除。还有一名中国家长支付给辛格40万美元，将儿子伪造成足球运动员被加州大学洛杉矶分校录取。这名家长不仅在美国被判处监禁，还缴纳了巨额罚款。

这一骗局牵连之广，恶劣影响之大，震惊了美国社会。这也是美国司法部有史以来最大的大学招生诉讼案。这次事件还被拍成纪录片搬到了流媒体平台奈飞（Netflix）上，名字就叫"校队蓝调行动：大学录取丑闻"。

让人更加唏嘘的是，在很多案例中，学生并不知道他们的家长是通过雇用辛格来篡改分数或者撒谎而使自己被大学录取的。马萨诸塞州联邦检察官安德鲁·E.莱林（Andrew E. Lelling）在新闻发布会上说，家长是这起欺诈案的主谋。他感叹道，在这场欺诈案例中最大的受害者是那些真正刻苦努力的学生们，因为他们的位置被这些资质远不如他们，却被家长用金钱铺路进入大学的学生所挤占。

丑闻被爆出时，我和同事们正在录取委员会做最终的录取决定。同事们对这一事件跟美国公众一样感到无比震惊。来自公众的大多数的愤慨都集中在事件背后的作弊和因此造成的不公平上，但同样令人不安的是助长作弊风气的态度。这种风气反映的是当今的美国精英阶层是多么想把自己的子女送入精英大学。

美国政治哲学家迈克尔·桑德尔（Michael Sandel）点评道："辛格的客户购买的不仅仅是防止他们后代未来阶层下滑的保险，他们购买的是另一种东西，一种不那么有形但却更有价值的东西，他们购买的是借来的功绩（borrowed merit）。在一个不平等的社会里，精英阶层的人想让自己去相信他们的成功有道德上的合理性。在一个任人唯贤的社会里，这意味着成功者必须相信他们的成功是通过自己的天赋和努力得来的。" 只可惜，这些家长们将努力用错了地方。

中国法律能够监管留学舞弊吗？

在美国有严格的法律来惩罚在大学申请过程中的舞弊行为，但如果舞弊行为发生在中国，因为涉及美国的大学升学，很难在中国的法律中找到适应的条款。现实中也没有惩罚在留学申请中不诚信行为的先例。除建立相应的法律，让在留学申请中的舞弊行为承担与在高考中舞弊类似的惩罚之外，最有效的民间干预途径就是通过行业组织制定行业行为规范来避免潜在的舞弊行为和增加舞弊行为产生后的犯错成本。

问题是，这样的政策制定在中国一盘散沙式的留学市场中很难成型。虽然近几年有专业的招生录取行业组织涌现，但这些组织并没有权限规范中介和咨询机构的行为，更无法触及社交平台上遍地开花的留学自媒体。

另外一个问题来自美国大学。负责中国区的美国大学招生官并不都对中国有很深的了解，也并不知道类似的舞弊行为在中国得不到有效的法律扼制，甚至对中国区申请中的真实性也没有更深层次的了解，只能理解申请中的表面信息。另外，美国招生行业人事流动频繁，很多刚开始接触国际招生或者中国区招生的招生官对中国的认知也只是一知半解。真正专注于中国，有多年中国区招生经验的招生官并不多。也因此，美国大学招生办需要更多地倾听来自中国学生、家长和升学指导老师们的心声，而且要到中国与受众进行面对面的交流。只有这样，才能让他们对中国复杂的留学市场有更深入的了解，也才能够帮助他们更有效地招募中国学生。

认识到这一局限的存在，我在2015年加入阿默斯特学院后就想借助阿默斯特学院的平台尽一点自己的努力来促进美国大学招生办跟中国学生的互动。

数据的力量

每年的一月初，新英格兰地区高校负责国际招生的主任们会聚到一起开一天的讨论会，聊一聊过去一年碰到的国际招生方面的问题，探讨新的招生录取趋势和解决策略，等等。2016年的会议上，我主持了一场关于中国区申请的分享和讨论会。

大的背景是，2016—2017学年，中国留学生在美国大学的人数增长强劲，比上一年增长了6.7%，总数达到了35万多，势头正旺。整个中国的留学市场将美国看作留学目的地的不二之选，而美国大学更是蜂拥来到中国招生，双方都有强烈的交流意愿。当时特朗普的当选暂时还没有给留学市场造成任何实质性的影响，尽管他当选前的民间调研显示60%的国际学生会在他当选后重新考虑赴美留学的计划。行业内人士虽然对特朗普排外的执政理念忧心忡忡，但关注点还是在传统的留学问题上。

中国高中驻校升学指导老师是美国大学招生办最直接的联络人。这些老师每天都与中国学生和家长互动，对他们的情况和诉求很了解，老师们对美国大学招生办在中国招生的建议也是招生官们非常看重的。我设计了一份调查问卷，邀请了美国国际招生咨询协会（International Association for College Admission Counseling）会员中所有中国区的驻校升学指导老师参与。这些老师大多经验丰富，而且多数经常来美国参加校园访问、行业年会等，对整个行业的了解比较全面，再加上他们的会员资格要求他们必须遵守协会的规章制度，所以美国大学招生办对他们也格外信任。

在被邀请的112名老师中，有52名老师提供了有效的回复，总共25页的详尽反馈。我如获至宝。

高中升学指导老师对中介有话说

调查结果显示，67%的指导老师最担心的是学生和家长一味追逐名校。近一半的老师最头疼的问题是学生和家长因为中介的鼓吹而对指导老师的工作产生不信任。

一名老师说："美国大学招生官，是否可以有一个真实性调查机制，或者有一个抽查流程，起到一些震慑作用，很多学生和家长在中介的引导下，甚至在学生和家长不知情的情况下编造活动和荣誉，造成极大的不公。作为学校的指导老师，我们会经常性地把家长请到学校里来做工作，建议他们寻找合适的学校，可是中介的恶意引导和各种吹嘘的名校录取让我们的工作开展起来困难重重。"

一名老师补充道："中介让我们的学生申请的学校远远超过学生自身的水平。中国学生和家长很注重排名，因此中介会抓住这一心理特点，把不可能适合该学生的学校推荐给学生。这给我们的工作造成了很大的影响。我们通常会引导学生去理性分析，给出往届学生的录取数据，并且邀请一些大学的招生官来我们学校宣讲。让学生对美国大学有一个最基本的认识。"

另外一名老师说："据我了解，大部分的咨询机构和中介目前仍是以咨询为名，行代办之实，是造假的主力军。最大的影响是让学生觉得什么都可以代办，而不用靠自己努力。我们一直试图告诉学生不要急功近利。"

还有一名老师说："学生与家长会将同样的服务要求强加到我们身上，要求我们像中介一样帮助学生代办事情。我们看到有家长和学生被中介欺骗，会感到非常气愤。对我们工作的影响是，学生对我们的不信任，导致申请工作难以进行。"

很多指导老师都提到，他们将工作的重心都放在帮助学生寻找最适合的院校，而不迷信排名。一名老师说道："我们限制学生的申请数量，力图保证每个学生选择的都是最适合自己的学校，而不是盲目申请，但是家长和学生不理解。"

几乎一半的指导老师对中国学生申请的真实度持不乐观的态度，只有27%的老师表示乐观。

一名老师说："我对目前的真实性并不乐观，包括我认识的一些其他学校的指导老师也说到过真实性问题，很多学生的活动流于形式，急功近利，只为活动列表里填得满满的，甚至有的没有做过就明目张胆地乱写。包括我所知道的很多名校，虚报、夸大的现象都没有有效的遏制机制。"

另一名老师说："受到名校光环的吸引，我们发现学生追求分数的热情只增不减，当他们通过大量培训获得'高分'后，便会用各种方法去丰富自己的经历，有自己争取的也有包装出来的。近年来独立顾问大量涌现，其中不乏具有很好的理念和很强指导能力的顾问，但是不可否认的是，水分也随之增多。与以往低劣的造假不同，现在是真假参半，真中有假，假中有真。一些顾问和机构在公布录取喜报的时候会宣传他们如何和学生讨论文书的写作和润色，但是，到底用什么标准来判断一篇文书是学生自己的思考和写作水平，还是顾问的启发和润色呢？"

也有稍微乐观一点的老师说："其实竞争本身就淘汰了很多不合适、或者说不够诚信的申请者；越来越多的学生和家长开始更加了解美国大学的申请流程（得益于许多招生代表和校内指导老师不遗余力、年复一年的工作），从而更加明确了诚信的标准（许多之前不清楚什么不可以做），即使是不少跟机构合作的申请者也更加谨慎。同时，更多的家长、学生也更加现实，对于选择什么样的学校有更为真实和理性的看法。"

美国大学对中国了解吗？

只有不到10%的指导老师认为美国大学招生办对中国学生、中国的教育体系以及中国复杂的留学市场有充分的了解。这个结果让很多招生官大吃一惊，但又在意料之中。不了解中国市场最直接的影响之一就是招生官的惯性思维会让他们相信他们在申请中看到的信息都是真的（虽然这听起来很悲哀），或者他们并不了解表面信息之下更深层次的具有独特中国国情的内涵。

很多指导老师认为美国大学招生办只对一线城市的学校比较了解，而对二三线城市较为陌生。还有的提出中国有自己特殊的国情，公立高中生课业压力很大，很多学生无暇顾及课外活动，因此他们的课外活动列表跟国际部的学生相比会稍显单薄。很多指导老师非常希望美国大学有固定的、长期到中国访校的招生官，因为他们可以加深对中国的了解，而不是每一年都派新的招生官来。

高中如何把关申请的真实性

在申请很难分辨真伪的情况下，越来越多的高中开始严格把控申请中的每一个步骤的真实性。一名指导老师说："我们的成绩单的审核必须通过任课教师、教学主任、教务成绩单制作中心和升学指导办公室四层审核。推荐信明确必须由教师本人撰写并直接提交。所有用中文写成的推荐信由升学指导办公室聘请专业人士独立翻译并加盖办公室的认证章，然后独立上传。"

另一名老师说："真实是学生入校后接受的第一个理念。我们会在每次的升学指导课程和家长会上一直渗透这个理念，以保证材料的真实性。对于申请过程中最为重要的成绩单我们有极为严格的流程来保证成绩单的真实性。在推荐信方面，我们每一位学生申请时的推荐信都是由我们任课的学术老师和升学指导老师撰写的，他们十分了解每一位学生的真实情况。另外，我们每一名老师都用学校的邮箱来帮助学生提交推荐信，如果大学收到的推荐信所发送的邮箱不是以学校邮箱结尾，那一定不是我们升学指导中心老师的推荐信。建议招生办可以随时通过邮件或者电话联系我们来确认学生材料的真伪。另外真诚邀请各个大学招生官到访我校进行宣讲，给学生更多的机会来了解大学，也给我们更多的机会来进行互相了解，这样大学招生办能更好地鉴别学生材料的真伪。"

跟上面这名老师呼吁的一样，73%的指导老师觉得到中国访校和跟学生家长见面应该是招生官到中国访问的重中之重。

一名老师说："很多家长追逐排名，很大程度上是因为他们对美国大学的特色还不是特别了解，因此美国大学与学生和家长面对面的沟通是最有效的方式。因为中介的鼓吹，我们很难说服家长去寻找合适的学校而非排名高的学校，但是通过几年的工作经验来看，很多大学招生官的到访，分享了很多有用的信息，对学生的选择也起到了很大的参考作用。"

另外一名老师提到利用校友进行宣传："每个大学应该充分利用在校的中国学生资源，让这些学生承担大使的角色，宣传他们在学校的亲身感受，包括选课等等，这样家长和学生在选校方面就会有直接的信息和直观感觉。现在还有些学生在做网络直播，通过直播平台来展现每个学校的特点。"

指导老师对美国大学综合评审的疑惑

针对美国大学综合评审的审核方式，一名老师说道："我觉得多数中国学生和家长对综合评审的理解是要求学生各方面都出色，不能有任何短板。美国大学需要对'综合素质高'作更明确的定义。美国大学一边说希望录取到的学生有自己感兴趣的点，一边又说希望他们全方位发展，这会让很多中国家长和学生无所适从。最好能够让中国学生和家长理解全方位发展对他们来说是什么意思，目前很多人的理解是'文理兼顾'，因此出现了很多学生非要学习自己不擅长的学科以达到科目平衡的现象。 还有，美国学校录取过程中很强调多元化（diversity）的概念，但是他们在向中国学生、家长介绍自己的录取标准时很少具体阐述这个概念的含义。在缺乏文化背景的情况下，多数中国学生和家长无法理解多元化是什么意思，更不知道应该展示什么才能让学校认为自己对多元化有所贡献。总而言之，我觉得招生官常常默认中国学生和家长能理解他们所讲的概念，但是其实中国人和美国人对同一个概念的理解差异是非常大的。"

中国需要有自己的海外升学行业组织

在谈到中国升学指导行业最急需的帮助时，一名老师说："我以为当下最紧要的是帮助中国的高中建立和培训理解美国大学选拔标准和流程的升学指导老师队伍，而不是任由中介机构横行，利用信息不对等的空间牟取暴利。美国大学应该与中国学校进行深度的交流与合作。"

另一位老师说："中国升学指导行业比较新，很多顾问是从英语老师转行来的，而且高中对于升学指导部门的重视程度也有待提高。升学指导老师们平时没有更多的平台来互相了解、沟通、学习，这个行业需要有规范性的行为准则，来约束升学顾问的行为，使之保持中立，而不受高中校方升学压力的影响。" 这个问题在当前已经得到了有效的缓解。

在这次报告做出后不久，中国升学指导研究中心（China Institute of College Admission Counseling）在2017年应运而生，专门致力于服务中国高中升学指导老师，提升他们工作的专业性和促进他们与海外大学的联结。我也很荣幸在中心创立之初就担任顾问，为中心的工作建言献策。

将升学指导老师的声音传得更远

看到指导老师们"掏心窝子"的反馈让我非常感动。他们让美国大学的招生官们第一次很具体化地听到了他们真实的声音，为促进双方坦诚交流提供了条件。 在所有的反馈里，几乎都能看到指导老师们相同的呼声，那就是希望美国大学招生办能花更多时间到中国访问学校，跟学生和家长见面，并跟升学指导老师保持紧密的联系，只有这样才能达到最有效的沟通，造福中国有志赴美留学的学生和家长。

这次报告的内容在行业里引起了不小的反响。与会的80多名国际招生主任们被详尽的反馈所吸引。这是他们第一次这么集中地听中国高中的升学指导老师分享他们对中国留学市场的各种问题的看法和对招生官如何更好地招募中国学生的建议。会后，一名同事邀请我在当年6月份的新英格兰地区招生咨询协会（New England Association for College Admission Counseling）年会上再讲一次。新英格兰地区协会年会的大部分内容都围绕美国国内的招生录取，但他们想增加更多的海外招生动态，中国的话题再合适不过。

6月份讲完后，趁热打铁，7月中旬，我又组织了一个团队，邀请了中国最有号召力的3名高中升学指导老师和一所美国知名大学的海外招生官把讲座一路开到了美国国际招生咨询协会的年会上。此次年会在俄亥俄州的凯斯西储大学（Case Western Reserve University）举办，吸引了世界各地1300多名高校招生官、高中升学指导老师来参会，创当时参会人数之最。这场讲座的吸引力超出了我们的想象，现场两百个座位瞬间被招生官挤满，可见招生官们当时对中国区招生的热情是多么高涨。

报告会做了三场，都取得了很好的反馈，但我总觉得还不够，还需要让更多美国大学的招生办听到中国升学指导老师的声音。2017年11月份，我在从

2017年夏天在凯斯西储大学举办的国际招生咨询协会年会上的讲座，现场的火爆程度超乎想象，也可见当时美国大学对到中国招生高涨的热情

波士顿飞往巴拿马的长途航班上决定将升学指导老师的反馈总结成一篇观点文章，向行业内的媒体投稿，将指导老师们的声音永久地在行业内传播。

六个多小时的航班上我硬是在手机上敲出了整整四页纸的稿子。11月中旬从拉丁美洲出完差回到阿默斯特后我将稿子发给了研究生时期的教授，美国国际高等教育学科的创始人菲利普·阿特巴赫（Philip Altbach）教授。阿特巴赫教授一直以来都在学术界抨击美国高校跟中国招生中介的有偿合作。他看了文章后甚是高兴，没想到自己的学生也会加入他的"斗争"。

　　稿子投给了美国国内招生行业的主流媒体《高等教育内部参考》（*Inside Higher Education*），被顺利接收。2017年12月10日，文章正式刊登。刊登后的第二天，我就收到了很多来自中国高中升学指导老师的积极反馈，特别是那些参与过调查问卷的老师们。我也很欣慰，终于将各位老师的声音和自己的观察通过权威媒体发表了出去，为行业的前进贡献了更多有用的信息。

2019年我在加拿大安大略省伦敦市的韦仕敦大学（Western University）举办的国际招生咨询协会年会上做了一场针对中国区招生录取策略的讲座。这样的会议讲座，我在做招生官的十一年里，在大大小小的行业会议上主持和作为嘉宾参加了几十场。这是一年一度行业内成员聚在一起互相学习的时间，能有机会与世界各地的同行交流，深感荣幸

第二天晚上，我收到了北京一所外籍人员子女学校升学指导办公室主任发来的信息，想请我将文章翻译成中文好让他们学生的父母也看到。翻译好后，我联系了《外滩画报》旗下《外滩教育》的主编，想通过其微信公众平台将文章发表出去。她很痛快地接收了稿子，将题目定为：《留学还在靠中介？也许你最该聆听美国大学招生官的建议》。中文版发出去以后不到两个星期的时间，外滩教育微信公众平台和搜狐网络平台的阅读量已经接近了三万，这是我万万没有想到的，也深感荣幸能够有机会让更多中国学生和家长了解真正为他们着想的升学指导老师的真实想法和美国招生办的期待。

至此，经过一年的努力，从一月份的区域性会议报告到十二月底的文章发表，美国大学招生行业与中国驻校升学指导行业的交流又更近了一步。未来，中国的升学市场规范了，也就代表整个国际招生行业往前迈进了一大步。

现状不容乐观

从2017年到2024年，七年过去了，文章中提到的问题虽因行业协会的涌现而有所改变，但有待提升的空间还是很大。中介机构在中国留学市场中还是扮演着举足轻重的角色，很多没有职业操守的行为还是层出不穷。

在我2023年底发起的博士论文调研里，来自全国103所国际课程学校的升学指导老师分享了当下中介机构对他们工作的影响。反馈结果与七年前文章中提到的几乎如出一辙。

参与调研的136名中国高中驻校升学指导老师分享了他们了解的学生与留学中介机构合作的原因。55%的老师认为最主要的原因来自于父母的压力，46%认为同伴的竞争压力是主要原因，排在第三位的原因是为了增加被自己感兴趣的大学录取的概率。

老师们说中介的参与就像一把双刃剑。部分老师认可一小部分中介的工作确实能遵循职业操守，真正能帮助学生寻找跟他们匹配的大学；而更多的老师对中介的参与持并不乐观的态度，特别是那些不遵循职业操守的中介，给他们日常的工作徒增了很多不必要的麻烦。

一名老师说道："中介兜售两样东西，即售卖焦虑和售卖希望。他们对成绩单里有C的同学说可以尝试顶尖大学的申请，可是又倒过头来跟平日表现不错的同学说他们要做更多额外的活动才能更有竞争力。到最后，学生浪费了很多宝贵的时间去做了一些根本没有意义的事情。"

这些有误导性的引导导致的最直接的后果就是花了巨款雇了中介的家长宁肯相信中介的"指导"也不愿意倾听驻校升学指导老师的建议。美国大学的

在上海中学的宣讲会现场。宣讲会结束后的自由交流时间，我被带着很多问题的家长和学生们围得水泄不通

招生办，特别是顶尖大学的招生办，只会与驻校升学指导老师直接联系，特别是当他们对申请有任何疑问的时候。因此，驻校升学指导老师可以直接与大学招生办沟通帮助学生解答他们的问题。当然，学生和家长也可以直接与招生办联系。

一名老师反馈道："我的一名学生跟一家中介合作，中介说他们跟大学招生办有内部关系，通过他们申请可以有更大的概率被录取。但当我审阅这名学生由中介指导完成的申请时发现，他的文书和课外活动以及申请中的其他部分几乎都需要大面积修改，而且离申请截止日期只有不到一个星期的时间了。"

有相当多的升学指导老师都有相同的感受。一名老师说："我们很难跟家长建立互信，因为他们觉得我们免费的服务没有中介的专业。因为很多中介都控制着学生的申请账号和申请表，学生和家长也不清楚到底过程到了哪一步，所以我想帮助他们都不知道应该如何帮。"

最让老师们感到无奈的还是中介以结果为导向的理念，一切以排名为主，而不是帮助学生寻找真正适合他们的学校。一名老师说："中介吹嘘最终的录取结果可以多么好，但前提是学生需要到学校让老师篡改他们的绩点成绩和课业成绩。如果最后的申请结果没有吹嘘的那么好，他们会将矛头指向学校。还有的中介甚至会帮助学生捏造一份成绩单，里面的成绩随便填写。"

这些无底线的操作大学能够分辨清楚吗？当然，但这需要一定的审阅中国区材料的经验积累。如果被发现申请里有猫腻，美国大学会毫不犹豫地将申请拒绝。这样的案例数不胜数。

一名老师分享道："我的一名学生通过中介向加州大学系统递交了申请。申请递交后，招生官发现他的文书是抄袭的，他所有分校的申请被同时取消。后来才知道，中介用的文书是去年给另外一个学生用过的，又拿过来循环使用。而这家中介的名字大家耳熟能详。"

家长的关键作用

70%的升学指导老师认为家长在子女申请大学的决定过程中起着重要的作用，但只有46%的老师们认为中国的家长对美国大学申请有足够的了解。老师们认为，那些熟悉美国大学申请过程的家长和不熟悉的家长之间差别明显。作为一个整体，老师们认为中国的家长普遍为子女的升学问题感到焦虑。主要原因有四个。第一是中国家庭之间试图将子女送入排名很高的美国精英大学的竞争程度日渐加剧。第二是分辨可靠和不可靠留学信息的无力感。很多家长因为没有留学经历，也不懂英文，很难找到官方或者可靠信息源求证。第三是对美国大学综合评审政策不熟悉。中国家长们普遍经历过的中国教育还是以分数为基础，他们很容易将中国的人才选拔标准带入美国大学的招生录取中，会对分数高低尤为看重。第四是部分留学中介和自媒体的刻意蛊惑和制造焦虑，让本来就对美国大学申请不完全明白的家长更加摇摆不定，最终在焦虑的驱使下为中介服务买单。

这些焦虑导致了一系列不良反应。家长为子女设定了非常不现实的大学目标，无论子女是否感兴趣都要冲击名校。为此他们为子女花高价购买中介的服务，却不管中介用什么方式包装自己的孩子，甚至在知情的情况下默认中介可以提交虚假信息，殊不知这不仅伤害自己的孩子，更让中国区申请的真实性都大打折扣。有的家长甚至向子女的高中施加压力，让学校更改成绩，因为不改的话，中介宣传的神奇"录取秘方"可能就不会奏效。

一名老师说："虽然很多家长了解美国大学的申请，但他们所知道的信息大多来自排名或者传言。一个最常见的认识误区就是家长认为让孩子进入一所顶尖大学就能够保证他们以后找到好的工作。"

另一名老师说："很多家长过度参与子女的申请。他们认为子女平时需要做的事情已经太多了，想在申请上让子女少花点力气，于是就开始依靠中介机构来完成申请工作。家长们很容易被中介机构所谓的成功案例所蛊惑，或者被从他人和自媒体处听来的名校录取案例带偏，例如申请某个小众专业能够提升

在国内举办大学宣讲会，前来咨询的很多是家长。他们很少能有机会用中文跟招生官面对面交流，直接让招生官解惑答疑

录取率，等等。于是他们就开始给孩子施加压力让其也去申请这样的专业。"

一名老师很无奈地说："我觉得有时候中国家长为子女做的一切不是真正为了子女，而是满足他们自己作为父母为孩子倾注了一切的心理，为的是让自己心安，觉得自己为子女做出了自己能做的一切，尽管他们做的很多事情都比较盲目。"

有一次，一名负责北京某著名高中升学指导的老师几乎跟我哭诉道：因为她们学校有严格的打分机制，学生的成绩有显著的区分，也从不会给学生更改成绩，招致部分家长的强烈反对。家长们认为其他类似的高中打分几乎都是

2023年4月份，我在北京鼎石学校做了疫情之后在国内的第一场公众宣讲会，活动由鼎石学校的升学指导总监蒋小波老师主持

A，自己的孩子没有得到A会在申请当中处于劣势。家长们强烈要求学校更改打分机制，让自己孩子的成绩单上也出现全A的成绩。

这名老师在家长们群起而攻之的重压下几近崩溃，连负责国际部的校长和学校总校长面临来自家长巨大的压力时也感觉喘不过气来。她说："我们快要顶不住了。" 我打心底里觉得，这样的学校应该重点保护，如果这些坚守底线的学校都在诚信上垮掉的话，那中国高中整体的诚信更将一败涂地，而击垮它的不是别人，正是最应该为此义愤填膺的家长们。

其实，只要有顺畅的沟通渠道和可靠的信息来源，家长们在面对子女的申请时也会变得更加理性。部分升学指导老师们说他们会定期为家长举办留学沙龙，还会邀请招生官来学校跟家长面对面沟通。通过这些活动，家长对美国大学升学有了更深入的了解，也变得更加理性。只要家长的思考变理性了，就可以有效缓解子女肩上的大部分压力。

2018年秋季我和威廉姆斯学院招生办的同事在北京一所知名高中做了一场关于美国文理学院的公开讲座。结束后，一名高二学生的母亲给我发了一封邮件。她说：

"一场好的招生会不只与申请和录取相关，它关乎一个孩子、一个家庭在几年中的教育导向。你们的讲座传递的教育理念'扎根学校，追求卓越'是我们家一直持守的教育理念，但是国内的各种声音，尤其是周围的孩子纷纷签约中介，开始各种活动，让我们有些困惑了。感谢这个讲座，让我们家庭统一了思想，心态平静地坚持在家庭、学校、社区完成对孩子的教育，在各种自然活动中提高孩子的能力，升华他参与活动的动机。"

将美国大学申请指导著作带入中国

每次回国听升学指导老师们倾诉他们在工作中遇到的挑战，以及跟中国的学生和家长互动后回到美国我都会感到些许遗憾。因为每次的交流我看到的都是一张张焦虑的脸，似乎大家都因为现实的压力而忘记怎么笑了。我甚至在主持宣讲会时会刻意地开几个玩笑，让大家笑一笑。

海外升学的竞争和信息的不对称让学生，特别是要在背后施计献策还要掏腰包的家长们苦恼不已。他们在国内接触的各种留学信息很杂乱，再加上一些参差不齐的留学自媒体以及无职业操守的中介机构的宣传和渲染，他们会更加无所适从。家长看到所谓的成功案例，会很容易迷失自我，但又急于求成，最终因焦虑而购买昂贵的留学服务，到最后可能还是得不到自己想要的结果，陷入恶性循环。同时，他们又苦于没有可靠的中文信息来源，因为并不是所有家

长都能阅读大学的英文官网。

作为一名美国招生行业内为数不多的中国人，我产生了一个念头，何不通过我对行业的观察写一本综合介绍美国大学申请的指导书，帮助中国学生和家长更加从容和独立地完成整个申请过程。

构思的过程中，我翻阅了*Admission Matters*这本在美国本土高中升学指导办公室必备的指导书。书的原作者之一乔伊斯·维宁·摩根（Joyce Vining Morgan）博士正好听了我在新英格兰招生咨询协会2017年年会上的讲座。

讲座结束后，她找到我，说她非常受益于我的分享，让她对中国复杂的留学市场有了更多的了解。随后惠赠了我一本她和另外两名同事莎莉·斯普林格（Sally Springer）博士和乔恩·赖德尔（Jon Reider）博士共同出版的介绍美国大学升学的指导书。她在扉页上写道："For Wan, Xiaofeng—in the hope that our work helps make the American college application more understandable in China."（致万晓峰：希望这本书能让中国的学生和家长更容易理解美国大学的招生录取。）

我在翻阅的时候惊喜地发现，书中包含了所有能想象到的关于美国大学升学的信息，并对它们做了一一解读，语言风格娓娓道来、鼓舞人心，而且全部都是经验之谈。我作为内行人，在享受阅读的同时也学到了很多有价值的信息。

我想，与其另起炉灶，不如将已有的精华直接译成中文，带到中国。我与北京的世界图书出版公司一拍即合，开始了整本书的翻译工作。开始翻译的时候是2019年1月份，这是招生办一年中最繁忙的审阅申请季。为了能让书尽快上市，我白天读申请，晚上回家伏案翻译。

因为疫情，书直到2020年4月份才正式在中国问世。我将题目译为了《升学之道：美国大学申请全解析》。"道"一语双关，既指留学的道路，又喻其背后的道理。只有明白美国大学申请背后的底层逻辑才能更有的放矢地走上申请之路，最终达到自己期待的彼岸。

出版至今，我听到很多高中的升学指导老师跟我反馈，这本书已经是他们

2019年圣诞节，做客上海电视台《海外路路通》节目预热《升学之道》的发售。2020年4月份上市至今，《升学之道》每年都位列当当网出国留学类图书销售榜第一名

学校学生和家长人手一本的必读物，也是升学指导办公室的必备指导书，还连续五年（2020—2024）占据当当网出国留学指南类图书畅销榜第一名。最让我欣慰的是，很多高中的升学指导老师告诉我，他们在阅读完本书后自己的业务能力见长的同时，也发现很多阅读过此书的家长提出的咨询问题明显理性了很多，在跟中介沟通的时候也多了底气。这本书也真正意义上成为了中国市面上

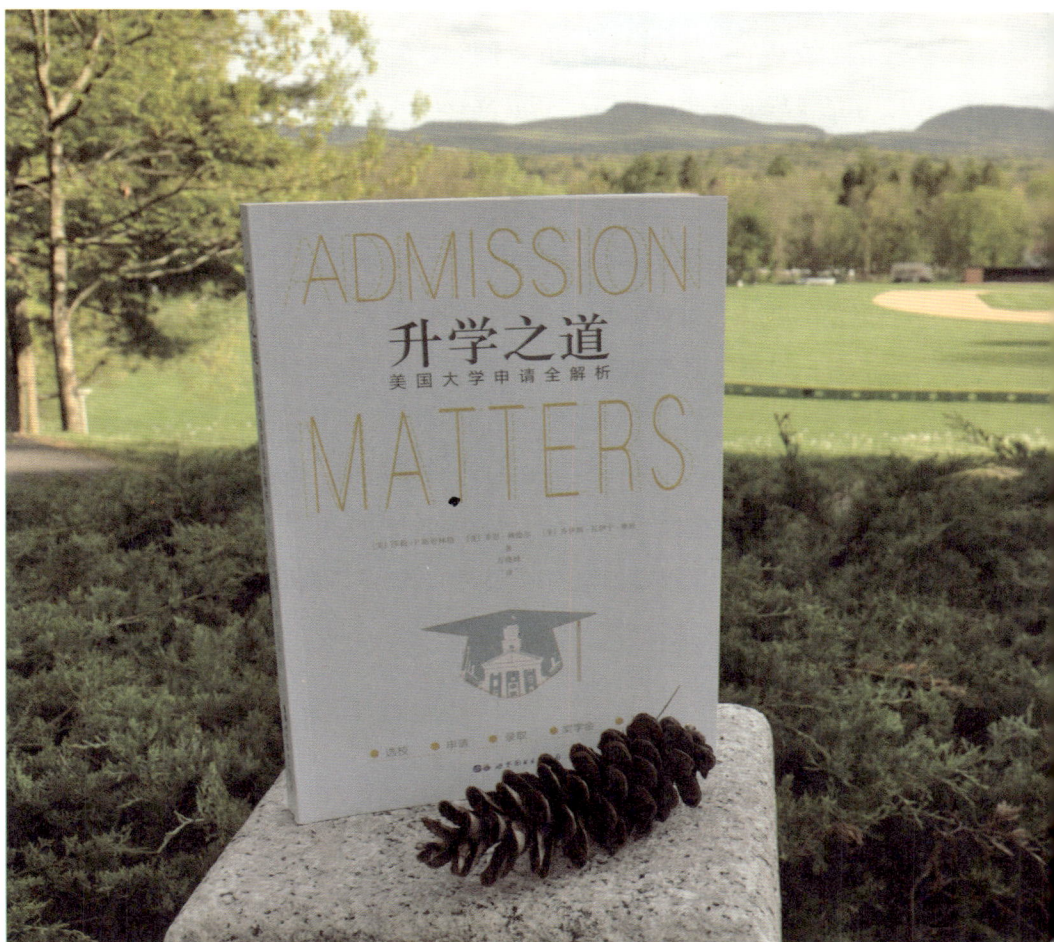

《升学之道》在阿默斯特学院校园。我刻意将阿默斯特学院的标志性建筑约翰逊礼拜堂用作封面中心的塔楼轮廓形象

最被业内人士信赖和广泛阅读的一本书。

光出版这本书还不够。美国大学和社会对中国学生的了解还只是停留在表面，对中国学生、家长以及升学指导老师真正关心的问题，很少有作者进行剖析。于是，我开始尝试写关于中国留学生赴美留学的观点文章，把我作为过来人和行业从业者的观察介绍给美国大学和读者。

粗略数数，这些年我前前后后在美国和世界高等教育的期刊和媒体上发表了将近20篇关于中国留学生赴美留学趋势的观点文章。这些文章也成了行业内首次系统性地跟踪介绍中国留学生赴美留学因素的系列报道。

因为文章的广泛传播，我也有幸接受了多家美国以及世界主流媒体的采访，包括《华尔街日报》（*The Wall Street Journal*）、《经济学人》杂志（*The Economist*）、《自然》（*Nature*）、《海峡时报》（*The Straits Times*）、《高等教育内部参考》（*Inside Higher Ed*）、《高等教育纪事报》（*The Chronicle of Higher Education*），以及中国环球电视网北美分台（CGTN America），甚至我留学前的老东家中国国际广播电台，等等。

采访时，很多记者都会问我，中国学生以后是否会继续选择美国学校？我的答案是一致的：是。中国家庭为自己的子女追求卓越的教育机会的理念不会改变，这来自于我们中国人千百年来对教育的重视。而美国的高等教育在未来很长时间内都还会继续引领整个世界高等教育的发展。除了能够帮助学生在学术和职业发展上提供很难超越的高水平的铺垫，美国大学对教育多元化、公平性和包容性的探索也能让学生在未来成为有担当的世界公民。

中国留学市场的良性发展需要所有人的努力

在中国学生选择赴美留学的路上，中国留学市场上的各方，包括家长、学校、驻校升学指导老师、大学招生办、校外中介机构、留学自媒体以及未来的雇主，等等，还会继续在学生的升学思考过程中扮演重要的角色。

近些年，中国涌现出了很多专业性的行业组织，例如我担任顾问委员会主席的中国升学指导研究中心，以及中心旗下的地区分支，都会每年定期举办年会和线上、线下活动，帮助中国驻校升学指导体系实现职业化发展，并为学生和家长提供高质量的、免费的留学指导。有了这些努力，中国的驻校升学指导行业也正在慢慢向国际标准靠拢，未来也会变得更加成熟。

中国家长在面对子女的大学申请时也开始利用可靠的信息武装自己。无论是跟校内的升学指导老师合作还是寻求校外的升学指导，家长都首先要建立起自己对美国大学申请的认知，知道自己最需要的帮助是什么，才更能有的放矢地在子女的升学之路上提供最适当的帮助。但是家长始终要记得，申请是学生自己的决定，以后进入大学的也是学生自己，家长可以在申请过程中提供辅助，出谋划策，但不能让自己的思想左右孩子的决定，甚至主导整个申请过程。

一些有职业素养的中介和咨询机构也开始更关注学生的自身需求，帮助他们找到最匹配的大学，而不仅仅以大学排名和声望为目标。

美国和海外大学的招生官在疫情结束后也慢慢开始回到中国访问高中，通过参加行业会议、举办宣讲会等活动与学生和家长面对面交流。这些都是在向好的态势发展。

无论留学市场中各方的本职工作是什么或者在学生生命里扮演什么角色，他们共同的目的其实只有一个，就是帮助学生通过教育来成就最好的自己，进而改变自己的命运，从而让我们赖以生存的世界变得更好。

第七章　招募寒门优才

从阿默斯特学院1821年创校时，为基督教会培养"虔诚和才华横溢的贫穷男性年轻人"（to educate young men of piety and talents for the Christian ministry）就已经被作为学院的使命。对寒门学子的扶持贯穿学院创校至今的两百多年。也因此，招生办招生的工作重心之一就是到全国和世界各地搜罗寒门优才。而这背后需要学院提供丰厚的助学金才能真正保证他们加入学院并顺利完成大学四年的学业。

孔尼格奖学金就是其中之一。孔尼格奖学金是阿默斯特学院20世纪60年代的毕业生孔尼格先生在2007年捐赠给学院的。他曾担任阿默斯特学院校董事会成员，2023年正式卸任。孔尼格先生出生于20世纪40年代，靠钢铁贸易起家。

孔尼格先生一直在为出身普通的平凡人铺平竞争道路而努力。他觉得在资源相对发达的欧美国家，很多学生能够得到必要的帮助，而那些出身贫寒又出生成长在落后国家的学子才是最需要他帮助的。2007年，孔尼格先生提议在阿默斯特学院设立以他姓氏命名的奖学金——孔尼格奖学金，每年按需资助五名来自撒哈拉以南非洲以及拉丁美洲的新生。甄选的任务由作为国际招生主任的我来负责。

要想获得孔尼格奖学金，不需要额外申请，但要满足三个条件：一是他们的国籍必须在非洲或者拉丁美洲；二是学生是家里的第一代大学生或者来自非常贫穷的家庭；三是学生家庭为学生读大学的支付能力低于5000美元。从上千份有资格的申请里甄选出五名学者是件很有挑战性的任务。很多最终入选者都有着让人为之钦佩的意志力。他们虽然来自极度贫穷的成长环境，但都取得了让人钦佩的成绩。

孔尼格先生不仅为这五名学生提供支持，而且还为招生办提供每年两万美

我与孔尼格先生在肯尼亚首都内罗毕的一场校友招待会上

金（约合14万多人民币）的专门款项用于到两个大洲搜罗有潜力的申请者。每年5月份和10月份，我会专程到非洲和拉丁美洲走访学校，也会专门拜访服务寒门优才的教育慈善机构，向他们介绍美国高等教育以及阿默斯特学院的特色和慷慨的助学金计划。

孔尼格学者计划到2024年已经为学院培养了将近八十名非洲和拉丁美洲的学子，当中的毕业生已经开始在各行各业崭露头角。不仅他们自己的命运被改变，他们的努力也给自己的家庭和整个国家带来了希望。

一泰就是一名典型的孔尼格学者。一泰来自非洲的津巴布韦，一个失业率常年居高不下的多灾多难的国家。贪腐的管理阶层让老百姓的生活水深火热。巨大的通货膨胀以及毫无科学依据的货币政策，让整个国家的经济时刻处于动荡的状态。

一泰出生于一户贫困家庭，在还不到十岁的时候，就扛起了与妈妈一起照顾感染了艾滋病的阿姨的重担。这段本不应属于他这个年龄的经历促使他从津巴布韦一路奇迹般地走到了阿默斯特学院。

2018年12月，一泰成功入选 2019 年罗德学者（Rhodes Scholar）。罗德奖学金被誉为"全球青年诺贝尔奖"，是1902年由英国慈善家塞西尔·罗兹（Cecil Rhodes）创建的，致力于培养具有公共意识的未来领导者。入选者将获得全额奖学金到牛津大学攻读学位。一泰是当年津巴布韦全国仅有的两名入选者之一。

2022年，我在牛津出差时还见到了一泰，他正在准备牛津的分子生物学博士毕业论文，而且已经被哈佛大学医学院录取，在来年秋季到哈佛继续深造。在撰写本书时，一泰已经结束了在哈佛大学医学院第一年的学业。

他在罗德奖学金申请中写道："虽然我的阿姨还不到40岁，但她看起来像是饱经风霜的耄耋老人。"在与病魔抗争了五年后，一泰悲痛地亲眼看着阿姨离开。而此时，因为医院的一次罢工，才15岁的他必须将重病缠身的弟弟接回家照料。再次面对家人病危，一泰痛苦不已，但又束手无策。"在我弟弟奇迹般活下来后，我知道我一定要成为一名医师科学家，不光为了我的家人，也为了整个国家。" 他有志在未来帮助津巴布韦改善其医疗条件，让更多人免受阿姨和弟弟所遭受的痛苦。

非洲有一句大家耳熟能详的谚语——孩子成功的背后需要全村的努力（It takes a village to raise a child）。一泰的成功虽与他内心强大的驱动力分不开，但能走出津巴布韦，功不可没的是在他背后为像他一样的寒门学子提供无私支持的人。一泰在高中最后一年，因出类拔萃的学业表现和寒门背景，被津巴布韦一家非营利性组织资优生联合项目选中，帮助他准备美国顶尖学府的申请。这成为了他人生的转折点。

与一泰在牛津大学校园

扶持寒门优才的教育慈善机构

资优生联合项目于20世纪90年代创建于美国驻津巴布韦大使馆，后来跟随创始人瑞贝卡女士于2016年迁入她创建的一家非营利性机构，该项目旨在为津巴布韦最优秀的寒门优才提供一条通往世界顶尖学府的途径。被选中的学员会得到关于申请海外顶尖大学方方面面的支持。

在成立至今的20多年里，资优生联合项目已经向美国最顶尖学府，包括阿默斯特学院、哈佛大学、耶鲁大学、麻省理工学院等，输送了五百多名来自津巴布韦的寒门学子，并获助学金。现在，已经有很多毕业生回到了津巴布韦，或者正在世界其他地区为国家和整个非洲的发展做着自己的贡献。在每年拜访津巴布韦期间，我都会到资优生联合项目与学生见面，向他们介绍学院的方方面面。

资优生联合项目在津巴布韦的成功，让其他国家的美国大使馆教育文化处纷纷效仿。现在，项目已经发展到了非洲、南美洲、欧洲和亚洲的不同国家，扶持当地有理想、有抱负的寒门学子。

创始人瑞贝卡没有就此打住，她联合非洲大陆其他国家专门为寒门学子开辟留学之路的非营利性组织，成立了现在非洲最大、影响力最深远的扶持贫困资优生通途网络，该网络将非洲最优秀的年轻人送往世界各地顶级的高等学府深造，为他们将来成为非洲大陆变革的核心力量做准备。

2020年，瑞贝卡女士又创建了一所全日制高中资优生联合项目社区学校，提供两年的国际课程，让更多津巴布韦的寒门学子受益于教育带来的改变。2023年6月份，我与阿默斯特学院教务长拜访了位于首都哈拉雷外一小时车程的临时校区，瑞贝卡正忙着在世界各地为永久校舍的建设筹集善款。2024年春天，我再次来到津巴布韦，在新学校刚刚开学的第二天就拜访了学校，很荣幸地成为了新校址第一位到访的客人和海外大学招生官。

像资优生联合项目一样致力于扶持非洲寒门优才的慈善机构和学校有很多，例如，肯尼亚依托于公平银行的公平基金会、南非的非洲领导力学校、乌干达专门为艾滋孤儿设立的阿时那格项目、卢旺达的卢旺达之桥，等等。对这些组织所

资优生联合项目社区学校位于距离津巴布韦首都哈拉雷两个小时车程外的新校区，由津巴布韦本地设计师设计

2024年春天，我在新校区与来自津巴布韦全国各地的同学们交流

2024年春天，我在肯尼亚首都内罗毕公平银行的总部与接受奖学金资助的同学们交流。所有入选公平银行基金会的同学都会在等待大学入学期间被安排在公平银行不同的分行实习。他们前来听讲座时正好刚刚下班，因此个个都穿着正式的工作服

服务的学生来说，教育是他们改变命运的唯一途径。我每次与这些组织背后默默奉献的同事们见面，都不禁被他们投身教育的无私和热情打动。

寒门优才是美国最精英大学追逐的目标

寒门优才是美国最头部的几所大学竞相争取的对象。五年前，被我们录取

的唯一一名卢旺达的新生，也是一名孔尼格学者，也同时被一所以H打头、位于马萨诸塞州剑桥市的大学录取，最后她没有选择阿默斯特学院。虽然这在意料之中，但我们还是因为错失如此优秀的新生而感到遗憾。当然，我们由衷为她感到高兴。

她叫艾拉，是卢旺达最有声望的一所女子学校的毕业生。这所学校由两名美国女慈善家创办，目的就是为来自贫困家庭的卢旺达女学生提供优质的教育，进而促进非洲大陆的教育公平和性别平等，进而推动卢旺达经济的快速和可持续性发展。

因为1994年的种族大屠杀，学校的创建者相信一个族群多元化的学生群体更能促进卢旺达的发展。所以，学校的学生群体几乎代表了卢旺达所有的30个区，还包括周边国家，例如布隆迪。80%的学生都接受学校的按需助学金补助，三分之一的学生每年支付的学费不到200美元。

艾拉来自一个兄弟姐妹众多的家庭，父亲早年不幸去世，所以全家靠做零工的母亲维持生计。父亲去世后，邻里间突然对她的家庭多了很多怜悯，希望她的母亲再嫁。但是母亲拒绝将自己和家人的幸福寄托在一个陌生人身上，开始做很多份零工补贴家用。

为了补贴家用，艾拉参加了一个叫"卢旺达科技女生"的比赛，她需要为卢旺达的教育系统提出可行性的建设意见和解决方式。她提供的想法是在国家分发到全国各地学校的电脑上装上一个虚拟科学实验室和电子图书馆软件，最后她凭此建议获得了100万卢旺达法郎的奖金，相当于1200美元。艾拉也借此成立了"卢旺达年轻有为者组织"，该组织通过改变有动力的年轻一代来促成整个社区的改变。

这些只是艾拉所有成绩里很少的一部分。她的升学指导老师对她赞不绝口，说她是学校建校史上最优秀的学生之一。她曾经作为学校辩论队队长获得了全国辩论赛冠军，她还被卢旺达新闻媒体列为年度新时代女性之一。在东非区的辩论赛里，艾拉还被评为最佳辩手。

艾拉是她的高中有史以来我们录取的第一位毕业生，虽然很遗憾她最后没能选择入学，但我们都替她感到高兴。虽然知道她不会来阿默斯特学院，但去卢旺达之前我还是专门为她带了一个印着阿默斯特学院校徽的官方钥匙挂件。她和她的升学指导老师还被邀请出席一个筹款活动，艾拉作为优等毕业生代表去跟潜在的捐款者们分享自己的在校经历，希望有更多人为自己的母校捐款，帮助未来的学生得到跟她一样的机会。

见到她，我给了她一个大大的拥抱，祝贺她即将踏上改变人生的新篇章。我把钥匙挂件送给了她，跟她开玩笑说以后如果想转学，我们还会欢迎她继续申请阿默斯特学院。她笑着说："一定！"

没有人可以选择自己的出生地和家庭环境这些超出我们控制范畴的因素。来自贫困和资源匮乏背景的学生也同样拥有潜力进入顶级大学进行深造，充分挖掘自己的最大潜能，进而改变自己的命运。他们缺少的只是一个机会和一双愿意将他们托举出墙外的双手，而教育是他们通往改变命运之路的唯一途径。也因此，像阿默斯特学院这样的美国顶尖学府一直都很注重招生录取过程中的公平性（equity），而不只是我们通常认识的平等性（equality）。equity 是将资源合理分配后让所有人都有机会享受到同样的机会。equality 指的是给所有人同样的资源，不管你已有的资源是什么，因此最终还是会导致人与人之间在机会面前的不平等。

贫民窟里的寒门学子

除了来自慈善教育组织的帮助，还有一些默默无闻的个人也在通过他们的努力改变着众多寒门学子的人生之路。

有一年的5月，我在到访肯尼亚首都内罗毕期间有幸拜访了一所天主教耶稣会学校。学校坐落于非洲最大的贫民窟基贝拉（Kibera）的边缘，由杰瑞神父于2004年创建。学校专门为贫民窟内因艾滋病而成为孤儿的学生提供高中阶段的教育，也为他们提供一个贫民窟之外的"家"。

基贝拉是非洲最大的贫民窟，有接近百万人居住于此。内罗毕中心商务区的高楼清晰可见，很近，但却好似另外一个世界

这是我第一次到访贫民窟，之前脑海里只有一些从电影和网络视频里得来的惯有印象。真正来到贫民窟，还是着实被震撼到了。内罗毕周围有大大小小将近200个贫民窟，居住着大约250万人口，而基贝拉是其中最大的一个，也是全非洲最大的，有将近百万人居住于此。

基贝拉仅有一条供通车的狭窄水泥路，两边都是低矮的仿佛随时要倒塌的铁皮窝棚，密密麻麻地连在一起，拥挤不堪。区内没有厕所，更没有通入每家每户的自来水，直到近几年通过政府、世界银行以及民间慈善组织的努力才在区内安装了接水处，缓解了民众获得饮用水的困难。虽然取水并不免费，但总比没有固定的安全水源要好。

基贝拉的社会问题复杂，社区内充斥着毒品泛滥、酗酒、枪械暴力、家暴、艾滋病传播、无节制生育等各种问题。杰瑞神父创建的学校也因此成了贫民窟内孩子们的"庇护所"。很多学生早上5点多就自愿来到校园，让自己置身一个能够短暂忘掉贫民窟内残酷现实的环境，一待就是一整天，直到学校傍晚关门才依依不舍地离开。一离开学校，回到贫民窟内的家，他们又不得不面对反差巨大的现实和困境。

　　虽然在到访之前，我很清楚学校里可能很难有达到阿默斯特学院录取标准的学生，但如果能通过我的到访和介绍，让他们看到外面更大的世界和未来，激励他们不要放弃接受教育的机会，那此行的目的就达到了。另外一个

杰瑞神父创建的学校干净整洁，与一路之隔的基贝拉形成鲜明对比，为学生提供了一片学习的"绿洲"

原因是，我的母校波士顿学院和我在美国的第一任雇主圣十字学院都是耶稣会大学。虽然我不是天主教教徒，但耶稣会普世的理念"To be the men and women for others"（成为服务于他人的人）深深地影响了我。杰瑞神父无私的奉献也正是对这一理念的忠实践行。

可喜的是，杰瑞神父告诉我，学校已经筹集到了足够的善款，正在选址兴建一座宿舍楼，这样，学生今后就可以住校，而不用每天都在两个极端的世界中被迫转换了。但让人没想到的是，建设宿舍楼的想法却遭到了一路之隔的普通居民区居民的反对，他们认为如果贫民窟的学生住在他们附近，那贫民窟内的问题也会延伸到他们的社区。这让杰瑞神父苦恼不已。为了能让贫民窟内最优秀的孩子有一个更加光明的未来，杰瑞神父还会主动放弃招募他们，而让他们去内罗毕其他能够提供住宿的高中完成四年学业。2023年我带阿默斯特学院教务长再次到访时，宿舍楼的建设还是没有实质性进展。

让人欣慰的是，最近几年我们已经很荣幸地录取了好几名在基贝拉出生和长大的学生。菲斯就是其中一名。她因为学业表现出色，初中毕业时就被内罗毕郊区一所顶尖的私立寄宿高中选中，并获得了高中四年的全额奖学金，这让她第一次走出了贫民窟。高中期间，她表现更为出色，成为肯尼亚全国最优秀的学生之一。在内罗毕与她见面时，我发自内心地跟她说，她的加入会让阿默斯特变得更好。她非常腼腆地一笑。

因为秋季出差，我再次见到菲斯已经是10月份，她来招生办参加聚会。她见到我，立马上前给了我一个很大的拥抱，神采奕奕好似换了一个人。她拿出手机给我看她跟肯尼亚总统乌胡鲁·肯雅塔在学院拍的自拍照。乌胡鲁曾任肯尼亚总统，是阿默斯特学院1985届校友，他趁在联合国开会的间隙很低调地回到母校。因为是临时来访，菲斯没接到通知。中午去食堂吃饭，刚走进食堂大厅就撞见了自己国家的总统，让她震惊不已。她把自拍照发到了家里，爸妈兴奋地专门冲印出来给亲戚朋友们看，还挂在了家里的墙上，为女儿感到十足的骄傲。对菲斯来说，她未来能够改变的不光是自己的命运，整个家族的命运都会因为她而发生质的改变。

2024年5月，我在肯尼亚首都内罗毕跟当年秋季入学的两名肯尼亚新生见面，布韦伯（中）和来自维多利亚湖边城市基苏木的奥斯丁

　　几年后，我们又录取了一位在基贝拉出生和长大的学生。他叫布韦伯。我在造访肯尼亚期间约他一起吃了午饭。他为了来见我，专门穿了一件崭新的短袖衬衫，颜色鲜艳，上面还带着衣服刚从包装袋中拿出来后很深的折叠痕迹，整个人看起来很酷。他说他从来也没想过有一天他能走出基贝拉，更不用说走出自己的国家了。我问他，他的父母对他即将到美国读书感到高兴吗？他回我说："我现在不仅承载着来自父母的期待，整个基贝拉社区的人们都将他们对未来的希冀寄托于我。"我听后，眼泪瞬间开始在眼眶里打转。另外一名同学是奥斯丁。他为了赶到内罗毕跟我见面，从维多利亚湖边的城市基苏木（Kisumu）坐了通宵八个小时的汽车赶到内罗毕。对他来说，这趟车费也是

2024年11月1日，我离职当天下午，奥斯丁和布韦伯来到招生办门前跟我留下了一张难忘的合影。哪怕他们来到学院才短短两个月的时间，他们的精气神好似已经变了个人

不菲的开销。毫无疑问的是，在不久的未来，他们的整个家族，以及整个社区都将会因为他们的这一次命运的转折而发生翻天覆地的变化。我跟他们说："来阿默斯特学院将是你们未来无数奇妙旅程的开端，准备好迎接接下来崭新的人生旅程吧。"

扶持寒门优才的慈善机构能够在中国扎根吗？

扶持寒门学子的慈善教育组织不仅在非洲大陆存在，在美国尤为众多，我们通常称它们为CBO（Community-Based Organization）（以社区为基础的组织），专门为所在社区或者更大区域内的寒门学子提供教育辅导的机会和大学申请上的支持。它们深谙"才能无处不在，但机会却并不是"（Talent is ubiquitous, opportunity is not）的社会现实，为来自欠代表性的少数族裔群体和低收入家庭的寒门优才提供专门的扶持，帮助他们在未来跨越阶层，改变命运。

对恪守公正性和促进社会阶层流动的美国高等院校来说，它们非常重视与国内外的CBO的合作，让更多出身寒门的学子有机会进入大学接受教育，以推动社会阶层的流动和社会的公平发展。

非洲和美国扶持寒门学子的慈善教育机构的使命和存在应该对中国有一定的启示作用。在美国，来自非洲的留学生就好比20世纪七八十年代的中国留学生。他们踏出国门时，除了空空的口袋，只有一腔改变自己和国家命运的热血。

现在的中国留学生跟半个世纪前不能同日而语。仅从经济能力上来说，大多数中国学生选择赴美留学的很重要的原因之一是家里可以负担得起美国大学高昂的费用。这对非洲，乃至世界其他国家的绝大多数学生来说，是无法想象的。但这不代表中国就没有像非洲一样有极大潜力，但受限于家庭经济能力而无法出国留学的寒门优才。我特别期待见到中国也出现一些愿意去发掘优秀寒门学子并为他们的未来做投资的慈善力量。这不仅能向世界展现中国博大的情怀，未来的中国也会因为他们而变得更美好。

这在中国并不是不可能。

2017年，我有幸拜访了位于广东顺德的国华纪念中学。学校由碧桂园集团董事局主席杨国强先生和他的女儿杨惠妍女士于2002年创办，是全中国第一所纯慈善，并为所有学生免去一切费用的高中，并一直资助学生到大学、硕士和博士毕业。

"知识改变命运"的宗旨在国华被放大到了极限。国华的补助政策与阿默斯特学院的政策如出一辙，甚至要比阿默斯特学院还要彻底。最让我感到惊讶的是，这里的学生不仅来自广东，而且来自全国各地。

在招生时，学校只招来自贫困家庭的学生，包括有低保卡的家庭子女，下岗职工子女，家庭贫困的孤儿，因公牺牲的军警人员子女，等等。我被创始人有如此高尚的教育情怀所深深打动，也为能够有机会接受资助的中国寒门学子感到高兴。虽然，国华不是为海外高校输送人才，但它对寒门学子的支持，为中国其他学校树立了标杆，也让我们相信，在中国，这项事业不只是理想。

相比现在中国各地如雨后春笋般出现的国际学校，在互相比较哪所学校的学费更高，哪里的装修更吸引眼球，哪所学校的"藤校"录取人数更多的同时，有几所学校在思考如何招募那些真正需要帮助的优秀寒门学子们，通过教育为他们提供跨越阶层的平台和跳板？也许，走得太快，我们该停下来好好思考了。思考当国际教育被窄化到只为了"爬藤"的当下，我们到底应该如何定义国际教育？而国际教育到底希望培养什么样的人，是成为两千五百年前雅典诡辩家们所崇尚的争权夺利的"成功人士"，还是成为苏格拉底试图塑造的有"美德"、有"原则"，懂得与他人联结来改变世界的人？

罗德学者所崇尚的"fighting the world's fight"（为世界福祉而努力）的理念与中国《南史·孔休源传》中的"以天下为己任"颇为相似。我想这也应该是我们的教育，特别是拥有更多资源的国际教育最终希望培养的人——那就是富有全球视野和高度社会责任感的行动者与未来领导者，可以用自己所学来服务他人，从而帮助这个世界变得更好。

第八章

崛起的非洲

美国大学不仅致力于招募多元化的美国本土学生，也想从世界各地搜罗优秀的学子，让所有学生足不出校就可以与世界各地的同龄人互相学习。我之所以对非洲如此情有独钟，是因为当下非洲的大多数国家就好比20世纪七八十年代的中国，正在从一穷二白中寻找新的出路。中国走过的经济发展之路，正被很多非洲国家所模仿。非洲年轻一代寻求海外留学改变命运的想法也跟当年有志改变中国的留学生一样让人敬佩。去非洲，好似穿越回了20世纪七八十年代的中国，跟非洲学生交流就好似是在跟当年的中国学子隔空交流一般，他们未来都会成为改变非洲的中坚力量。

我2015年入职阿默斯特学院后，每年春天都会代表学院到非洲走访不同国家的高中和拜访专门扶持寒门学子申请海外大学的非营利性组织。每次到访通常只有两个星期的时间，要走访五个甚至七个国家，因此日程安排非常紧凑。

2015年秋季，我们总共收到了来自撒哈拉以南非洲各国的两百多份申请，占总国际申请人数的十分之一。除了新冠疫情的三年没有到访过非洲，我从2016年到2024年，总共到访过六次非洲大陆，走访过埃塞俄比亚、肯尼亚、卢旺达、乌干达、赞比亚、南非、斯威士兰王国、坦桑尼亚、津巴布韦和博茨瓦纳等国家。

通过拜访，非洲区申请人数在过去这些年出现了创纪录式的增长。申请者的水平也逐年提升。到了2022年的申请季，光撒哈拉以南非洲地区的申请总数就将近有1000名，占整个国际申请人数的四分之一，总数比我刚入职那年足足增加了将近四倍。如此快速的增长使该地区成为了学院申请记录里所有国际地区中申请人数增长最显著的地区之一。

有如此飞速的增长，最重要的原因是亲自拜访当地学校后，非洲学生开始真正接触到阿默斯特学院。另外很重要的是，在接触学院后，他们了解到阿默斯特学院对国际申请人采用盲审政策，他们的家庭经济能力不会对申请有任何不好的影响。而且他们被录取后，也会得到学院百分之一百的按需补助。

如此慷慨的财政补助政策对撒哈拉以南非洲相对比较贫困的国家的学生非常有吸引力，尤其是需要全额奖学金的寒门优才，他们也是我去非洲招生的重点人群。有了政策性的保障，如果他们选择申请阿默斯特学院或者之后被录取，可以毫无后顾之忧地完成在学院四年的学业。助学金包裹里除提供四年学费和食宿费之外，还有每年的国际往返机票，甚至对极度贫困的学生还有启动资金，让他们在入学时有足够的资金购买冬天的衣物、床上用品，支付手机费，等等。

有一年5月份我到访了卢旺达首都基加利一所当地致力于培养女性领导力的高中歌韶拉科学与科技学校（Gashora Girls Academy of Science and Technology），正好有一名我们在3月份放榜时刚刚录取的新生，而且她已经交了入学确认表，会在当年的9月份成为学院的大一学生。由于她家里非常贫寒，学院为她提供了一年超过82 000美元的按需补助。她跟我分享说，她收到财政补助包裹后，她的妈妈被如此大的数额震惊到了，以为她被人贩子骗了，说怎么可能有一所外国的大学给她这么多钱，而且一分钱也不需要她还。最后她还得让自己学校来自美国的升学指导老师专门跟她的妈妈解释才让她彻底放心。

导致非洲地区申请人数增长迅速还有一个原因是疫情期间美国大学对标准化考试可选择性提交的政策调整。参加标准化考试对非洲学生来说是一笔不小的开销，可以不用提交对他们来说是一件再好不过的事情了。没有了考试的要求，又可以申请财政补助，对很多非洲学生来说阻碍申请阿默斯特学院的两座大山都不存在了，这也直接导致包括阿默斯特学院在内的其他提供类似政策的美国顶尖大学都收到了比以往更多的来自非洲的申请。

与此同时，随着新冠疫情的消退，世界渐渐从疫情带来的不便中走出来，美国少数顶尖大学也开始陆续到非洲进行当面招生，而不是在网上跟学生见面。2023年春天，我跟学院的教务长一同到访了非洲五国。本来我们计划在2020年5月份去非洲，但新冠疫情的突然来袭让我们不得不推迟行程。2024年4月底，我又一次来到非洲。

对大多数渴望招募优秀非洲学生的美国大学来说，虽然他们很多都知道美国并非非洲学生的唯一选择，因为非洲学生传统的留学目的地是法国、英国等曾在非洲有殖民历史的国家，但很少有美国大学知道中国正在成为非洲学生最热衷的留学目的地之一，而且留学人数增长速度惊人，甚至逐渐开始可以跟美国大学抗衡。

2023年，我跟时任阿默斯特学院教务长的凯瑟琳·爱普斯坦到访歌韶拉。同学们为我们准备了卢旺达传统舞蹈，这个舞蹈只在毕业典礼等重要场合才会演出，我们感到无比荣幸

快速增长的消费市场

　　根据美国国务院下属的国际教育协会门户开放（Open Doors）报告的数据，在过去10年里，美国校园中来自撒哈拉以南非洲的学生的总入学率呈现了大幅度增长，增加了整整30%。尽管受到疫情的干扰，全球大多数国家和地区的赴美留学生人数都下降了十几个到二十几个百分点，但撒哈拉以南非洲学生的降幅相对最低，仅为6.3%。非洲学生哪怕在疫情之下，对赴美留学也保持着高昂的热情。而且有很多迹象表明，越来越多的非洲学生会在接下来选择到海

2024年春天，我在赞比亚首都卢萨卡美国大使馆EducationUSA中心向赞比亚的高中生介绍阿默斯特学院和美国高等教育

外学习。非洲正在成为美国大学国际学生的主要来源地。

造成这种现象的原因之一是非洲大陆是现在世界上规模增长最快的消费市场之一，有60%的非洲人口年龄在25岁以下，因此对高等教育的需求很大。由于非洲国家普遍经济基础较差，他们无法提供高质量的教育以满足巨大的国民教育需求，很多年轻人都开始往外看。

虽然撒哈拉以南非洲高等教育入学率比20年前增长了两倍多，但各国却仍在努力向10%的入学率大关挣扎前进，这个入学率远远低于世界38%的平均水平。世界银行2022年的报告也指出，虽然在2018年整个非洲的高等教育入学率达到了9%，比2000年增加了一倍，但还是远低于世界其他地区。例如，拉丁美洲和加勒比海国家的高等教育入学率在同样的时间区间里从23%增加到了51%，远高于非洲。

另外，殖民文化的留存、贫富差距的扩大、区域间发展的不平衡以及族群之间的冲突，让越来越多的非洲有志青年开始寻找国外的教育机会。非洲年轻人才的涌入，也让很多国家受益，其中就包括中国。从疫情前的数据来看，中国已经成为接收非洲留学生数量最多的国家之一，比肩传统接收国法国、英国和美国。

非洲学生青睐中国

根据中华人民共和国教育部的数据，2018年有81 562名非洲学生在中国学习。1996年中国首次接收超过1000名非洲国际学生，是历史性的一年。 更值得一提的是，2018年的人数几乎是美国所有高等教育院校中非洲学生入学总人数的整整两倍。

那么，非洲学生为什么会选择中国呢？其中一个最大的原因是中国在非洲大陆和世界上日益增长的影响力。另外，还有相对欧美国家更加容易申请的留学签证，相对于非洲国家更高质量的高等教育，可以修以英语为授课语言的课

津巴布韦首都哈拉雷市中心的清晨。照片中的高楼是津巴布韦储备银行，也是中央银行。津巴布韦的通货膨胀率一直居高不下，除了使用美元和其他国家的货币，政府的应对方式是不断发行新的货币。自2009年经济崩盘至今，政府已经发行了六种货币，均半路夭折。津巴布韦在20世纪80年代获得独立后，曾经是非洲大陆受教育水平最高的国家之一，而现在却一落千丈，整个国家的发展仿佛暂停在了20世纪80年代

程，可负担得起的学费，以及最重要的一点就是中国为非洲学生提供的中国政府奖学金。

2018年，中国政府在三年一度的中非合作论坛上宣布，中国将大幅度增加提供给非洲学生的奖学金名额，从2015年的3万人增加到5万人。也因此，中国超越了所有西方国家，成为世界上为非洲学生提供奖学金最多的国家。

从入学的总人数上来看，中国现在是仅次于法国的第二大非洲学生留学国。越来越多拿奖学金的学生也推动了自费学生的数量。自2005年以来，自费

2018年9月，我代表阿默斯特学院在北京出差，在酒店门口偶遇正在北京出席2018年中非合作论坛北京峰会的肯尼亚总统乌胡鲁·肯雅塔（最靠近栅栏者）。他是阿默斯特学院1985届的毕业生

到中国留学的非洲学生人数首次超过了拿奖学金学生的人数。到了2011年，自费留学人数达到了创纪录的14 428人，比拿奖学金的人数高出两倍。到了2015年，自费人数甚至达到了41 322人，整整高出拿奖学金人数的五倍。

财政援助是关键

奖学金对非洲学生来说至关重要，因为很少有学生可以负担得起美国大学高昂的总花费，哪怕只负担其中一小部分，对很多家庭来说都是天方夜谭。中国的政府全额奖学金为非洲学生解决了财政上的后顾之忧，而美国大学的奖学金政策因校而异，并不一定能保证非洲学生可以获得全额补助。

就此，我采访了美国国务院下属的教育文化处EducationUSA专门负责西非和中非区域的教育咨询总监戴安·魏思·杨（Diane Weisz Young）女士。她说："财政援助对非洲学生来说至关重要。如果大学能够提供全额奖学金，哪怕只是很少的几份，也可以对非洲学生有非常实际的帮助。如果仅仅提供部分奖学金，对绝大多数非洲学生来说还是无法顺利入读美国大学。"

杨女士补充道："虽然有些非洲学生确实可以支付美国大学的总花费，但对绝大多数非洲学生来说，哪怕是几百美元的一个账单都可能会成为阻碍他们进入美国大学校园的障碍。"因此，中国政府提供的全额奖学金对非洲学生来说更具吸引力。

由于中国的"一带一路"倡议，中国企业和政府项目在非洲大陆遍地开花，为非洲当地的劳动力提供了很多就业岗位。这也意味着在中国接受过培训的非洲学生回到祖国后也会有更多潜在的在中国企业就业的机会。

我记得2019年第一次到访乌干达，一上机场高速，就恍惚自己回到了中国。乌干达首都坎帕拉–恩德培机场高速公路就是中国的中交乌干达公司承建的。去埃塞俄比亚的时候，一下飞机就能看到中国交通建设的牌子，因为埃塞俄比亚首都亚的斯亚贝巴的宝丽机场改扩建工程就是由中国交通建设集团有限

2024年春天，我在赞比亚首都卢萨卡的一所高中介绍阿默斯特学院，尤其是学院所提供的奖学金政策。对在座的学生来说，奖学金是他们能够负担得起美国大学费用的唯一途径

公司承建的。类似的中国影子在非洲到处都是，甚至在卢旺达乡下的农房外墙上都喷涂着巨大的中国手机品牌Tecno或者华为的商标。

从数据来看，自2003年以来，中国每年投入非洲的外国直接投资（FDI）急剧增长，从2003年的7480万美元增加到2018年的54亿美元。之后中国对非洲的外国直接投资在2019年下降到27亿美元，尽管有新冠疫情的影响，投资总额在2020年又上升到了42亿美元。

根据2017年麦肯锡公司调研的非洲八个国家的1000多家中国公司，涉及制

乌干达首都坎帕拉市中心的高楼上冠有中国手机品牌Tecno的商标。Tecno因其相对便宜的价格和本地化的创新，非常受非洲消费者欢迎

造业、房地产、贸易、服务和建筑领域显示，这些公司雇佣的89％的员工都是当地的非洲人。中国在非洲大陆创造了数百万个就业机会，近三分之二的中国公司还为当地员工提供技能培训，一半的公司提供学徒培训，三分之一的公司还向非洲引入了新的技术。

中国在非洲的影响力超越美国

这些举措都在潜移默化地扩大中国在非洲青年中的影响力。2022年的年度非洲青年调查显示，77%的非洲青年认为中国是非洲最有影响力的海外强国。也正因为如此，非洲越来越多的年轻人开始向往并热衷于到中国留学。甚至连专门在世界各地推介美国高等教育的杨女士也跟我分享说连她都经常听到非洲学生表达他们想去中国留学的想法。

对很多非洲国家的领导人来说，他们国家的年轻人到中国留学是对自己国家未来发展的一件好事。因为中国严格的签证规定，几乎所有非洲学生在完成学业后都需要返回自己的国家，进而为本国的发展做出贡献。而当非洲学生到美国或者其他西方国家留学时，毕业后，他们当中的绝大多数往往选择留在当地而不回到自己的国家。当然，这不表明他们不会回馈自己的国家，只是从归国比例上来看差别很大。

我就这个问题采访非洲大学协会前秘书长古拉姆·穆罕默德汗（Goolam Mohamedbhai）博士时，他说道："非洲学生到中国留学后回到自己的国家，能缓解非洲国家亟待解决的高技能人才短缺的问题，而且这也能提升中国在非洲国家中的影响力。" 穆罕默德汗博士将这种合作视为"双赢"，因为它有效遏制了非洲国家的人才外流，并通过提供教育援助的方式增强了中国在非洲大陆的软实力。

中国成为美国大学在非洲招生的主力竞争对手

在机会平等的情况下，杨女士认为，非洲学生更偏向于到美国而不是中国接受高等教育。因为从总体来说，美国的文化背景更吸引他们，美国高等教育的质量以及美国大学所能够提供的学术和课外资源也要超过中国大学。

虽然如此，她也强调，非洲学生获得美国学生签证并不容易。美国大学校园内外常见的种族主义和层出不穷的枪击事件都是非洲学生在考虑赴美留学时的主要顾虑，会潜在地影响他们最终的大学选择。

与中国政府奖学金明确和透明的政策不同，美国大学的财政补助政策千差万别，而且充满了让人捉摸不透的行业术语和复杂的申请要求。这也给非洲学生的申请造成了很大的阻力。

甚至有的美国大学会有意无意地将针对国际学生的财政补助政策写得模棱两可，为的就是吸引更多学生来申请，可到最后并不能兑现自己的承诺。例如经常会看到美国大学在网站上说"我们会为所有被录取的学生提供百分之一百的按需补助"，但并不明说这一政策只针对拥有美国国籍和绿卡的学生，而不是国际学生。因此就出现了国际学生申请了这些学校，到最后发现学校根本不给自己提供任何财政补助的残酷现实。例如，前几年，一名来自肯尼亚卡库马（Kakuma）难民营的南苏丹学生被加州一所著名公立大学录取，这对一名难民营的孩子来说简直跟做梦一样。可最后，在准备入学的时候，他发现这所大学没有为他提供任何财政补助，最后不得不放弃这一珍贵的改变命运的机会。在业内关注难民营学生和寒门优才的同事的帮助下，他最终被加拿大一所大学录取并获得全奖。他的事迹登上了美国有线电视网（CNN）、加拿大广播公司（CBC）等国际媒体。他也让更多国际公众开始关注难民营恶劣的现状和难民营中学子的艰难求学路。

未来，对要继续在非洲招募优秀学生的美国大学来说，他们将不得不面对来自中国的竞争。随着中国在非洲青年中的影响力越来越大，试图说服他们选择美国而不去中国无疑将需要美国大学做出更多的努力。

作为美国招生行业里的中国人，我既为自己的祖国在非洲不断扩大的影响力而感到高兴，又要继续完成我作为招生官分内的为阿默斯特学院招募优秀非洲学生的职责。同时我也觉得自己有责任让更多美国的大学了解中国这一"隐形"的竞争对手。美国大学虽然一直处于世界高等教育的领先水平，但如果不能及时认识到国际招生领域的潜在趋势，并及时做出调整，很可能会在未来动摇其在世界高等教育领域的领导地位。

第九章

一场校园宣讲带来的文化思考

阿默斯特学院招生录取办公室每年都会接待几万名全国和世界各地来参观的学生和家长。碰上高中放假以及暑期高峰，最多的一天甚至会接待四五百名访客。

访客到达的第一站就是招生办，也叫威尔逊招生中心（Wilson Admission Center）。中心以1946年至1972年担任招生办主任的尤金·威尔逊（Eugene Wilson）命名。威尔逊主任在任的年代，他可以在访问高中时当场给自己相中

阿默斯特学院招生办。我在这里度过了九年多的招生官生涯

的学生发录取。这在现在简直不敢想象。他曾说："如果我只能用两种品质来判断一个男孩的前途（阿默斯特学院1974年以前一直是男校），我会选择好奇心和毅力，因为只有好奇的人才会学习，只有毅力坚定的人才能克服学习上的障碍。探索的能动性比智商的高低更让我们感到兴奋。" 这句话放到现在也同样适用。

威尔逊招生中心所在的楼是一座建于1810年（清朝嘉庆十五年）的联邦式建筑，上下三层。学院1821年创建时所用的土地就是房子的建造者伊利亚·狄金森上校（Colonel Elijah Dickinson）赠予的。因为年代久远，楼里的地板踩上去会发出嘎吱的声响。窗户上的古董手工玻璃纹路明显，阳光照进来都会变得柔和几分。遇到刮风天，可以听到风从窗缝里挤进室内，发出口哨般的声响。

这里是所有有志进入阿默斯特学院的年轻人的必经站。

每次当值班主任，我都会在上午10点或者下午2点为来访的学生和家长做一场一个小时的宣讲，一周轮到一次或者两次。人多的时候，我们还会增加一场中午的宣讲。

美国大学的校园宣讲会由招生官亲自主持，会介绍大学的方方面面，包括申请的要求和审阅过程，等等，目的是让来访的家庭对大学有充分的了解，判断自己是否与这所大学匹配。宣讲会开始前或者结束后的一个小时通常会有学生导游带访客们参观校园。

校园宣讲和游览校园是美国本土学生了解大学最直接的途径之一。近些年，很多有经济实力的中国家庭也认识到校园宣讲的重要性，会趁暑期或寒假来美国走访大学。亲临体验可能要比阅读官网有更多的直观感受。当然，并不是所有家庭都有条件千里迢迢来到美国访校，因此官网还是了解大学最靠谱的媒介。

根据参观的人数多少，通常30个人以下我们就选择在办公室的会议室进行宣讲；再多，就得爬一个山坡到学院的标志性建筑约翰逊礼拜堂（Johnson Chapel）里进行。 约翰逊礼拜堂建于1827年，是学院历史上最早的建筑之

雪后的约翰逊礼拜堂。这里是我经常给来访的学生和家长做校园宣讲会的场所

一。礼堂里能坐400多人。墙上挂着学院历任校长和知名校友的肖像油画，背后是讲台和教堂里常见的管风琴，地上铺的是红彤彤的地毯。白色的墙面让整个大厅显得异常亮堂，在这里做宣讲会也显得格外庄重和有气场。

这里曾接待过众多名人，包括知名作家、政客和媒体人等，其中包括已故的美国最高法院大法官鲁思·巴德·金斯伯格（Ruth Bader Ginsburg），现任的美国最高法院大法官索尼娅·索托马约尔（Sonia Sotomayor），以及在疫情前最后一场讲座时邀请了《你当像鸟飞往你的山》（*Educated*）的作者塔拉·韦斯特弗（Tara Westover）。

对我来说，做招生官的一大乐趣就是在宣讲会上跟来访的学生和家长面对面交流。虽然他们来自不同的州或者国家，有着不一样的背景和故事，但他们都奔着同样的目的从四面八方来到阿默斯特学院，而且当中很多人都憧憬着有朝一日能够被学院录取。

与来访的家庭互动也会让招生官们知道自己所做的录取决定背后都是一个个满怀期盼的年轻人。作为招生官能通过宣讲会与这么多家庭联结，在他们升学的路上留下一些印记，更觉机会弥足珍贵，因此我每次都尽量多说一些干货，让访客不虚此行。

一场100多人到200多人的宣讲会在旺季是家常便饭，但真正能够跟每一名学生和家长交流的还是淡季人数少的宣讲会。

给我印象很深的一次宣讲会总共只来了五名学生，加上家长一共十几个人。与其说是宣讲会，我更愿意把这种小型的讲座变成一个面对面聊天，也让来访的家庭不会感到太拘谨，因为很多学生在面对招生官时会不由自主地紧张。

宣讲会在招生办的大会议室里进行。开始前，为了活跃气氛，我经常会跟来访者说一定要摸一下会议室中央的长条桌子，因为所有的录取决定都是在这个桌子上投票投出来的，摸一下会给他们带来好运。大家通常会很滑稽地开始摸桌子，家长摸得尤为起劲。

虽然只有五个学生，但他们来自四个不同国家。一位来自瑞士，就读于瑞士日内瓦一所我曾经拜访过的国际学校，修IB课程，正在准备递交阿默斯特学院的早申请。

第二位来自马萨诸塞州著名的私立寄宿中学格里诺贵族中学（Noble and Greenough School），修的是美国大学先修课程（AP）。学校名字我借用了网络上比较常见的翻译，但名字中的"贵族"翻译的并不准确，因为"Noble"是学校创始人的姓，并不是皇权贵族的意思。所以学校名字翻译成诺布尔和格里诺中学会更贴切。虽然这所学校不便宜，但跟"贵族"没关系。这所学校也是我曾经负责招生的学校，拜访过很多次。这名学生的父母也都在，妈妈是新加坡人，爸爸是芬兰人。

第三位来自英国，就读于英国著名的伊顿公学（Eton College），修英国

位于英国温莎的伊顿公学

的A-Level课程。2022年，我有幸拜访了位于温莎城堡旁边的伊顿公学，与身着伊顿传统燕尾服校服的学生在一座维多利亚风格的宿舍楼客厅内围坐在烧着的壁炉旁交流了一个多小时，给我留下了很深的印象。宿舍舍监还给我倒了红酒，氛围感拉满，这也是我第一次在跟学生交流时喝酒。

一听他介绍完自己是伊顿公学的，紧挨着他的一个学生很兴奋地说他自己学校的赛艇队刚刚跟伊顿公学代表队切磋过。说话的这位来自阿默斯特北边的鹿园镇上的鹿园中学（Deerfield Academy），一所曾经培养出众多政商界名流的美国著名私立寄宿中学。阿默斯特学院第三任校长，美国地理学家爱德华·希区柯克（Edward Hitchcock）也毕业于此。

最后一位是一名来自中国、在纽约州读著名私立女子高中艾玛·威拉德女子中学（Emma Willard School）的十年级学生，也修AP课程，父母陪同一起。四年前我还在圣十字学院负责国内招生录取的时候，第一次出差就到了艾玛·威拉德女子中学，学校城堡般的校园非常气派。

这几所学校都是收费高昂的私立高中，并不能代表我们总体来访学生或者申请者就读学校的类型，实际情况是60%的学生都来自公立高中。

我在开场时通常会做一个简单的自我介绍来暖暖场，说我来自中国青岛，在阿默斯特学院几年了，负责招生办什么工作，等等。因为长着一副华人面孔，又是中国来的，宣讲会后经常会有华人家长上前来对我的身份一探究竟。这场讲座也不例外。

来自新加坡的妈妈非常惊奇地上前问我为什么英文讲得这么好，说她还以为我是在美国出生长大的美籍华人。来自南京的家长也凑过来表示自己的惊讶。有一次，一名移居美国已久的中国母亲带着儿子来听宣讲会，结束后过来跟我说她从来没有见过中国籍的招生官，也没听过如此透明和易懂的介绍会，指着我跟她儿子说："你看，我们华人也有这么优秀的招生官，你以后也可以做招生官。"无意中成为华人家长教育子女的榜样，这是我始料未及的。

美国是一个种族多元化的社会，但在一些特定的工作种类中很难看到少数族裔的面孔，例如，大学招生行业。我每次参加新英格兰地区的招生行业会议，屋子里通常都是乌泱泱的白人。当然，这也跟新英格兰地区白人居多有关系。这些家长之所以这么惊奇地上前跟我攀谈，主要还是因为在招生行业，特别是在顶尖大学的招生办，很难见到亚洲人的面孔，更不用说是来自中国的外籍招生官。

缺乏种族多元化在美国某些行业尤为突出，例如，我们都很熟悉的教师行业。在很多城市中心的公立学校中，虽然招收的主要是来自低收入家庭的孩子，学生群体大多以黑人或者拉丁裔为主，但老师普遍以白人居多。

美国国家教育统计中心（National Center for Education Statistics）的统计数据显示，在2017—2018年，全美国所有的公立学校中，79%的老师是白人或者非拉丁裔的白人，黑人老师只占6.7%，拉丁裔占9.3%，而亚裔只占2.1%。数据还显示在非白人为主的学生群体学校，绝大多数的老师都是白人。

非营利性组织IZA劳动经济研究所（IZA-Institute of Labor Economics）最近的研究还发现，来自经济条件欠佳背景的黑人男性学生如果在小学三年级、四年级或者五年级时至少有一名黑人老师，那么他们高中毕业的可能性会提高39%。

教师行业缺乏种族代表性最直接的影响就是少数族裔的儿童和青少年在成长过程中看不到来自自己种族背景的老师或者成年人的榜样，进而产生一系列的连锁反应。例如，白人老师对少数族裔学生隐形的偏见，学生学习的动力不足，高中辍学率上升，等等。这也会直接导致选择进入教育行业的少数族裔学生人数少，进而导致教师群体种族多元化的欠缺，陷入死循环。

缺乏种族代表性是当今美国社会存在的最大的社会问题之一，也是各行各业都在着手推动的改变之一。也因此，美国高等教育院校常年采用的《平权法案》在2023年6月份被最高法院推翻后引起了美国高等院校以及整个社会的轩然大波，因为新的裁决会直接影响少数族裔人才的培养，以及未来进入各行各业的从业者的种族代表性。

近些年，亚裔群体在美国社会的曝光度越来越高，这得益于亚裔群体多年来在各领域的呼吁和发声。亚裔在各行业缺乏代表性的现状也在慢慢改善，特别是在几部好莱坞全亚裔参演的电影，例如，《摘金奇缘》（*Crazy Rich*

Asians）和《瞬息全宇宙》（*Everything Everywhere All at Once*）爆火后，更是给亚裔群体带来了积极的社会形象，为亚裔下一代树立了榜样。

疫情期间，亚裔群体在美国遭受的种族歧视也让整个美国社会意识到长久以来对亚裔的"模范少数族裔"的刻板印象是一种非常片面的认知，社会开始更加重视亚裔的呼声和权益。尽管如此，美国的亚裔还是在白人和黑人的二元世界的夹缝中求生存，这也需要更多亚裔的面孔和声音的出现，不管是在哪个行业。

"Representation matters（代表性很重要）"，这是在美国最常听到的关于代表性的具有重要意义的一句话。重要性体现在三个主要方面。

第一是对身份的认同。来自少数族裔的青少年在形成对自己的身份认同时，如果看到来自自己种族背景的人出现在屏幕上，而且展现的是善良、优秀和正直的形象，那么他们会对自己的身份有更加积极的认同。

相反，如果在屏幕或者媒体上看到的来自自己种族背景的形象都是负面的或者刻板的，那他们可能会认为自己的身份或者种族背景是不受大众欢迎的、尴尬的，甚至是低人一等的。这会让他们在建立自己身份认同时出现心里挣扎，甚至对自己的族群产生负面和消极的看法。所以在大荧屏或者媒体上看到越多来自自己种族背景的积极形象，越会对青少年的身份认同有积极的影响。

第二是对机会的认知。珍妮弗·西贝尔·纽森（Jennifer Siebel Newsom）编剧和导演的纪录片《代表小姐》（*Miss Representation*）探讨了美国主流媒体和文化是如何造成美国女性在有权力和影响力的职位上缺乏代表性的。其中一句话给我的印象很深："You can't be what you can't see."（你无法成为你看不到的人。）当我们看不到来自跟自己相似背景的人在从事某些工作或者身居要职时，可能根本想不到自己也可以成为他们。

当来自缺乏代表性群体的青少年看不到自己族群的人从事某项工作时，他们可能都不知道有这样的机会存在，也就很难争取到这些机会，甚至会在内心深处认为这个行业或者职位不对像他们这样的人开放。但如果他们看到或者意识到身居高位的人其实跟自己的出身很像时，会很容易让他们看到希望，并给予他们动力。他们得到的心理暗示是只要自己愿意，并付诸努力，他们也能取得同样的成就。

同样的道理也可以延伸到大学申请中。当少数族裔的学生看到某所大学的本科学生群体以白人，而且是上层社会的白人居多，以及很难在校园或者课堂中看到少数族裔的身影时，他们会下意识地认为这所大学不属于他们，甚至不欢迎他们。相反，如果他们在参观学校或者在网络上浏览学校的信息时发现，这所大学的学生群体非常多元，广泛代表了不同族群和不同背景的学生，这会让他们对这所大学自动产生好感。

高校多元化学生群体的建设是美国高等教育当下讨论最热烈的话题之一，不加之一也不为过。这跟百年前，甚至五六十年前相比已经发生了天翻地覆的变化。从1976年到现在，非白人大学生的入学人数增长了125.5%。 美国国家教育数据中心的数据显示，1976年，少数族裔的学生占大学生总体人数的15%，而到了2021年，这一比例已经增长到了38%。在阿默斯特学院，少数族裔的学生比例已经占到了学生总人数的一半。

当代美国精英大学的入学衡量标准已经完全不再基于学生群体是否来自富裕的上流社会，而是是否有足够多元化的学生群体，尤其是来自少数族裔和低收入背景的学生群体。美国精英大学甚至为此不惜重金。

2024年3月底，普林斯顿大学校董会宣布他们制定了有史以来最激进的招募来自中低收入家庭学生的计划。目标是在本科生群体中，至少有70%的学生符合获得按需补助的条件，以及至少22%的学生符合获得联邦政府佩尔奖学金的资格（学生家庭年收入低于6万美元）。普林斯顿大学克里斯托弗·L. 艾斯格鲁伯（Christopher L. Eisgruber）校长说："普林斯顿的卓越取决于吸引和支持来自各种背景的人才。"

目前，普林斯顿有资格获得按需补助的本科生比例只有61%，要达到70%的目标并不容易，从中也能看出学校对此政策的重视。因此，中国网络上经常出现的所谓"贵族""上流社会"的美国大学早已经成为历史，没有哪所美国精英大学还会以此为荣。

对国际学生来说，来到一所拥有多元化的国际学生群体的学校，也意味着大学对扶持来自世界各地的学生有相对丰富的经验。更重要的是，国际学生可以更真实地体验美国多元化的社会和人际关系，让自己摆脱对其他族裔固有的刻板印象，就像其他族裔应该摆脱对亚裔的刻板印象一样。

第三是人际关系和同理心的养成。充分的代表性能够帮助减少不同族裔和群体之间的刻板印象。我们在与人沟通时会自然而然地与他人产生共鸣，但前提是有机会接触来自不同族群或者群体的人。真正开始接触后，人们会意识到每个人都有自己的独特性，并不是跟刻板印象一样。有着充分代表性的环境会让学生学会不带偏见甚至歧视地与来自不同背景的人交流、协作和平等相处。这不仅能够让他们成为思想更加开放和包容的人，也能够让他们在未来进入多元化的社会和工作环境中时知道如何与不同的人共事和生活。

这些看起来脱离中国国情的概念其实离我们很近。中国虽不是一个移民大国，也不是一个多种族的国家，但缺乏代表性的情况在中国社会也存在。例如：中国精英大学中来自贫困地区的学生不多，这些最需要通过教育改变命运的学生群体得到足以完成大学学业的扶持还不够。在近些年如雨后春笋般涌现的收费高昂的私立国际学校中，鲜有来自低收入家庭的学生。在很多公司和机构的领导层中，女性较少。贫困地区和少数民族女童的入学率比男童低。农民工子弟在打工地城市接受教育存在困难。

尽管这些问题存在于不同的语境和国情中，但背后的缺乏代表性的逻辑都是相通的，也都是社会根深蒂固但亟待解决的问题。想要得到改变，除了靠有志促进改变的群体不断地发声和争取，还需要整个社会提高对欠代表性群体的关注，真正意识到问题的严重程度，并携手一起努力改变现状。这样，我们整个国家和世界才会变得越来越好。

第十章

反亚裔种族主义

来美国留学不仅能让自己在学业上有所精进，未来事业上有所助益，也能够让自己在一个多元化的世界中重新认识自己和周围的世界，拥有世界眼光。对美国社会复杂的种族历史和现状的深入了解是未来融入美国最关键的步骤。对来自亚洲的中国留学生来说，了解亚裔群体在美国社会中的过去、现在和未来尤为重要。

著名美国作家和民权活动家詹姆斯·鲍德温1984 年在《论"白人"……及其他谎言》（*On Being White…And Other Lies*）中写道，在非洲的非洲人没有任何必要给自己的身份贴上"黑人"的标签，也没有必要将自己的人生经历与黑人联系起来，因为在他们的文化中根本没有种族的概念，只是因为他们被贩卖到了美国才被贴上了黑人的标签。欧洲的白人也并不是白人，只是来到了实行奴隶制的美国以后才开始给自己贴上了白人这一"道德标签"。

我第一次来美国是2011年，到波士顿学院攻读研究生。在此之前，我从未来过美国或其他白人占多数的西方国家。来美国以前，我一直生活在中国，从小到大从来不需要从种族的角度来了解周围的世界和人。在中国社会，种族无论是过去还是现在，都不是一个需要大多数公众考虑的社会类别。

一转眼，本书成稿时我已经在美国生活了13年。这些年在美国生活的经历让我更加理解在这个种族多元化的国家里与亚裔身份联系在一起意味着什么。

和其他大多数来美国读书的中国留学生一样，在美国最初的几年，我们的时间主要花在了进行自我探索和熟悉新的环境上，很少有机会去深入了解美国的种族问题。这段时间也是我们中的大多数人第一次接触种族的概念，以及学着用语言来讨论以及思考关于种族的议题。哪怕我们很不幸成为了种族主义行为的受害者，不管是语言上还是肢体上的伤害，刚到美国涉世不深的中国留学生可能并不具备面对这一现象时进行正确理解的能力，更不用说寻找到合适的词汇来描述他们的处境以及寻求合适的帮助。

在美国的亚洲留学生人数众多。美国国务院下属的国际教育协会（IIE）在2020年发布的门户开放报告显示，来自亚洲国家的留学生占美国留学生总数的70%。突然在美国各地涌现的反亚裔暴力事件让他们猛然意识到，原来仇恨可以不需要任何理由，仅仅因为自己长着亚洲人的面孔就可能让自己成为受害者。这是他们在自己的国家从来都想象不到的遭遇。种族主义对亚洲留学生来说突然变成了真实上演的现实，这让因为疫情被困在美国的亚洲留学生感到无比恐慌和无所适从。连住在阿默斯特如此安全的大学城在反亚裔浪潮高涨时我都会在出门时感到丝丝不安，虽然并没有任何不好的事情在我身上发生。

据非营利组织"停止亚裔仇恨报告中心"（Stop AAPI Hate）2021年发布的全国报告，从2020年3月19日到2021年6月30日，中心共收到9081起反亚裔事件的报告。当中，针对华人的仇恨事件占44%，高于其他亚裔群体。没有登记的事件更是不胜其数。在所有仇恨事件中，女性受害者占比超过63%。

最恐怖的事还是发生了。2021年3月16日，一名枪手接连到亚特兰大的三家按摩店开枪射杀平民，最终导致8人死亡，其中6名是亚裔女性。当亚裔社区还在为如此极端的仇恨感到震惊并试图悼念逝去的灵魂时，事发地切罗基县警长杰伊·贝克（Jay Baker）却在新闻发布会上告诉媒体，对亚裔女性的性瘾可能是导致枪手犯罪的原因，甚至还为枪手开脱说他"今天一定是因为过得不开心"，言外之意是因为他生活不如意才去行凶。

这让我想起美国知名政治学家和女权哲学家，艾丽斯·玛丽恩·杨（Iris Marion Young）在《压迫的五张面孔》（*Five Faces of Oppression*）中所写的关于文化帝国主义的内容。她说占主导地位的群体将其他群体刻板化、让他们低人一等，目的是将自己作为主导群体的经历投射为人类文明的代表。

贝克警长的言论遭到了亚裔群体和美国主流媒体的炮轰，也进一步让人们联想到亚裔群体自19世纪以来在美国受到的制度性压迫。反亚裔情绪从来都没有从美国消失，新冠肺炎疫情的大流行只是起到了让其爆发的催化剂的作用。艾丽斯将压制性的暴力行为描述为非理性的，其核心动机就是来维持主流群体的特权或统治。而这正是亚裔群体（也包括非裔等其他少数族裔）在美国几个世纪不断经历的挣扎。

美国反亚裔种族主义简史

针对亚裔移民的种族主义可追溯到 19 世纪初亚裔移民首次抵达美国之时。第一批移民是鸦片战争后前来寻找新工作机会的中国劳工。他们被加州的淘金热所吸引，到19世纪中叶，一度占到了加州总人口的10%，接近25 000人。

尽管中国移民在采矿、农业和横贯大陆的铁路建设上做出了巨大贡献，但本地的工人却对他们充满敌意，认为他们是一种威胁，包括对他们健康的威胁。中国劳工被贴上了 "黄祸"（yellow peril）的标签，被描述为肮脏、疾病缠身、具有侵略性且被看作是永远也不属于美国的外来人。报纸、医学出版物和政府官员等进一步散播这些刻板印象，加深公众对中国劳工的偏见。

到19 世纪末，美国的北方邻居加拿大温哥华市的议会出于监管目的，将唐人街与下水道和屠宰场归为一类。20 世纪初，当地官员在鼠疫期间对华人社区实施了极端限制，导致整个唐人街社区被烧毁。

美国1875年通过的《佩奇法案》（Page Act）甚至禁止中国女性进入美国，以限制中国劳工组建家庭。仅仅七年后，1882年的《排华法案》（Chinese Exclusion Act）让排华法律达到了巅峰，彻底终结了中国移民的到来，并阻止所有居住在美国的中国人获得公民身份。法案生效后，已经身处美国的中国移民遭受了大规模私刑和被迫流离失所。

1917 年，美国国会通过了一项限制性很强的移民法，要求 16 岁以上的移民必须通过文化测试，并禁止划定的 "亚洲禁区" 内的公民移民到美国。对中国移民来说，1882 年的《排华法案》已经禁止他们入境美国，但这项法律将禁令扩大到许多其他亚洲国家。

1924 年 5 月 26 日，美国政府颁布了基于优生学（Eugenics）制定的《1924 年移民法》，全面禁止来自亚洲的移民。该法案也旨在限制所有到美国的移民人数，尤其是来自东欧、南欧和亚洲的移民。

签署这部移民法的美国总统叫卡尔文·柯立芝。他是美国第三十任总统，也碰巧是阿默斯特学院1895届的毕业生，是学院历史上唯一一位成为美国总统的校友。他在签署该法案时说："美国必须保持其美国性（盎格鲁-撒克逊人）。"这与2016—2020年执政的特朗普总统宣扬的"Make America Great Again"（让美国再次强大）的标语所崇尚的"白人至上"主义异曲同工。

1924 年的移民法还收紧了原籍国配额制度。以前的配额是基于 1910 年人口普查的人口数据，但 1924 年法案是基于 1890 年的人口普查，目的是刻意降低非白人国家的配额数量。1924 年的制度还考虑了美国全体人口的民族血统，包括自然出生的公民，刻意增加来自英国和西欧的移民人数。该法案得到了联邦政府资助的优生学家们的支持，他们认为 "社会上的劣质人口"（social inadequates）污染了美国人的基因库，消耗了纳税人的资源。该法案的配额制度一直实施到 1965 年。

1965年10月3日，林登·约翰逊（Lyndon Johnson）总统签署了《哈特-塞勒移民法》(Hart-Celler Immigration Act)，取消了对亚洲、非洲、南欧和东欧移民的限制性配额。配额制的移民法律直到现在都在影响和主导着美国的移民体系，亟待改革。

第二次世界大战期间，美国将反亚裔的种族主义转向了一个特定目标——日本。1941年，日本偷袭美国珍珠港后，罗斯福总统以国家安全为由下令强制迁移约 12 万名日本人，将他们关进集中营，尽管其中 60% 以上都是美国公民。

时间快进到1992 年，处于假释期间的非裔美国男子罗德尼·金（Rodney King）因酒后超速行驶被拦后拒捕袭警，遭到警察的暴力制服。后因暴力执法

美国第三十任总统卡尔文·柯立芝。他是阿默斯特学院历史上唯一一位当过美国总统的校友，毕业于1895年（照片来源：美国白宫 The White House, https://www.whitehouse.gov/about-the-white-house/presidents/calvin-coolidge/）

的四名警察被无罪释放，引发了大规模的骚乱。洛杉矶的韩国城遭到大肆抢劫和纵火。然而，警方几乎没有提供任何保护，这与大多数白人社区形成了鲜明对比。

20 世纪 50 年代，由于亚裔在教育和事业上的成功，"黄祸"的刻板印象逐渐被"模范少数族裔"（model minority）的标签所取代，但在政治上的发言权和在美国主流社会的影响力还是微乎其微。

《纽约时报》于20世纪60年代发表的一篇文章中第一次使用基于日裔美国人的成功而创造出来的"模范少数族裔"一词。这一刻板印象随后被白人统治阶层用来抨击黑人民权活动者们，驳斥他们想得到更多社会福利的要求，并将他们的诉求与 30 万美籍亚裔通过辛勤工作而积累财富并获得社会认可做鲜明的比较，从而使黑人的斗争失去合理性。

许多亚裔社区的成员对"模范少数族裔"这一标签表示反感，因为它掩盖了亚裔群体所经历过的挑战，而这些挑战都是由政府煽动的歧视和暴力造成的。对许多亚裔美国人来说，"模范少数族裔"的标签抹杀了不同亚裔群体之间的多样性，误导政策制定者忽视影响不同亚裔群体间的突出问题，并进一步分化少数族裔群体。

在其他现代流行病期间，如 2003 年的非典（SARS），亚裔美国人同样遭受了被排挤、不被信任和被公众所恐惧。2020 年 1 月份，当新冠肺炎疫情病例首次出现在美国时，纽约唐人街的生意锐减了 60%—70%，而当时本应是庆祝农历新年的时间，也是唐人街一年中最繁忙的季节。纽约市政府在 3 月中旬颁布堂食令后，唐人街将近94 % 的中餐馆都被迫关门。与此同时，特朗普政府对亚裔群体的敌对言论正试图将他们自己对疫情处理不当的责任完全归咎于中国政府和中国人。在所有群体（不分种族）都应团结一致抗击病毒的时候，亚裔群体却被进一步边缘化和妖魔化。

反亚裔种族主义对招收中国留学生的影响

2020年初，反亚裔种族主义行为最猖獗的时候，中国的行业组织——中国升学指导研究中心（China Institute of College Admission Counseling）

做了一项问卷调查，了解中国学生对美国作为留学目的地的看法。调查显示，36%的中国高中生决定暂停赴美留学的计划。其中，半数受访的学生认为反亚裔种族主义是他们最担心的问题。

2018年8月份，我到首都华盛顿离白宫只有一个街区之遥的JW万豪酒店参加一年一度、为期两天的EducationUSA峰会。EducationUSA是美国国务院下属的专门在全球推介美国高等教育机会的政府机构，总共有430多间、分布在170多个国家和地区的咨询中心，包括中国。参会的基本都是美国高等院校负责全球招生的招生官和EducationUSA全球各地咨询中心的咨询师。

年会上，与会的大学代表都被邀请到一间会议室听一场关于中国"威胁"论的讲座。讲座请来了美国国土安全局分管反恐和学生交流学者管理系统的负责人、负责签证的外事处官员、FBI国际知识产权特警，以及商务部、国防部和国务院的官员，阵仗很大。讲座的内容透露出非常强烈的政治敌意，甚至还鼓励在座的招生官在审阅中国区申请的时候留意可能的间谍。

我作为一个中国人坐在观众席里听得浑身不舒服，恨不得站起来表达抗议。抗议的不是他们工作职责内的调查，而是因为他们将本应该对国际学生敞开怀抱的招生官聚集到一起，向我们灌输特朗普政府对中国的政治敌意。"甄别间谍"不是我们招生官的工作，更不是我们需要花时间去思考的问题。开幕式的主旨演讲更是对中国充满了敌意，强调如何将中国学生进行"同化"（integration）。在场的招生官和EducationUSA的咨询师们面面相觑，面露尴尬。

特朗普下台后，在拜登执政期间再去参加年会时，就再也没有出现过刻意针对某一个国家的敌对论调。讨论的问题也完全回归了正轨，主旨演讲也非常真诚地欢迎所有国际学生来美国学习和体验美国文化。

会议开完两个月后，据《金融时报》（*Financial Times*）的报道，特朗普手下的白宫高级顾问史蒂芬·米勒（Stephen Miller）试图说服特朗普禁止所有中国留学生入境。史蒂芬极端鹰派的提议与1882年的《排华法案》如出一辙，只不过发生在大约140年后的2020年。

虽然他的提议之后被驳回，因为拒绝中国学生入境将会给美国经济和两国外交造成难以想象的恶性影响，但他的言论又一次让中国学生和家长感到美国是一个不欢迎他们的地方，也让世界认识到特朗普和围绕他的政府官员的种族主义行为可以如此毫无底线。

2020年，特朗普又签署法律禁止就读于与中国军方有关的中国大学的研究生和研究人员进入美国，因为担心他们会窃取美国的知识产权。在他的指导下，美国国务院迅速撤销了1000多张中国留学生的签证。这些不友好的信号让准备未来赴美留学的中国学生感到担忧，尤其是他们的父母，不仅担心他们为子女赴美留学所做的所有努力会在一夜之间付诸东流，更担心他们来到美国后的人身安全。

2020年美国学生与交换访问者信息系统公布的学生签证数据显示，当年国际学生新生入学率骤降了72%。当然，这当中也有因为疫情导致的国际旅行的限制因素。美国900所大学所使用的通用申请系统称，中国学生秋季的入学率下降了18%。

2019—2020学年，共有372 532名中国学生在美国高校注册，占所有注册国际学生的35%。中国学生为美国大学提供了重要的资金来源，并为美国经济贡献了150亿美元。这种下降趋势以及疫情和政治上的敌意，可能会长期影响中国学生赴美留学的趋势，让多年来一直依赖中国学生入学的高校出现财政压力。

波士顿学院国际高等教育界最知名的学者，也是我的两名教授，菲利普·阿特巴赫（Philip Altbach）和汉斯·德·威特（Hans de Wit）认为，疫情虽不会对国际学生流动构成永久性威胁，但恢复到疫情前的水平可能需要很长一段时间。对中国学生来说，要恢复到疫情以前的人数规模可能需要更长的时间。

大学独立的声音

当反亚裔种族主义在疫情初期，尤其是在亚特兰大枪击案发生后开始激增时，美国众多大学校长纷纷发表声明对自己大学社区内的亚裔社群表达声援和支持。这让很多亚裔家长吃了定心丸，因为他们知道美国大学并不认同特朗普政府的排外言论，而特朗普的言行和态度也并不代表美国高等教育界。

这也是我在疫情当中所主持的众多场在线讲座上反复跟中国学生和家长强调的，那就是，特朗普政府不代表美国大学，而美国大学会一如既往地敞开怀抱欢迎和支持来自全世界各地的留学生，包括中国留学生，而且会继续为保护留学生的福祉做出努力。

大学还可以做什么？

2021年反亚裔情绪还在高涨时，我在行业主流媒体《世界大学新闻》（University Worlds News）上撰文表达我自己对美国大学应该如何应对反亚裔种族主义的看法。让我没有想到的是，文章在行业内被广泛传播和阅读。我在文章中给出了几条美国大学应该尝试实践的建议以更好地帮助正在面临巨大困境的亚裔学生，尤其是亚裔留学生。

第一，美国大学应该继续为大学社区中的亚裔学生表达支持和声援，并提供切实的短期和长期行动计划，让整个大学社区的成员都有机会了解亚裔所遭受的歧视和支持反亚裔种族主义的努力。这种呼吁和支持应该直接来自大学校长，这样可以提高事情的严重程度，有助于整个校园对这一问题产生共鸣。

根据美国修辞学家劳埃德·比泽尔（Lloyd Bitzer）的修辞情境理论，如果能清楚表述事件的紧迫性（exigence）、事件所涉及的人或者人群（audience），以及阐述能够阻止改变发生的潜在限制（constraints），言辞（在这里指来自校长的声明）就有可能改变人们的行为。如果校长不发表任何声明或发表了一份空洞的声明，这不仅错失了让整个大学社区进行学习的机会，也会进一步伤害亚裔学生，让他们感觉自己再一次被忽视和遗忘。

第二，美国大学不能仅仅将亚裔留学生视为财政收入来源，虽然他们的确给美国的高等教育和经济提供了丰厚的回报。美国大学需要认识到亚裔留学生在面对反亚裔种族歧视时在校园以及在整个美国社会经历的独特挑战。要做到这一点，大学应该创建单独的空间和提供专业的帮助，为亚裔留学生和所有其他有色人种留学生创造一个可以安全地表达和分享自己遭遇和体验的环境。

阿默斯特学院开展的一项名为"国际学生种族化"（Racialization of International Students）的项目就是一个很好的例子。该项目由国际学生活动中心（Center for International Student Engagement）和多元文化资源中心（Multicultural Resource Center）联合组织，重点关注有色人种留学生在涉及种族和种族主义话题时的经历和挑战，让他们在美国种族多元化的社会环境中对自己所代表的种族身份有更深入的了解，以及懂得如何表述自己的遭遇和寻求帮助。

第三，美国大学应该考虑在国际新生报到时为他们举办专门的介绍美国种族历史和种族主义概念的工作坊。这将使留学生在今后面对潜在的种族主义事件时能够更准确地理解自己的遭遇，使他们在有关种族和种族主义的对话中有足够的理解力和词汇来表达自己独特的立场，并让他们在不幸遭遇种族仇恨言论或者行为时能够表达自己的需求和寻求帮助。这样的培训会让留学生反客为主，赋能他们成为校园或者社会变革的推动者，与校园内外系统性的种族主义作斗争。这并不是一件很难的事情。普林斯顿大学要求所有大一新生完成入学培训模块中专门介绍普林斯顿大学自身的种族主义历史以及学生的反馈在促进学校变革中所能产生的积极能量。

第四，美国大学应该加强心理咨询中心的人员配备，聘用更多精通外语或具有国际背景的咨询师，为国际学生提供更具文化敏感性的咨询服务。一般来说，留学生在从本国文化过渡到另一种文化（即东道国文化）的过程中会很自然地遇到心理健康问题。自新冠疫情暴发以来，他们中的许多人一直在承受着额外的压力，包括在远离家人的异国他乡与世隔绝，在非母语的环境中应对健康问题和种族暴力等。这些都是他们与国内同龄人不同的经历。阿默斯特学院和塔夫茨大学的咨询团队都有会外语和来自国际背景，包括中国背景的心理咨询师。他们非常擅长为留学生提供生活过渡、文化适应和种族困境方面的咨询服务。

让我感到惊喜的是，阿默斯特学院在2024年3月宣布，学院将新增一个专业：亚裔美国人和太平洋岛民研究（Asian American and Pacific Islander Studies）。学院也是美国所有文理学院中第一所开设此专业的大学。这个专业来之不易，是过去三十多年来亚裔和太平洋岛裔在校生、校友以及教授们努力发声争取来的。专业的设立将通过历史、文学、社会科学、性别研究等课程，让学生可以从比较和跨学科的角度了解亚裔美国人和太平洋岛民这一社群，了解他们的文化、经济、心理、历史、社会和跨国性。这将大大增加亚裔师生群体在学院的可见度，也会为美国社会培养很多能够为亚裔和太平洋岛民发声和带来积极改变的活动家。

中国留学生和高中可以做什么？

在反亚裔情绪高涨的疫情期间，我在公开的讲座和私下与中国升学指导行业内的同事们交流的时候都曾呼吁中国的高中、学生和家长应该为此做相应的准备。这样学生来到美国后会更有准备地开启在一个多种族国家的学习和生活之旅。

对中国的高中来说，他们可以组织专门了解和探讨关于美国种族和种族主义，特别是反亚裔种族主义的工作坊、讨论会、专家讲座、阅读讨论会和电影观摩讨论会，等等，让学生在高中期间就接触和了解亚裔群体在美国社会的独特体验以及美国多种族的社会文化习俗，不仅仅只停留在将美国描述为是个"文化大熔炉"这一表面的认知。学生和家长也可以主动涉猎关于亚裔群体在美国生活和思考的书籍或者纪录片等来丰富自己的认知。

哪怕是在美国，很多人也并不了解亚裔所经历的独特挑战。对像我一样从亚洲来的留学生来说，我们作为外国人的体验跟在美国土生土长的亚裔群体有很大的不同。所以疫情期间我也读了很多讲述亚裔美国人经历的自传，感受美籍亚裔与我们完全不同的人生体悟。

我挑了几本我读过的书在这里推荐给大家。这些仅仅是关于亚裔在美国经历的一小部分书籍。我并不是说这几本书是最好的，但这些是我看过并给我留下很深刻印象的。感兴趣的读者可以以这几本作为起点，阅读更多其他好的关于亚裔在美国经历的书或者文章。

《中国制造：爱与劳作的回忆录》（*Made in China: A Memoir of Love and Labor*）

作者：瞿娜（Anna Qu）

这是一部从中国移民到美国的女性的回忆录。安娜的母亲离开中国到美国寻找美国梦，她却被留在中国与祖父母生活了五年后才被接到美国。到了美国，年幼的她被母亲安排到纽约皇后区的血汗衣服加工厂打工，在家里也被母亲冷落，几乎被当成佣人。除了文化上的冲击，她还感到无比孤独，并对新的生活和家庭环境产生怨恨。而她的母亲非但没有理解她的痛苦，反倒刻意让她吃苦，并告诫她应该知道自己跟中国的同龄人比起来有多幸福。压抑的成长经历，让安娜常年都无法摆脱原生家庭给她带来的冷落和遗弃直到成年。

《美丽的国度》（*Beautiful Country*）

作者：王乾（Qian Julie Wang）

这是一本《纽约时报》的畅销书。作者在七岁时随父母从中国来到美国。初来乍到，她对美国的一切非常不适应。父母在中国时是大学教授，而在美国，他们却变成了无证移民。为了生存，父母到唐人街的血汗工厂工作。生活的不顺让他们时常吵架，他们把对生活的不如意全部都发泄到对方身上。由于作者的英语水平有限，在学校她被老师和同学嫌弃，只好躲到图书馆通过阅读来提高自己的语言水平。本书中，作者用她细腻的文笔描绘了自己在无证移民的阴影下面对家庭支离破碎的成长经历，以及自己从未停止的寻找光明的探索。

《诉说，冲绳》（*Speak, Okinawa*）

作者：伊丽莎白·米基·布里纳（Elizabeth Miki Brina）

作者伊丽莎白的母亲在美国占领冲绳时在夜店做陪侍，后遇到自己的父亲，一名白人美国士兵。父母间有很大的语言障碍，但这没有阻止他们组建家庭并养育了伊丽莎白。伊丽莎白在美国有着典型的美国童年和青少年成长经历。伴随自己成长的是伊丽莎白逐渐意识到自己不仅对母亲的国度异常陌生，并且自己也与美国同龄人格格不入。这一切都与她一半白人血统，一半亚洲人血统有关。

《少数派的感受》（*Minor Feelings*）

作者：凯茜·朴（Cathy Park）

凯西在这本书里将自己的回忆录与文化批判和历史融为一体，揭露了美国种族意识的真相。她是韩国移民的女儿。在美国的成长过程中，她时常因为主流文化让她作为美籍亚洲人感受到耻辱、自我怀疑和忧郁。她以自己的成长故事为切入点，深入探讨了当今美国的种族意识。

《棚户屋》（*House of Sticks*）

作者：陈李（Ly Tran）

Ly刚学会走路就随着父母从越南移民到了纽约皇后区的一幢公寓楼内。她的父亲是一名南越军队的中尉，在战俘营里被关了近十年。来到美国后他们全家以打零工为生。随着年纪的增长，她渐渐意识到自己被夹在了两个世界当中。她既要尊重父母的佛教信仰为家庭支出做贡献，跟她母亲一起成为了美甲沙龙的美甲师；同时，她在学校里又感受到了巨大的压力，无法融入周围同学的圈子。在她因为看不清黑板而央求父亲给她配眼镜时，却被父亲硬生生拒绝，称她视力不佳的诊断是美国政府的阴谋论。父亲的妄想症和暴脾气给她的成长留下了巨大的阴影。在她家人对她的期待之外，她也在思考自己到底是谁。

《合伙人之路》（*The Partner Track*）

作者：海伦·万（Helen Wan）

这是一本小说。作者Helen Wan是阿默斯特学院1995届的毕业生，毕业后成为律师。书中的主人公也是一名亚裔女性律师。虽然这是一本小说，但作者开始写作的时候刚加入一家律师事务所，因此小说跟现实也有一定的联系。主人公Ingrid的人生充满了各种第一，她是第一代美籍华人，是家里的第一位律师，而且也有可能成为她所在的律所第一位亚裔的女性合伙人。故事就围绕她在律所的晋升之路展开。本书还被奈飞改编成了电视剧。我觉得书和电视剧都很不错。

《唐人街内部》（*Interior Chinatown*）

作者：游朝凯（Charles Yu）

这也是一本小说，但是采用了电影剧本的叙事结构。故事的主人公叫Willis Wu，他在一部虚构的警匪片中一直扮演"背景东方男人"，毫无存在感，并偶尔扮演"送货员"。他一直梦想着有一天自己在全世界的大荧幕上扮演"功夫小子"。这本书通过主人公的遭遇引起人们对美国的种族、流行文化、移民、同化，以及逃避我们要被迫扮演的人物的思考。

阅读这些书很大的作用之一就是能让我们与主人公的经历进行共情，特别当我们能从他们的经历中看到自己成长的影子时。只有当我们对自己的身份认同有了深入的了解，才能在受到不公待遇以及看到其他少数族裔群体受到不公待遇时能够更强有力地发声。

不管是来美国短期访问还是长期学习和生活，中国留学生都应该意识到他们来到了一个跟自己出生成长的环境截然不同的地方：不同的语言、不同的饮食习惯、不同的种族、不同的文化、不同的社会契约，以及不同的表达自我诉求的方式和途径，等等。对留学生来说，不能简单地将赴美留学看作是一场与大学之间的商业交易：我交了学费，大学要为我提供相应的服务，仅此而已。如果用这种心态来美国或者世界其他国家留学，那必定会错失很多深度了解美国和其他国家当地社会和文化的机会，更会错过很多认识、提升和升华自己的机会。而这些才是出国留学最大的意义所在。

社会化循环和寻求解放

仅仅是意识到种族之间的不同还不够。就像美国教育家鲍比·海罗（Bobbie Harro）所设计并被广泛学习的社会化循环（Cycle of Socialization）中所说的，人们通常想当然地认为当我们开始欣赏和尊重我们之间的不同时，例如种族、肤色、性别、身体能力、宗教、性取向、社会阶层等，并且用尊重的方式互相交流，那世界就会变得非常美好，也就不会出现种族压迫。就像上文提到的1992年洛杉矶暴乱的导火索主人公罗德尼·金在回应这场暴动时说："为什么我们就不能和平相处呢？"海罗说，世界确实应该如此简单，但很遗憾并不是。

我们每个人在出生和成长的过程中都会因为我们成长环境的不同而养成不同的思考和行为习惯。我们可能经历着被压迫的角色，同时也可能扮演着压迫别人，甚至维持不公现状的角色。我们每个人都有责任来认识自己所扮演的社会身份以及我们的身份是否让我们产生了对其他族裔有深刻偏见的想法。

有一次我到老家海边的一家西式装修的咖啡厅喝咖啡。去卫生间的时候发现马桶上方的墙上挂着一幅画，画的是历史上美国南方的棉花种植园里一群黑人奴隶在地里干活的场景。我随后跟朋友到前台跟老板提出这幅画的问题，并热心提议最好能将这幅画摘掉，因为这幅画有可能会引起外国游客以及知晓这幅画背后含义的客人的不适。

老板听后的第一句话却是："这是我花很多钱买来的。" 言外之意是不挂多可惜。咖啡店老板也许并不认为自己的行为有任何不妥，改变也就更无从谈起。当然，这也是我们很多人，包括我自己在内，都曾经有过的经历。

海罗也给出了我们打破这种僵局的方法。他将其称为获得解放的循环（The Cycle of Liberation）。

第一步：觉醒。

人们一旦有了跟自己以往经历的事情不同的体验后，就会开始觉醒。例如，一对白人夫妻收养了一名黑人小孩，在抚养孩子长大的过程中会突然意识到自己有很多以往并没有意识到的种族主义态度。又或者，一名身体健全的员工与一名身体有残疾的同事共事，时间越长越会觉得自己有残疾的同事跟自己一样正常，可以胜任这份工作，只是身体的健全程度不同。这些有意识的思考可能预示着整个循环的开始。

第二步：做好变化的准备。

当我们有了新的正确的认知，就很难再回到以往有偏见的认知中去。在这个过程里，人们会有意识地去打破一些以往不正确的认知，并根据这些新的认知来建立新的世界观和价值体系。人们也会反思自己的理念、意识和行为，通过教育自己来不断地学习（learn）和抛掉旧习（unlearn）。例如，这对白人夫妻通过学习黑人在美国的奴役历史来了解黑人在社会中遭受的制度性的歧视。这名身体健全的员工通过阅读书籍了解身体有残障的人士在争取平等工作权利上所做出的努力，或者观看专注身体残障人士在社会生活和就业过程中真实体验的纪录片等，建立自己对身体残障群体更深入和客观的认知。

第三步：伸出手去。

当人们开始做准备时，他们会很自然地开始探索自己的思考和行动之外的经历。人们开始通过与他人的沟通来锻炼自己新的技能和学习表达自己新的认知。在这一步，人们会感受到周围的世界和人是如何回应自己新的认知的。

例如，这对白人夫妻在跟其他白人夫妻聚餐聊天时表达他们对"黑人命贵"（Black Lives Matter）运动的支持，表达他们对黑人在美国遭受制度性不公所持的反对态度，以及为试图改变而做出的努力。当这名身体健全的员工在跟自己其他身体健全的朋友侃大山时，听到自己的朋友用侮辱性的语言描述身体残障的群体时，站出来告诉自己的朋友这是错的，并表达自己希望他们以后不要用类似的语言来描述他人。

第四步：联合。

当人们打破了认知障碍，寻求到了他人的联盟，就可以开始做出行动来改变被压迫的现状了。通过联合他人，人们开始意识到与他人的联盟可以带来更大的改变力量。在这个过程中，我们已经走出对不公的现状最初的情绪层次的不满，而是朝着改变的方向做出实际的努力。努力付出并不代表就一定能取得成功，但最起码会增加成功的筹码。

第五步：创造改变。

在这一步，人们开始用批判的角度来审视当下境况的假设、思考、规则和角色，并通过与他人联合的方式开始创造新的文化、架构和规则。例如，这对白人夫妻加入了当地一家为黑人社群争取权益的社会公益组织，并在当中扮演积极的角色；这名身体健全的员工通过自己的努力改变了公司招聘过程中对身体残障人士的偏见；等等。

解放循环的最后一步：保持。

为了能够保证最后的成功，新的改变需要不断完善、监督并融入每日的正常生活中。新的文化、架构和规则一定会有很多瑕疵。为了能够不断完善，以及保证整个过程的完整性和保真性，这就要求维护者群体必须有多元化的代表。这样，人们追求的公平、正义才能真正被所有人共同享受。

对我们大多数人来说，面对种族主义以及种族主义带来的社会不公，我们还仅仅是处于第一步，甚至还没意识到第一步的存在。当人们开始觉醒的那一刻到来，无论是什么时候，努力做出改变都不会晚。

第十一章 全球出差那些事

每年，美国大学的招生官都会到全国和世界各地的高中进行访问，与感兴趣的学生见面，介绍自己代表的大学和回答学生关于学校和申请的问题。这也是做招生官这份工作最有吸引力的地方之一，可以通过工作走遍全美国和世界

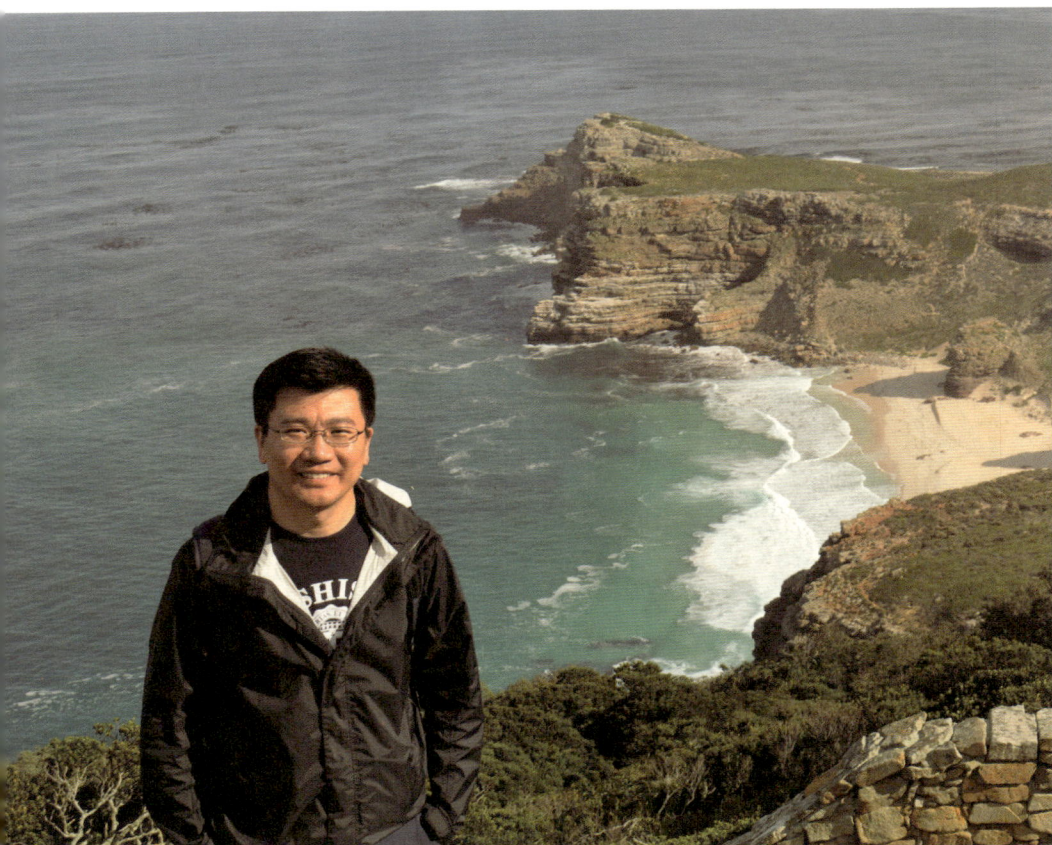

我到过最远的地方是南非的好望角。除了中东和大洋洲，我的招生足迹遍布世界各地

各地。

我在2015年刚加入阿默斯特学院的时候，只有不多的全球旅行经验。突然，整个世界都变成了我潜在的出差目的地，这让我难以置信且兴奋不已。出差最主要的目的是宣传学校。其次，亲身到访当地也能让招生官更近距离了解到访州、地区或者国家的教育体系、教育理念、学术课程设置、社会文化，以及学生的学习和生活处境，等等。最终，这些认知都会被招生官带入申请的审阅中，以帮助他们做出最恰当的评审结果。

很多人会纳闷，阿默斯特学院如此顶尖的大学还需要到世界各地招生吗？向往这所学校的学生如此之多，哪怕招生办哪里都不去也不愁招不到好的学生。这听起来似乎有道理，但现实并非如此。

首先，与阿默斯特学院交叉录取最频繁的大学都是美国最顶尖的大学，例如哈佛大学、耶鲁大学、斯坦福大学和麻省理工学院等。换句话说，我们的竞争对手实力不容小觑，如果我们不主动积极地到全国和世界各地介绍学校，很有可能会错失优秀的学生，或者当学生被阿默斯特学院和上述几所大学同时录取后，他们会选择其他学校入学。

其次，文理学院以及文理学院所提供的博雅教育在美国和世界各地还是缺乏广泛认知的。比起综合型大学已有的知名度，我们需要花费更多的时间和精力向公众介绍文理学院的设置和博雅教育的优势。

再次，美国大学非常注重学生群体的多元化，而阿默斯特学院又是一所为国际学生提供非常慷慨的财政补助的大学，因此我们的招生注意力会完全放在搜罗全世界最优秀的学生身上，而不考虑他们的支付能力，而他们也是和我们竞争的大学招募的对象。招募优秀学生，尤其是寒门优才，需要花费更大的力气并且需要财力上的支持。

最后，对中国来说，由于距离美国遥远，再加上留学市场鱼龙混杂，关于留学的信息真真假假，招生官的到访可以为学生提供第一手的、最可靠的信息。

虽然国际招生是我作为国际招生主任的主要工作职责，但每年我还是会花

在波斯尼亚和黑塞哥维那（波黑）举办招生宣讲会

一到两个星期到美国不同的州出差，招募本土的学生，例如，纽约州、马萨诸塞州、缅因州、佛蒙特州、新罕布什尔州、科罗拉多州、康涅狄格州、伊利诺伊州和密歇根州，等等。在圣十字学院时我还负责过得克萨斯州和罗德岛的招生。国内出差相对比较简单，一个人一台车，一天可以拜访四五所学校。每次出完国际差再出国内的差会有种如沐春风的轻松感。

美国著名演员蒂娜·菲（Tina Fey）和保罗·路德（Paul Rudd）曾经拍过一部很有意思的讲大学招生官爱情故事的电影《爱在招生部》（*Admission*）。蒂娜·菲饰演的是普林斯顿大学的一名招生官，在电影里有她开着租来的轿车跟着导航的指引到高中去拜访的桥段，很符合现实中我们在国内出差时的样子。当然电影里描述的是美国本土的招生。我很期待好莱坞用国际招生官到世界各地招生为原型创作一部跨国的爱情电影，应该会更有意思。

在科罗拉多州一所高中作为嘉宾参加学校组织的大学日活动

在阿默斯特学院出差的第一年，招生办用的还是从20世纪六七十年代传承下来的黄纸反馈单，很多因年代久远已经发黄，字迹也变得陈旧。我甚至还看到了办公室前任主任在世纪更替的年份到中国访校的记录，还爬过长城。每份档案对应一所学校，上面写满了过往的几十年里我们对这所学校的访问记录，包括时间、哪位招生官、学校接待的升学指导老师是谁、整个访问的过程进行得如何、跟学生的互动如何，以及有没有停车位的小贴士，等等。

对想访问的学校，我们会打电话或者发邮件到升学指导办公室跟指导老师商量具体时间安排。访校行程安排好后，办公室的助理会从铁皮档案柜里找出相对应学校的黄纸反馈单，以便访校时我们随身携带并记录新的内容。从2016

2022年，我跟两所文理学院的同事在瑞士拜访了一所每年总花费将近14万美元的寄宿高中。学校的硬件和学术配置的奢华程度让人难以置信

年初开始，我们终于放弃了这种古老的记录方式，开始迈入了"现代社会"。所有访校记录全部在网上的系统里录入。

虽然传统的访校季节在秋季，但对国际招生来说，我们的访校安排从春天就开始，一直贯穿一整年。我通常一年的出差安排包括：4月份到加拿大，5月份到非洲，9月份到亚洲，10月份到拉丁美洲，11月份到欧洲。国际团队另外的同事还会去大洋洲、中东和加勒比海地区。我的最高出差纪录是一年内乘坐了64次航班，到访了5个大洲、26个国家的42个城市，总飞行里程151 065公里，可以绕地球将近4圈，在空中飞行的时间加起来总共有218个小时。

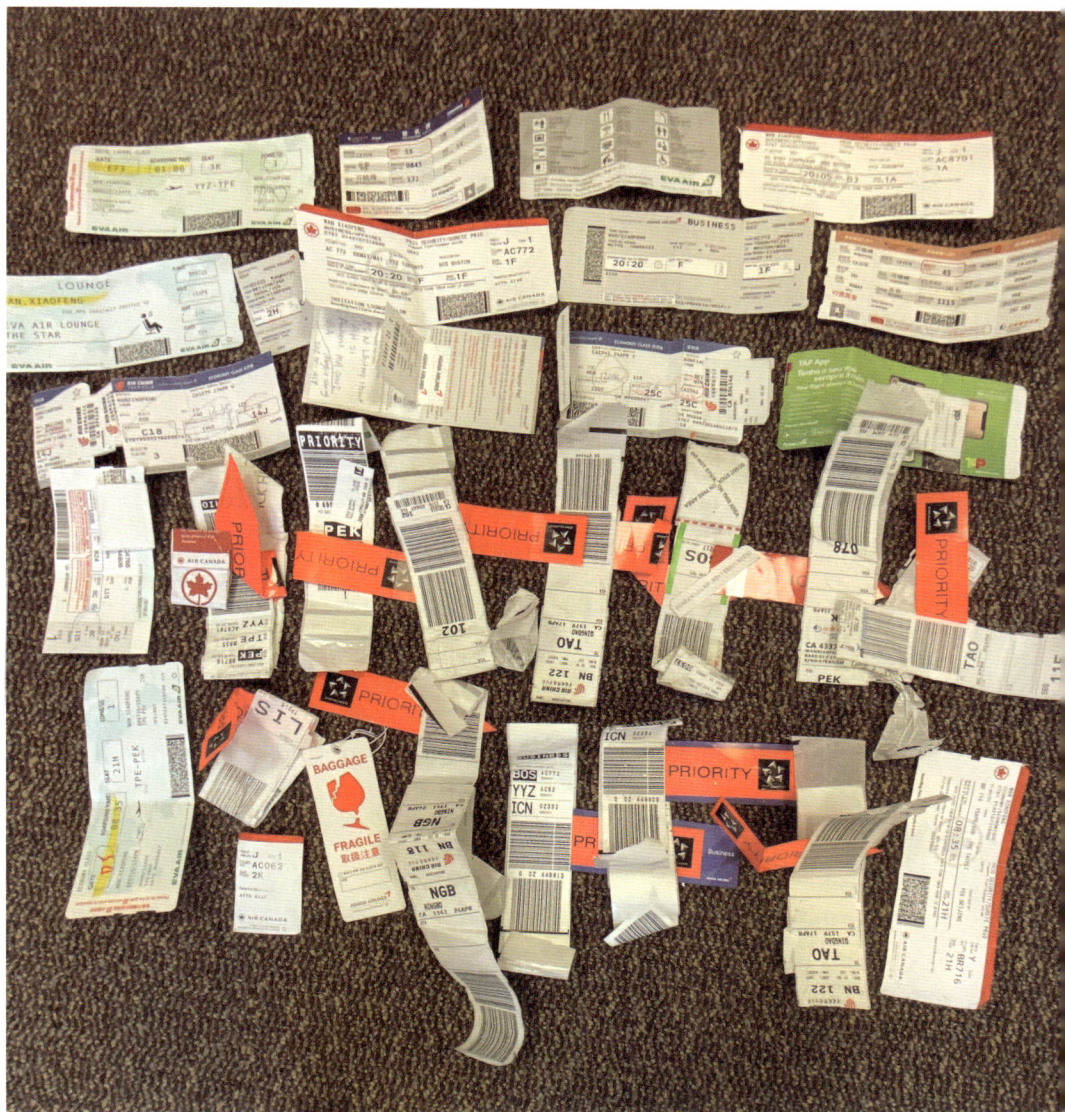

我有收集托运行李标签和登机牌的习惯，至今已经有几百张。图中这些是一趟去亚洲的差旅后收集起来的

本章我想通过几则出差中的见闻和观察，跟大家分享招生官在招募国际学生的工作背后那些不被大多数人所知晓的经历和感悟。

在中国与"劲敌"强强联合的招生策略

最近十几年，中国成为美国国际学生最大的输出国。中国留学生为美国大学提供了源源不断的学费收入，为美国经济注入了每年上百亿美元的贡献。很多大学将招募中国留学生作为他们国际招生的重中之重。

作为小型的文理学院，阿默斯特学院每年入学的人数只有473名，其中10%左右是国际学生，包括10名左右的中国国籍学生。中国学生看似不多，实际已经占了所有国际学生总数的15%。

跟其他大学动辄成百上千地录取中国学生不同，阿默斯特学院并不将国际学生作为财政收入的主要来源，因此在招生和录取政策上跟美国绝大多数大学有质的区别。我们在制定国际招生策略的时候会将注意力全部放在寻找全球最优秀的学生上，并不会考虑我们所到的学校或者国家是否有学生能够负担得起学院的花费。学生被录取后，学院会为他们提供百分之一百的按需补助以及免除贷款的政策。

2018年，招生办很荣幸地获得了一笔不菲的来自一名中国校友的慷慨捐赠，让我们有了学院历史上第一笔专门针对中国区的招生预算。这位校友就是阿默斯特学院历史上第一位中国籍毕业生，阿默斯特学院校董会前董事以及摩根士丹利中国区前总裁，也是LVMH集团史上首位华人女董事孙玮女士。有了孙玮的支持，招生办有了更大的在中国的发挥空间。疫情后，在所有招生区域预算都被大幅削减的情况下，只有中国的招生活动因为她的捐赠而没受到任何影响。

有了这笔捐款，同年秋季，我联合了阿默斯特学院的友校威廉姆斯学院的招生官一同到中国举办招生宣讲会和专门针对驻校升学指导老师的申请工作坊。两所学院的强强联合让我们吸引来了更多的学生和家长，北京和上海的场次几乎场场爆满，这也让我们能够在有限的时间内以最直接的方式跟中国学生和家长们交流。

阿默斯特学院和威廉姆斯学院被公认为美国顶级的两所文理学院。无论在学术、科研、学生群体多元化的建设，还是财政实力上，两所学院都在美国全

2018年，我跟威廉姆斯学院的同事（中）和上海一所国际学校的校长一同做客上海电视台《海外路路通》节目，介绍美国文理学院和博雅教育（《海外路路通》节目提供）

国高等院校中处于领先水平，也是友好的竞争关系。

两所学院联合招生的目的并不是要扩大在中国区的申请人数或者录取人数，因为说实话我们这两所学院并不需要更多的申请者，更多的是想向中国的学生和家长们介绍美国独特的文理学院体系和博雅教育的内涵，让他们有更多的信息来帮助自己做出最适合的大学选择。

同时，两所学院有一段不为人知的历史渊源。

威廉姆斯学院的第二任校长西番雅·斯威夫特·摩尔（Zephania Swift Moore）于1815年被推选为威廉姆斯学院院长。当时，威廉姆斯学院正面临倒闭。他以为学院会从偏僻山谷中的威廉姆斯镇搬到阿默斯特所在的汉普郡县，而且他非常支持将学院与当时的阿默斯特高中合并。 结果搬迁的提议遭到了州议会的反对。学院虽然已经苟延残喘，但还是被迫留在了威廉姆斯镇。

看到学院不能搬迁，摩尔于1821年7月向学院董事会递交了辞呈，他说："我现在只想说，上天的旨意已经为我离开这所学院开辟了明确的道路，我已经下定决心要在下一次开学典礼上离开它了。"

学院的学生们对他们敬爱的校长要离开感到震惊，有40名学生决定跟随他去阿默斯特或者宁肯转学去其他学校。也因此，阿默斯特学院应运而生。这也是两所学院一直以来作为竞争对手的开端，有些类似于常青藤盟校的哈佛大学和耶鲁大学之间的"爱恨情仇"。

据谣传，阿默斯特学院图书馆的开馆用书是摩尔校长从威廉姆斯学院走时偷偷带出来的。但威廉姆斯学院从来没有拿出过证据，也导致现在两所学院，包括校长在内，经常拿此事来互相调侃。谣传还说摩尔在离任时从威廉姆斯偷走了教职员工，这其实也没有。虽然后来他的确雇用了很多原来在威廉姆斯学院的教职工来为阿默斯特学院工作，但这都是教职工们自愿应聘的。

虽然是竞争对手，但这种竞争通常是在体育赛事上。在其他方面，两所学院还是更乐于合作。除到中国联合招生之外，我们还一同去南美洲、非洲、亚洲和欧洲举办宣讲会。两所学院虽有共同的历史连接，也都同样是文理学院，但在学术和配套设置上有很大不同。例如，威廉姆斯学院提供独特的模仿牛津大学的导师制课程。选修这些课程的学生，一个班里只有一名教授和两名学生；而阿默斯特学院提供开放性课程，学生可以自由选课，任意设计自己的大学学术道路。阿默斯特学院对国际学生采用慷慨的盲审政策；威廉姆斯学院虽然不实行同样的政策，但还是对国际学生非常慷慨。最重要的是，虽然两所学校设置不同，但同样的博雅教育以及出色的毕业生出路，很好地佐证了文理学院的毕业生也同样非常受雇主欢迎，甚至在未来更有发展潜力。我走到世界各地都会听到雇主告诉我阿默斯特学院的毕业生头脑敏锐，很善于思考。这应该是对任何职场中人最好的褒奖了。

我和威廉姆斯学院的同事在英国访校

　　另外，我们在世界各地联合招生的目的从来不是要说服任何学生或者家庭认为我们两所学院是美国最好的大学，更不是说我们两所学院适合所有学生。我们的目的很单纯，就是希望为学生和家长们提供尽量多的关于学院的信息，让他们真正了解美国文理学院以及文理学院所提供的博雅教育对学生在大学四年中以及未来人生的意义。哪怕他们最终不选择文理学院或者我们两所大学中的任何一所，只要这个决定是建立在充足的信息基础之上，那我们的目的就达到了。

　　这也是我在平日校园宣讲会上跟来访的美国学生和家长直言不讳的。因为很多时候，招生官在介绍学校的时候会不自觉地变成"推销员"，会让学生和家长感觉他们在"兜售"自己所服务的大学，而不是在帮助他们找到和自己匹配的大学。实际上，学生和家长们能很清楚地分辨出招生官的介绍是否真诚。留学的过程已经很让人焦虑了，招生官需要做的是让这个过程尽量透明，这样才算是真正帮到了学生和家长们。

国际政治对学生赴美意愿有直接的影响

2018年，我和威廉姆斯学院以及其他两所学院的同事在巴西出差时正好碰上巴西大选。极右翼领导人雅伊尔·博索纳罗（Jair Bolsonaro）风头正旺。我们在游览里约热内卢基督像时被工作人员告知一定不要徒步下山，因为警力都被调去了投票站，下山的路上有劫匪，我们的安全可能会受到威胁。当我们到达第二站圣保罗的时候，接机司机开的竟然是防弹车，车门和车窗玻璃无比厚重。

博索纳罗因其"反智"的政策和言行被称为巴西的特朗普。他攻击教育和文化行业，对环境保护嗤之以鼻，声称这些都是培养自由派人士的土壤。我们在访校期间，很多学生对这位很有可能当选的总统候选人充满担忧，想离开巴西到国外学习以躲避他的任期。

最终，不出所料，博索纳罗获得46%的选票当选巴西总统。他主政期间大肆削减教育和文化领域的开支。在2019年让全世界揪心的亚马孙雨林大火期间，博索纳罗毫不关心，将大火失控的罪名扣在环境保护的非政府组织身上。2022年大选败给了自己的竞争对手后，博索纳罗像特朗普一样极力宣称投票系统存在欺诈，却拿不出任何证据，甚至连煽动他的支持者闯入国会、最高法院和总统府都与特朗普在2020年煽动支持者攻击国会山如出一辙。

我们在访问一所当地学校时询问学生为什么想去美国留学，学生说："我想离开博索纳罗任职期间的巴西。" 巴西学生对自己总统的担忧跟特朗普当选时国际学生对赴美留学的担忧几乎一样。2016年特朗普当选次日，我正好在希

2017年，我在希腊著名的雅典学院（Athens College）访校。希腊两任前总理乔治·帕潘德里欧和安东尼·萨马拉斯都是阿默斯特学院的毕业生。安东尼·萨马拉斯也是雅典学院的毕业生

腊一所叫美国农场学校的高中访问。在跟学生见面时，被问到的第一个问题就是："特朗普当选了，我们（作为国际学生）该怎么办？" 由此可见，特朗普的排外言论不仅让中国学生觉得美国不是留人之地，连欧洲的学生都担心他的

执政会对他们在美国的求学产生负面的影响。

2018年春季，我跟另外一所大学招生办的同事到埃塞俄比亚的首都阿迪斯阿贝巴招生。走在市中心的路上，迎面走来了两名当地的年轻人。他们问我们从哪里来，我们说美国。我们回问他们有没有去过美国，他们说没有。其中一名年轻人说："现在特朗普当政，我们不想去美国。"

他们对美国的敬而远之并不是没有道理。同年1月份，据《华盛顿邮报》报道，特朗普在一次关于移民改革的讨论会上称非洲国家和海地都是"shithole countries"（粪坑国家），言外之意是这些国家的人不配移民到美国，因为他们来自贫穷落后的国家以及有着黑色的皮肤。他口无遮拦和充满种族歧视的言论不仅让整个世界再次感到震惊，更惊动了联合国人权办公室，称特朗普的言

埃塞俄比亚首都阿迪斯阿贝巴

论充满了种族歧视。

更让世界感到震惊的是特朗普在上任一周后签署了13769号行政命令，打着防止恐怖主义的名义禁止了7个国家的公民入境美国，也被称为"穆斯林禁令"（Muslim Ban）。这跟20世纪20年代美国禁止所有亚洲人入境如出一辙。

美国民众对这一充满宗教仇恨和种族主义的禁令感到愤怒，全国各大机场聚集了抗议的人群。禁令造成了无数家庭无法重逢。很多旅客被拒绝入关，甚至被直接遣返回国。当中包括来美国寻求庇护的难民、返校的学生，甚至绿卡持有者。

当时正值美国大学招生办做录取决定的时间。虽然知道禁令会对被录取的学生造成影响，但我们还是录取了一名来自在禁令名单上的国家的学生，而他也交了入学确认表。我们的录取宗旨并没有因为这一泯灭人性的政策而发生改变，因为这不是学生们所能改变和控制的。只要被学院录取，哪怕再困难，我们也会帮助学生来到学院。为了能让他顺利入境，学院动用了顶级的律所和校友网络，甚至找到了白宫最核心的官员来为他争取。在多方共同努力下，他最终如愿来到学院。

特朗普下台后，拜登上台首日就签署了行政命令，废除了特朗普的禁令，让这一魔鬼般的政策随即退出了历史舞台。

一次惊动总统府的卢旺达访校

2016年6月初，我和另外两所文理学院的同事到非洲出差走访了6个国家，包括津巴布韦、斯威士兰王国、南非、博茨瓦纳、卢旺达和肯尼亚。这是我第一次来非洲，因此对整个行程充满了期待。

行程的倒数第二站是卢旺达。我当时对卢旺达的印象还停留在1994年卢旺达大屠杀那段历史上。从4月7日到7月15日一百天的时间内，卢旺达的胡图族大肆屠杀图西族、特瓦族以及温和派的胡图族，总共造成约50万—80万人死亡，200万人逃离卢旺达。

20多年过去了，卢旺达在总统保罗·卡加梅的领导下已经焕然一新，经济发展迅速，社会治安稳定，一跃成为现在非洲大陆年轻人最向往的国家之一。

现在的卢旺达，无比干净，街上找不到一片垃圾，好似整个国家的人都在用心维护着他们曾经经历过巨大伤痛的国家。现在的卢旺达没有人会去问周围人的族群是什么。如果你去问卢旺达人他们是胡图族还是图西族，他们会告诉你："我是卢旺达人。"

卢旺达首都基加利以南30公里外的尼亚马塔大屠杀纪念馆（Nyamata Genocide Memorial）。这里埋葬了将近5万名被屠杀的受害者，摆放了他们被害时浸满血迹的衣物。墙上的弹孔依然清晰可见。在现场参观，震撼心灵

现在卢旺达对几乎所有国家都实行免签或者落地签政策。以前申请电子签证时，总会被批准确认邮件里热情好客的标语打动，"You are most welcome to the country of a thousand hills and a million smiles!"（"欢迎来到千山和微笑之国！"）。这跟其他所有申请过签证的国家冷冰冰的确认函形成了鲜明对比。

我们入住的酒店正是电影《卢旺达大屠杀》（*Hotel Rwanda*）里的Hotel des Mille Collines。在卢旺达大屠杀期间，酒店的经理保罗·鲁塞萨巴吉纳保护了到酒店里寻找庇护的1268名胡图和图西族人，最后这些人无一受伤或者被杀害。我在出行前还专门再次重温了一遍电影，当我们到达酒店门口时，我简

我们入住的Hotel des Mille Collines酒店

校园里站满了前来寻找出国留学机会的学生

直不敢相信我能亲眼见到这一见证历史的地标，而且还能在这里短住。能身临其境，虽然时过境迁，却仍能感到历史遗留的气息。这也是我做这份工作最享受的一点，可以通过出差到访很多以前根本想象不到的地方。

我们这次总共在卢旺达停留两天的时间。第二天一早，我们赶往市中心的一所当地很有名的高中拜访。我们的车子刚到街区的拐角处，就看到街上有很多打扮正式的年轻人在排队，心想今天肯定有什么大型活动。当我们的车开到学校门口时，发现街上队伍的方向正是这所学校，而且学校的院子里已经站满了乌泱乌泱的人。

接待我们的学校老师走过来，满脸崩溃地说："他们都是来见你们的。"

我们三个人也是一脸懵。我们见过人多的校园访问，但没见过这场面。偌大的校园已经被围得水泄不通，所有学生的脸上都挂着期待的表情，很多人手里还拿着很正式的文件夹。接待的老师说有学生在社交媒体上说美国的大学要来面试学生并当场发放奖学金，结果十里八乡的有志青年们都闻讯赶来了，有的还做了好几个小时的汽车从偏远地区赶来。

学校没有大型的礼堂可以让所有人落座，于是在操场中心的草坪上摆了三张桌子。我们很熟练地铺上了学校的桌布，但发现带的几十份材料根本不够现场上千人的需求。果不其然，没几分钟，我们的材料就被一抢而空。

随后，学校又想了一招，把我们分别放在三个教室，学生可以轮换到每个

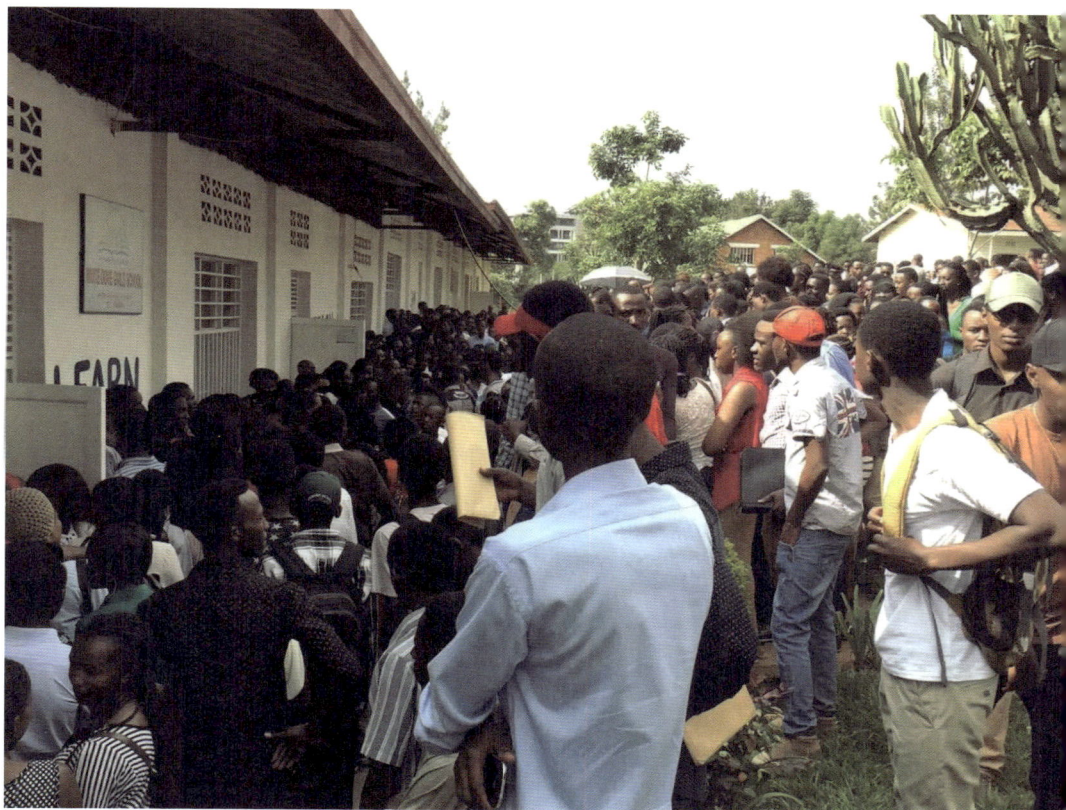

由于教室空间有限，那些不能进入教室的同学们都挤在教室门口

教室听我们的学校介绍。可是当我到了我的教室时，教室里面已经跟沙丁鱼罐头一样塞满了人，几乎没有落脚的地方。我不得已站到了教室中心的椅子上才能让所有人看见我。而此时，外面的人还想进来，于是在教室门口就出现了严重的拥堵，学生们进不来也出不去，但大家又在用力地蠕动，像极了早高峰时北京地铁上下车的乘客。有的进不来的同学还趴在窗户外面的铁围栏上听。这个场面把我震撼到了。

我站在椅子上大声讲完学校的介绍后，发现我的声音已经被外面嘈杂的声音盖住。拥挤的教室让我感到很不安全。于是，我给同学们在黑板上留下我的联系方式后让他们回去自己研究，然后有问题给我发邮件，我说今天的介绍就到此为止。我挤出教室后，发现其他两名同事的教室也是拥挤不堪。我招呼她们说应该走了，她们也趁机挤了出来。

正当我们要走时，隔壁国家电视台的记者已经扛着摄像机赶来了。离学校不远的教育部和总统办公室也派人来询问为什么有这么多人聚集，连警察都被派到学校门口的街上指挥交通。后来接待我们的老师说我们走后两个小时学生们才落寞地离开。

我们要离开时，乘坐的面包车周围也围满了学生。有的甚至还在试图敲打车窗向我们索要招生宣传手册。对他们来说，也许这是唯一一次他们与世界顶尖大学教育近距离的接触。面对慌乱中离开的我们，他们无力挽留，却又不甘心眼睁睁看着这个可能改变他们命运的机会离他们远去。我似乎看到了当年在北京想要出国深造的自己的影子。我们在车里望着窗外的这一切，心里五味杂陈。作为招生官，我们巴不得跟年轻人有深度交流的机会，但如此失控的现场让我们不得不潦草结束这次有史以来最失控的一次访校。

在卢旺达食物中毒

卢旺达似乎总是能给我惊喜。2017年第二次来时，我竟然很不幸地食物中毒了。

海外出差，对身体的考验最大，如果一旦病倒，整个行程会被耽误不说，昂贵的国际紧急救助费用更让我们不敢掉以轻心。因此每次出国前学院都会批准我购买保额100万美元的医疗保险以防住院或者需要紧急转移。来非洲之前，还得接种很多种常见疫苗，包括甲肝、乙肝、黄热病、破伤风以及伤寒。另外，医生还开了每日口服的防疟疾药和一旦感染了腹泻后的抗生素和止泻药。

在美国接种旅行疫苗需要到专门的旅行药物诊所或者医院内的旅行药物部，旅行药物医师会根据旅行目的地推荐相应的疫苗，并开具处方疟疾药物和抗生素。口服疟疾药片需要在旅行开始前一天开始服用，每天一颗，一直持续到旅行结束后的第7天。不服用的后果是什么？两年前，我的上一任来非洲就冒了这个险，于是他中招了，在莫桑比克感染了疟疾，不得不半路取消行程，还住进了重症监护室。所以每次行程开始前，我都会把药装好放妥。

结果，人算不如天算。2016年第一次去非洲，还有一个小时就要在波士顿洛根机场登机了，我准备拿出防疟疾的药吃一颗，结果发现药品袋里装的不是疟疾药瓶，而是头天晚上拿出来的另一瓶治牙疼的止疼药。

美国的处方药通常装在一个统一规格的黄色药瓶里，上面会贴上药品、病人和医生的信息。我看到手里误拿的药瓶，后背唰得出了一片冷汗。这种药需要医生处方才能拿出来，而且一定要到药房拿，于是我赶紧给给我开药的医生的办公室打电话，结果医生那天正好不上班。后来医院的一名护士从系统里找到了我的处方，转到了离波士顿洛根机场最近的Walgreens药店。

我揣着5000多美元的商务舱机票，冒着要错过登机的风险，忐忑地冲出了机场，打车冲向药房。一到药房发现还有一条五六个人的拿药队伍，于是我充满抱歉地央求药剂师和排队的人让我加塞，才顺利拿上药。整个过程从发现拿错药到拿着新药冲回机场总共花了45分钟。回到机场休息室，完全不敢相信刚才发生的这惊心动魄的一切。

2017年有了前一年的教训，药没有带错。谢天谢地。

我们一行4人中，除了其他两名招生官，还有阿默斯特学院的校董，20世纪60年代毕业的校友孔尼格先生。他在2007年向学院捐助了以他名字命名的孔尼格奖学金，为5名来自非洲和拉丁美洲的学生提供全额按需补助。

美国高校的董事会可能很多人都听过，但他们具体做什么却很少有人了解。大学董事会一般包含40名左右的董事，阿默斯特学院因为规模较小，因此只有24名董事。董事会负责主导大学一切重大事务的制定和执行，例如，他们直接对学院负有信托责任、审批专业或者学位设置、设立大学长远规划、批复预算、为大学各项建设筹款、进行内部自我监督，以及最重要的一项——选拔、任命或更换大学校长。

要成为董事会成员，除自己要是这个大学的毕业生外，还需要有相当的资历，包括对母校无比忠诚、有杰出的领导能力、要在自己的领域有所建树、愿意为大学筹款进行努力，以及有过相关受信托经验并能够每年亲自参与在校内和校外的董事会会议。

除了孔尼格先生，2017年在任的阿默斯特学院董事会成员中有前任美国财政部副部长莎拉·布鲁姆·拉斯金（Sarah Bloom Raskin），贝恩资本欧洲区总经理德怀特·M. 普乐（Dwight M. Poler），以及《名利场》主编卡伦·墨菲（Cullen Murphy）等。前任董事会成员还包括跨国银行摩根士丹利中国区首席执行官，也是阿默斯特学院历史上第一位中国籍毕业生，1985届的孙玮。可见校董的分量之重。

孔尼格先生这次来也是想亲身体验招生办在非洲的招生过程，也可以亲眼见证他的资助对改变非洲寒门优才命运的巨大意义。我也在招生工作之余，很乐意地充当了孔尼格先生的"私人助理"，因为他已经70岁有余。

小组中，属同行的伊达对非洲最熟悉。20世纪80年代，伊达还在动乱的北非国家乍得做过和平志愿者，经常跟我们分享她们逃离战火的经历。伊达也是个非常老练的旅行者，是我们几个人里最会搜集各种景点和餐馆的伙伴。经她推荐，我们一入住酒店就打车去了一家当地名气很高的餐厅Heaven（天堂）吃晚饭。

餐厅建在基加利绵延起伏的一个山头上，从我们坐的位子可以俯瞰山谷里灿烂的灯火，位置绝佳。我点了用当地的河鲈鱼做的炸鱼。吃饱喝足，我们打车回到酒店休息，准备第二天紧凑的访校行程。

　　酒店跟中国驻卢旺达大使馆一街之隔，从我的窗户就可以俯瞰整个大使馆建筑群。酒店戒备森严，进门要先排查车辆，再过安检才能进入大堂。我们访问之际正好碰上非洲大陆规格很高的变革非洲峰会（Transform Africa Summit），酒店里住满了前来参会的非洲国家领导人，包括多哥总统、赞比亚副总统，等等。我住的楼层里站了很多带着透明耳机的安保人员，扎守在几个房间门口。我还试探着问他们是谁住在里面，他们很严肃地说不能告诉我。这阵势我还从来没感受到过。虽然保卫森严，但并没有对我们常规住客带来任何不便。

　　晚上10点左右，我回到房间，打开电脑靠在床头准备回复工作邮件，突然感觉胃里翻江倒海，呕吐感一阵连着一阵。我立马冲进厕所，跪在马桶旁，胃里所有的东西一股脑全涌了出来，连胆汁也呕上来了。我一边冲着马桶，心里一边想：完蛋了，食物中毒了，明天的工作要黄了。心里一阵懊恼。

　　吐完，胃里感觉好受了一点，想赶紧睡一觉应该差不多早上会好。翻来覆去躺到凌晨1点半，呕吐感让我无法入睡，而且出了一身汗，难受至极。离开美国时没带任何食物中毒的药，于是就给酒店前台打了电话，问他们有没有食物中毒的药品，结果前台说酒店没有备用药，但说可以带我去酒店旁边的诊所。已经凌晨1点半，我没好意思去叫醒同行的同事们陪我一起去。我下了楼，前台已经为我备好了专车和一名酒店工作人员给我当翻译，还带了卢旺达的法郎现金，怕我自己没有当地货币可以先替我垫着。工作人员说为了保险起见，他们决定带我去首都基加利最好的医院基加利费萨尔国王医院看急诊。我心想这次可以用上买的旅行保险了（苦笑）。

　　结果到了急诊，医生说他们不接受我的保险，我只能自费。已经习惯了美国昂贵医疗的我，还是有点担心治疗费用会无比昂贵。护士给我量了血压，抽了血做化验，然后开了一种叫 Emitino 的止呕吐含片。

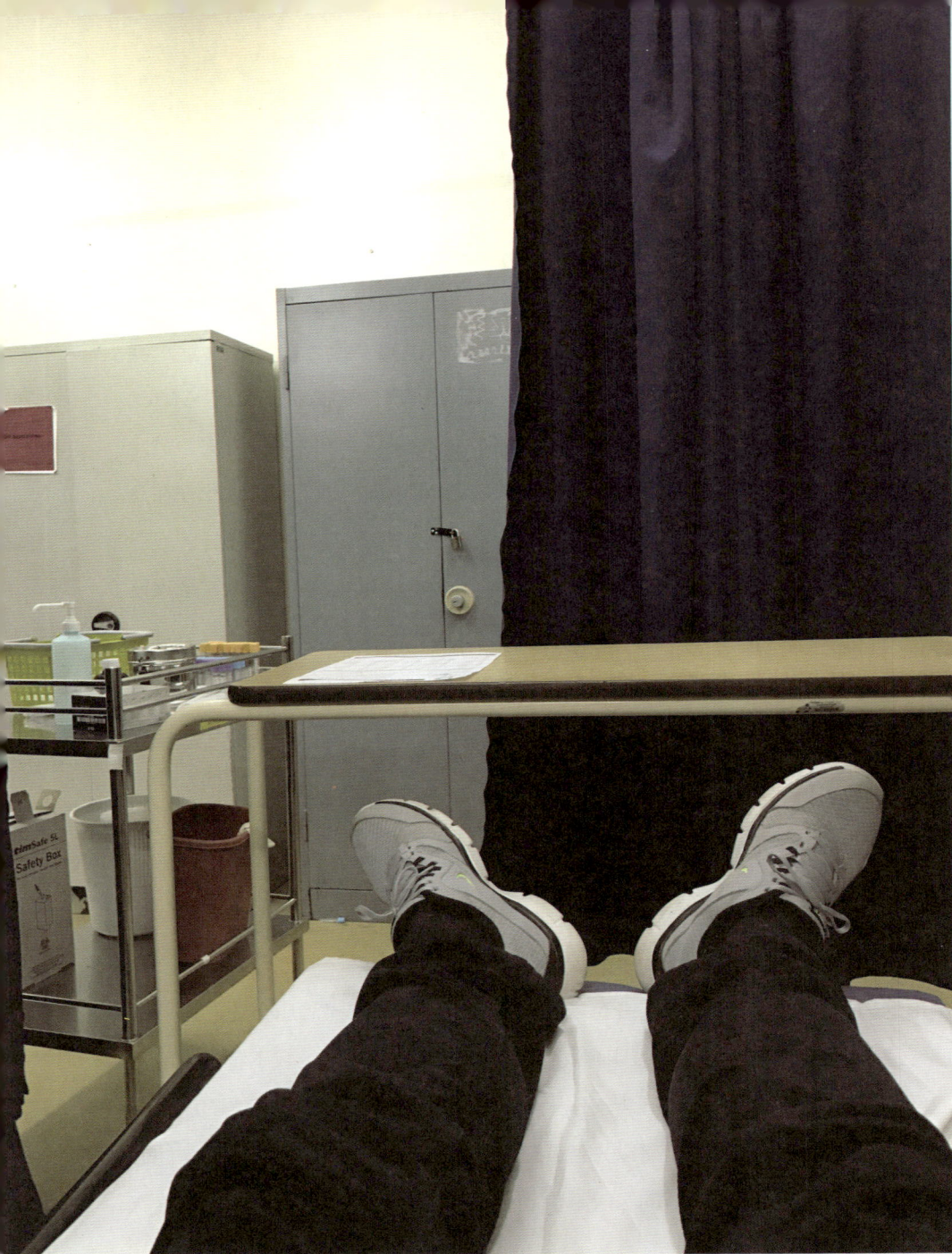

我躺在费萨尔国王医院急诊室的床上，等待医生过来检查

我躺在急诊室的床上，空气里弥漫着消毒水的味道。我望着墙上的时钟，听到秒针哐当哐当地走着，心想我怎么会躺在非洲卢旺达一家医院的急诊室里。这一切都太不真实了。

翻译带我去医院药房拿药，发现他们竟然没有库存。不得已，我们又驱车到了市中心24小时药店去寻药，好在很顺利地买上了。药片一放到嘴里，可能是因为心理作用，瞬间感觉症状轻了很多。折腾到现在已经凌晨3点多了。回到酒店，我对翻译和司机表达了感谢就回了房间休息。

这一趟急诊，如果在美国没有保险，恐怕得上千美元，但在卢旺达，虽然是自费，总共的问诊和处方药花费加起来才十三块美元。

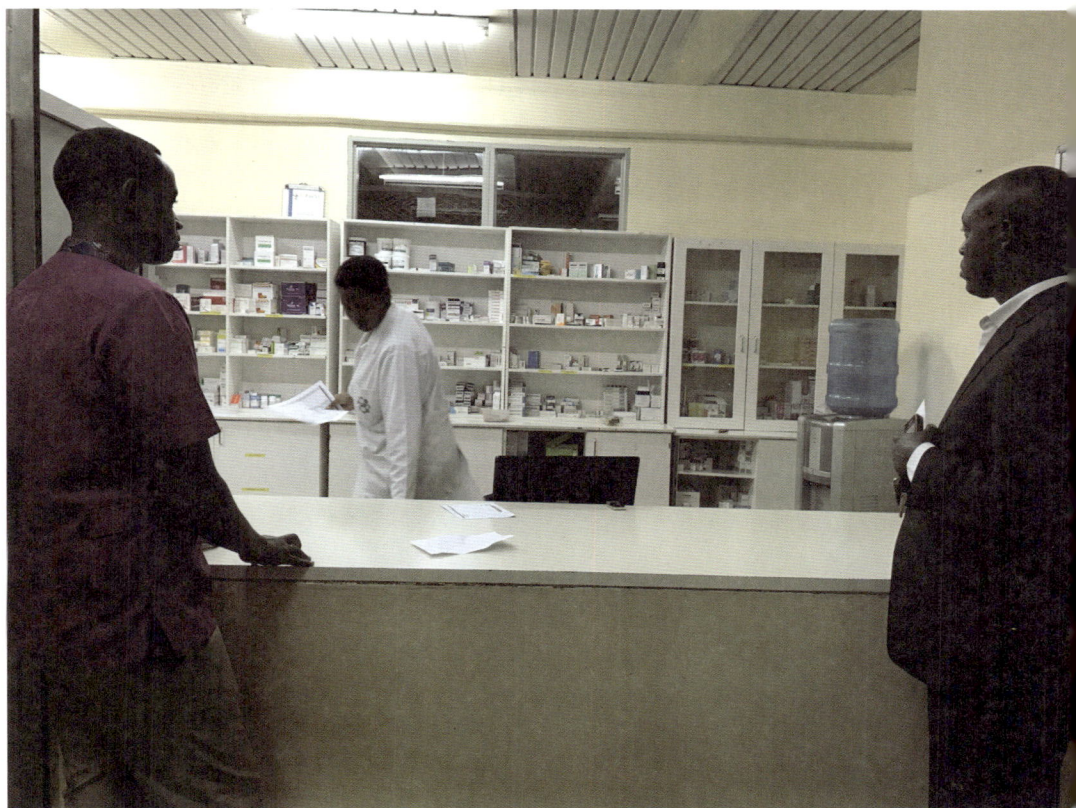

司机和酒店的工作人员替我跟药房的药剂师沟通，帮我付款买药

第二天一早，我面色惨白地下楼跟小组集合。孔尼格先生看我面色不好问我怎么了，我说昨天晚上去急诊了。他一脸惊愕，责怪我说怎么不叫醒他陪我去。他说他晚上胃也不舒服，但没有吐，我们讨论可能是晚上吃的菜用的油有问题。其他同事知道了也很生气，责怪我说怎么不叫醒他们陪我去医院。我说没事，已经快好了。

说是快好了，呕吐感还时不时涌上来。他们都建议我在酒店休息，因为我们当天有4场宣讲，而且都在农村山区，开的路全是未铺柏油的土路，他们怕我吃不消。我说没事，我可以试试，如果到中午症状恶化了我就自己折返回酒店休息。

坚持到中午，症状缓解了很多。完成下午的工作任务回到酒店症状已经基本消失了。我回到前台，正好碰见带我去医院的工作人员，又对他表示了感谢，告诉他我感觉好多了，他也很憨厚地笑着说那就好。

每次吃到好吃的，我的口头禅总是"It tastes like heaven."（天堂的味道！）。这次经历以后，再说这句话，就有了不同的回味。另外，工作虽然要紧，但身体健康更重要。招生行业里有很多像我一样热爱自己工作的同事，要不然也不会如此拼命地做一份薪酬并不高的工作，也因此会常常忽视自己的健康，一心想着如何将工作做到最佳。外界看到的是招生官在履行他们工作的职责到全世界各地招生，看不到的是招生官为了能够帮助大学招到全世界最好的学生所付出的健康上的代价。身体是革命的本钱，我后来就经常提醒自己，你的工作不是在抢救病人。

在肯尼亚被索贿

肯尼亚跟阿默斯特学院的渊源太深了，但我不确定学院是否愿意让世人皆知。

2022年刚刚卸任的肯尼亚总统乌胡鲁·肯雅塔是阿默斯特学院1985届的

毕业生，获得了经济学和政治学双学位。肯雅塔出身不凡，父亲乔莫·肯雅塔（Jomo Kenyatta）是肯尼亚第一位总统，也是肯尼亚的国父。肯雅塔曾被国际刑事法庭指控在2007—2008年总统竞选期间因为策划暴乱而犯下了反人类罪，案件最终因缺乏证据被撤诉。肯雅塔也在2013年如愿当选了肯尼亚总统，获得了50.07%的选票，以微弱优势获胜。

虽然跟总统有这层特殊关系，但2016年和2017年连着两次的到访经历却让我对肯尼亚留下了非常不愉快的印象，而且两次都发生在机场。

2016年春天，我第一次到肯尼亚首都内罗毕出差。6月7日离境当天我准备早点去机场办理登机手续，到阿联酋航空的休息室候机。到达值机柜台，办登机牌的工作人员知道我提前超过三个小时就到了，突然问我："我现在帮你办登机手续，你得给我买杯咖啡吧？" 我以为他开玩笑，还环顾四周看看有没有咖啡馆。因为是一大早，如果真的有我还正想给自己买一杯。可值机大厅，一个面积不大的一层平房除了柜台什么也没有。我说："这里没有咖啡厅啊。"他突然很小声地回应："没关系，你可以给我钱，我回头自己买。"

我一听，明白了他的真正意思，心里猛地窜出来一阵怒火，心想他可真能给肯尼亚丢人，竟然利用职务之便索贿。我压抑着怒火，哄他说我没有带现金。整个过程，他都保持着非常自然的神态，想必我不是他进行索贿的第一个人。虽然我没给他钱，但他还是给我办了登机手续，给第一次肯尼亚之行画上了一个很不愉快的句号。

谁知，2016年的经历会在2017年入关时再次重现，而这次更让人气愤。

2017年5月6日，我们一行四人到达肯尼亚。出关排队期间，一个膀大腰圆的工作人员突然走入队伍让我跟他到海关柜台后面的办公室。我被这突如其来的"关注"感到吃惊。到了办公室，我还没问完为什么带我进来，他就走出去了，留我一个人在办公室里坐着。

等了几分钟，一开始的男性工作人员还是不见踪影，房间里突然进来一名同样面色油亮、相当富态的女性工作人员。我满脸疑惑地问她："你知道他为什么带我进来吗？"她一脸木讷，挥舞着右手说让我去外面椅子上等另外一名工作人员。我一出门刚好同行的孔尼格先生顺利入境经过办公室门口，他问我出什么事了，我耸了耸肩，表示我也不知道，跟他说我会在取行李处跟他们会合。

过了一会，男性工作人员终于出现。我有点懊恼地问他："你为什么带我进来？"他伸出右手，贼声贼气地让我坐到他对面的椅子上。我顺势打开手机录音功能，放入口袋，以防不测。

他看了看我的中国护照，开始盘问起来：你来自哪里？为什么来肯尼亚？待多久？我刚回答完，旁边女性工作人员又问了一遍，我立马回她："我刚刚已经回答过这些问题了。"她面无表情地盯着我，反倒她感觉不耐烦起来。我只好再重复一遍。男的又问我说我做什么工作，我给他看了我的名片，并加上一句，你们的总统就是我们学校毕业的。他哦了一声。我随后又追问："你到底为什么带我进来？"我此时已经被这突如其来又莫名其妙的审问弄得非常气愤。他没给任何解释，就突然说我可以出去了。整个过程持续了15分钟。

我于是又走回到柜台后面继续排队，递入电子签证确认单、黄热病疫苗记录和护照，很顺利地盖完章，入了境。走到取行李处时，同行的同事们早就取好了行李在原地等我。

我拖着行李正要出机场大门，结果又被门口两个工作人员拦下，却没有拦我其他的美国同事。其中一个女性工作人员让我打开我的大件行李，她把手伸进去很敷衍地摸了一下里面的衣服，没找到什么有名堂的东西就指着地上的小公文箱说："这是什么？打开我看看。"公文箱里装的都是阿默斯特学院的宣传册，而我拿的是旅游签证，跟她说的也是来旅游的，所以打开后就跟她说这里面装的是送给当地同事的礼物。她翻看着里面的阿默斯特学院宣传册和一些印着学校名字的小礼品，然后拿起一个可以贴在手机背面装卡片的塑胶口袋问我是什么东西。我给她演示了一下用途后她更饶有兴趣。我心想说，想要？我就不给你！我说："你还要看什么？"她没说什么就让我离开了。

跟同事上了去酒店的车。我很无奈地说："我没想到我竟然会在肯尼亚被racially profiled（因为我的肤色而受到'特殊待遇'）。"这是一个通常用来描述少数族裔在美国遭遇种族歧视的词，尤其是非洲裔美国人，例如被警察无故拦下盘查，没曾想我竟然在美国之外经历了同样的遭遇。

肯尼亚是现在非洲大陆经济发展最迅猛的国家。飞快发展的经济让肯尼亚滋生了很多腐败问题，让普通老百姓办事困难重重。每次来肯尼亚我都怀着特别兴奋的心情，但连着两次都遇到如此让人不悦的经历，实在是让我出乎意料。

首都内罗毕到处都在兴建高楼，很多都由中国的建筑公司承建。约翰·霍普金斯大学教授，中非问题研究专家黛博拉·布罗蒂加姆（Deborah Brautigam）在2009年出版的《龙的礼物：中国在非洲的真实故事》（*The Dragon's Gift: The*

中国援建的赞比亚首都机场

Real Story of China in Africa ）一书中提到，中国在非洲的投资总额已经超过了欧美和日本的总和。

不亲眼到非洲看看，真的很难想象非洲的面貌因中国的参与发生了多大的变化。一次在内罗毕打出租车去参加阿默斯特学院校友招待会，路上我指着路边正在拔地而起的高楼和楼上的中国建筑公司标识问司机对中国有什么看法。他说他非常爱中国人，他用了"love"（爱）这个字眼，说因为中国让内罗毕有了更多新气象，说中国人都非常勤奋努力工作，内罗毕的漂亮建筑都是中国公司建的。

谈话很自然聊到阿默斯特学院上来。我跟他说他们的总统是从我们学校毕业的，他很是惊讶，说他正在攒钱，打算送女儿出国读书。我自然鼓励他让他的女儿申请阿默斯特学院。他突然回我："我们没有门路，怎么可能进那么好的学校？"听了他的反问，我怔住了几秒，开始试图解释我们申请的公平性和审核的人性化，但同时也突然意识到在我们之间还需要冲破好几层文化上的隔膜才能建立共识。我留给了他我的名片，希望他有申请美国大学的问题可以随时联系我。但至今我也没收到过他的邮件。

后来，我知道我的遭遇并不是个案。有一次我在赞比亚偶遇一位从美国来非洲旅游的中国大叔。他已经移居美国40多年，现在退休了开始全球旅行。他也遭遇了多次跟我类似的体验。在埃塞俄比亚的海关队伍中，他被从队伍中单独叫出来，到另外一个窗口排队。他知道这是海关的惯用伎俩，见到他是中国人模样就准备向他索贿。

他用英文向工作人员大声询问，让周围的人全部可以听见，说为什么要单独把他叫出来，而不叫队伍中的其他肤色的人？他拿出自己的美国护照，说他们是不是就是看他是中国人的模样就想歧视他，跟他要钱？他喊道："我［脏字］根本就不是中国公民，而且你们整个机场都［脏字］是中国公司建的，你们［脏字］为什么要歧视中国人？" 他呵斥让他出列的女性工作人员去叫她的经理出来。结果工作人员见这架势吓得落荒而逃，跑到后面的办公室不出来。他也顺利继续入关。

之所以频频出现针对中国人的索贿情况，首先是当地严重的官员腐败问题。我在拜访一所肯尼亚当地的私立学校时，接待我的老师告诉我他们20%的学生都能够负担得起阿默斯特学院一年高达89 000美元的总花费。我惊讶至极，因为这所学校虽然在当地算是最贵的高中之一，一年学费大概四五千美元，但相比美国大学一年八九万美元的总花费还是有很大的差别。我问老师这些能负担得起美国大学高昂费用的家长们都是做什么工作的，他说他们基本都是政府官员、国会议员，以及其他政府机构员工。他说了一句话让我至今心有余悸："这些官员当上了官，首先想的是如何让自己获得荣华富贵，然后再去考虑国家和人民的兴衰。"

其次，很多从中国来的务工人员教育水平不高、语言不通，通常在遇到这种海关刁难的时候出于"拿钱消灾"的固有观念，愿意出点小钱解决问题，于是陷入恶性循环，让所有亚洲模样的人都成为了被收受贿赂的对象。

这些海关官员的无耻行径并不能代表所有非洲老百姓。非洲老百姓大多淳朴、憨厚、为人真诚，跟我们所有人一样，每日为自己的生活所忙碌。非洲的家长甚至有着跟亚洲"虎爸""虎妈"同样的管教孩子的习惯。这也是让人对海关官员格外气愤的最主要原因：他们不配代表自己国家的人民。

第十二章
成为美国永久居民

每一个来美国读书、工作的人想要在美国一直留下去，获得永久居民的身份（绿卡）是一个必不可少的环节。在经过了7年的申请和等待后，我终于在2023年年底收到了绿卡。

申请美国绿卡有很多种方式，包括婚姻、工作、杰出人才和国家利益豁免、投资移民、跨国公司高层、亲属移民，等等。对留学生来说，最现实的获得绿卡的方式就是通过雇主提交申请。

要通过雇主提交绿卡申请，首先要克服的一道障碍是在毕业后找到一份愿意为你提供工作签证（H1B）的工作。而找到工作后申请工作签证也充满了各种不确定性和随机性。

美国每年的工作签证有特定的限额，只有85 000张，其中20 000张是专门留给取得了硕士或者以上学位的外国人。僧多粥少，美国公民及移民服务局（USCIS）2024财年的工作签证注册申请人数达到了空前的750 000多份（是的，你没有看错），比2023财年高出60％多，已经远远超出了85 000份的配额。

因为申请人数通常要比配额多，美国公民及移民服务局不得不采用随机抽签的方式进行筛选。最终整个过程变得像在买彩票，能不能获得工作签证全靠运气。文科生因为毕业后的实习期（OPT）只有一年，因此他们只有一次申请的机会。理科生有整整三年的实习期，可以多次尝试。我认识的中国朋友里就有连着几年都没有抽中的案例，最后不得不被公司派遣到美国国外的分公司继续工作，同时公司继续为他们提交工作签证申请。当然，也有第一次就被抽中的。

工作签证抽签的规定也有例外。如果雇主是非营利性的高等院校或者科研机构，那他们可以在任何时间为雇员提交工作签证申请。如果使用加急处理，通常两个星期就可以有结果，而不需要等几个月，可以减少很多不必要的焦虑和因为抽签而带来的不确定性。我的第一份工作和第二份工作都是在非营利性的高等教育院校，因此每次申请都比较顺利。

2013年，我准备从圣十字学院跳槽到阿默斯特学院时，阿默斯特学院是否愿意为我办理工作签证是我当时最关心的问题之一。为了不浪费彼此的时间，我在电话面试过程中就告知他们如果要继续考虑我，学院需要为我申请工作签证。好在，学院非常熟悉也非常愿意帮助教职工申请工作签证，后来入职也非常顺利。

之所以担心雇主是否愿意帮助申请工作签证，很大的原因是申请工作签证除了申请本身的费用外，雇主还要支付不菲的律师费。加起来，一次申请可能就要花费5000美元左右。很多大学只为教授而非员工办理工作签证。我当时找工作时，哈佛大学的招聘启事里就明确写明不给非教职的员工提供工作签证，以致我后来看到哈佛的招聘启事都不得不直接略过。

我2015年8月份入职阿默斯特学院。申请绿卡的事情对刚入职的我来说并不是最关心的问题，我也没觉得有必要跟学院提起。当时的首要任务还是想能尽快适应新的工作环境，把这份来之不易的工作做好，等以后时机成熟，觉得自己有资格提出这个要求的时候再说也不迟。申请绿卡的想法一直都被我放在了脑后。

入职一年半后，2017年2月的一天，我的领导突然面带微笑地走进了我的办公室。我对这突如其来的造访一头雾水。在我对面的船长椅子上坐定后，领导说："我来是想问问你，你想成为美国永久居民吗？" 我被这突如其来的善意和邀请瞬间打动，就这样，我的绿卡申请开始了。

职业移民的绿卡申请通常分三步。第一步是雇主要向美国劳工部提交劳工证申请表，证明雇员的职位在美国本土招不到适合的美国人来完成，并跟劳工部确定雇员所从事工作的工资范畴。怎么证明呢？雇主要在当地和行业媒体上刊登招聘启事。如果有符合要求的人申请，雇主还必须要进行面试。目的就是要证明这份工作非外国雇员莫属，以及他们没有抢走本地人的工作机会。劳工证申请表递交的日期叫优先日，也是决定接下来绿卡排队日期的顺序。例如，我的优先日是2019年8月底的某天。

看到这里您可能会问："你的绿卡从2017年2月开始准备，2019年8月底才提交第一步？为什么会隔这么久？" 原因是，我提交绿卡申请小半年后，就被升职为办公室副主任。谁也没想到，正是因为职位的升迁导致了一系列绿卡申请的连锁反应。

首先，因为我的职位变了，整个绿卡申请需要回到原点重新开始。律师说这是因为我的工作内容从之前简单的读申请到现在招生项目管理，这是一个质的转变。这一反复，白白浪费了律师已经投入的大半年的时间。另外，在提交劳工证的时候，律师发现劳工局的工资数据库里并没有招生办副主任这一职位，因此很难让劳工局定位我的职位应获得的合理报酬区间是多少，也无法证明学院付给我的工资是在合理的区间内。我当时的工资比上（招生办主任）不足，比下（助理主任）有余，因此整个申请很尴尬地卡在了这一步。

解决办法就是使用其他的工资数据库。最后用的是一家专门统计高等教育领域的调研机构的数据，它的数据更符合高等教育行业的职位划分。不幸的是，这份数据报告离下次更新还不定时日，因此这样一拖再拖，最终在2019年8月底成功提交了劳工证申请表。劳工证的批复时间通常是3—4个月，不允许加急处理。好在一切顺利，律师在11月初通知我，我的劳工证被批准了。两年多的折腾算是告一段落。

劳工证被批准后，就开启了职业绿卡申请的第二步，向美国公民及移民服务处提交通过职业移民申请绿卡所要提交的I-140表格（不同的类别提交的申请表也有区别），算是正式提交移民申请。好在，I-140的处理允许加急，而学院也愿意为此支付加急的1500美元（2024年的加急费用已经涨到了让人瞠目结舌的2805美元）。表格于2019年12月初提交，过了一个星期就收到了批准。多付点钱确实好使。

I-140被批准后，也就意味着绿卡申请进入了最后一步，提交正式转换移民身份的I-485表格。但现实并没有那么简单。

美国国会对不同国家和地区出生的申请者有着不同的绿卡配额规定。每年匀给来自世界各地的职业移民的绿卡配额总共是14万张，而且每个国家的配额不能超过总数的7%，也就是说每个国家每年最多只有9800张职业移民绿卡。而职业移民中配额最多的三个类别分别是EB-1、EB-2和EB-3，分别占每个国家总名额的28.6%。它们的不同在于第一类别通常适用于杰出人才，也被称为"爱因斯坦"签证，符合规定的通常是高校的教授、科研人员以及有博士学位并取得了很高成就的人；第二类是拥有研究生以上学历的人；第三类是拥有本科学位的人。

申请的人数超过了配额怎么办？那就要"排队"。因此上面提到的优先日期就变得格外重要，因为这决定了申请者在队伍中的位置。当有了给这个日期的绿卡名额时，申请者就可以正式提交I-485转换永久居民身份了。EB-1因为符合申请的人相对较少，通常排期也很短。EB-2和EB-3通常符合的人多，排期更长，通常是3—4年。这是针对中国大陆出生的申请者的排期，并不是最长的。印度出生的申请者排期动辄要等10—15年，更煎熬。

我的EB-3排期是2023年9月份排到的。你可能会有疑问，为什么我有研究生学历也有符合条件的工作经验，还用EB-3？原因是当时提交I-140的时候，EB-3的排期前进速度远超过EB-2，所以律师就想用快的类别来申请。没想到的是，在新冠疫情期间，EB-3的排期出现了大幅度的倒退和长时间的停滞不前，所以硬生生等到了2023年才开始有前进的趋势。

排期到的时候，我正好在中国出差。提交I-485，申请人必须在美国境内，所以我9月底回到美国后，律师才正式开始准备递交材料。正式邮寄材料的日期是10月初，没几天我就收到了公民及移民服务处发来的材料接收通知，告知我的材料被正式接收。接下来就是到离我最近的美国公民及移民服务处的申请处理中心录指纹。离阿默斯特最近的中心在康涅狄格州哈特福德，开车只要40分钟。我11月中旬按预约时间去录了指纹后，剩下的就只有等待了。

I-485的审核少则两个月，多则几年，没有人知道自己的案例需要多久才能有结果，也无从查询进度。这就是美国正规途径移民的无奈之处，整个过程申请者只能将自己能做的做完，剩下的全靠运气。

指纹录完后，我飞到爱尔兰出差，因为工作签证还一直有效，我可以在有效期内随时进出美国。在绿卡的申请过程中，有一点很重要，就是申请人要一直保持工作签证或者其他签证的有效性，或者说在等待绿卡的过程中要有合法的身份留在美国。虽然工作签证只有最多6年的有效期，每次申请的有效期是3年，但只要I-140已经批准，那工作签证有效期就可以无限延长，直到绿卡申请的结果下来。

用工作签证的这些年，因为我要经常出入美国到世界各地出差，而工作签证在护照里的出入境签证贴纸有效期每次只有一年的有效时间，每年春天我都要到美国境外的大使馆或者领事馆更新工作签证贴纸。只有这样，接下来一年的国际差旅我才可以畅通无阻地进出美国。我最常去的国外大使馆和领事馆是加拿大的温哥华和渥太华，特别是渥太华，离阿默斯特并不远。

2022年，我还趁博士班去爱尔兰学习的空隙到爱尔兰首都都柏林的美国大使馆更新签证。当然还有北京的美国大使馆。学院的领导对我的处境非常同情，每年我去加拿大更新签证他们都非常支持，也每次都给我开绿灯算是出差。所以我每次在等待取护照的几天时间里也会安排一些工作，尽量为办公室多做一些事情。

提交指纹差不多一个月后，2023年12月初的一天晚上，我刚吃完晚饭准备坐在沙发上看电影，突然手机上弹出了一个提醒，显示"New Card Is Being Produced"（新的卡片正在被制作）。我愣了两秒，又登录公民及移民服务网站再次查询状态，确认无疑后，才在心里告诉自己，七年的等待结束了。我很平静地将好消息分享给了家人、朋友和同事们。

我很感恩我在等待绿卡的过程中，一直从事着一份真心热爱的工作，每一天都在享受着工作中的人和事所带给我的快乐和职业成就感。等待的过程从另一个方面也给了我一个可以静下心来深耕职业的机遇，让我心无旁骛地把这份工作做到我能力所及的极致。因此整个过程从来没有感觉在等待中惶惶不可

2019年，我的上司和家人共同给我烤的苹果派（美国的象征），庆祝我的I-140通过。每每想到那天早上我一进办公室就看到办公桌上的苹果派，心里就会顿时充满温暖和感动

终日。

　　我也很庆幸有通情达理的上司。他们自始至终都不遗余力地支持我的移民申请。在我的I-140被批准的时候，主任就和家人一起连夜为我烤了一个最能代表美国文化的苹果派，还写卡片提前欢迎我加入美国的大家庭。虽然离品尝他的苹果派已经过去了整整四年，但当时的感动还是历历在目。这些来自周围人的善意和爱都会被我铭记。

　　美国虽然是一个移民国家，但它的移民制度却是世界上最难、最复杂，以及最需要改革的体系之一，几乎被所有想移民美国的人诟病。移民改革也是每一届总统大选的热门话题。美国总统拜登2021年1月上任的第一天就雄心勃勃地提出移民改革法案，让在美国获得STEM专业高级学位的国际学生更容易拿到绿卡。媒体报道甚至将这一提案比喻为在博士文凭上直接订上一张绿卡。

拜登总统一改特朗普时代对国际学生和外来移民敌对的态度，想通过法案吸引世界各地的人才留在美国，以此增强和保持美国的科研实力和全球竞争力。他的提案让很多高等教育界的人士看到了希望，以为真的有那么一天国际学生可以一只手拿着博士毕业证，另一只手握着美国绿卡走过毕业典礼的舞台。可时至今日，法案在政治两极化严重的美国众议院和参议院并没有任何实际的进展。

移民改革迫在眉睫。美国从《1924年移民法》开始就严格限制合法移民的进入。在2018年，总共有3200万人试图申请美国移民，但只有100万人最终如愿。2024财年，在已经提交绿卡申请的3400多万人当中，只有3%会获得最终的批准，也就意味着97%的申请者在新的财年不会如愿。美国合法移民程序之艰难被很多业内人士称为"不可能完成的任务"。

合法移民的艰难间接导致非法进入美国的移民数量陡增。据美联社报道2023年12月一个月中，美墨边境非法越境的人数达到了空前的30多万人。无证移民问题一直都是共和党和民主党互相角力的牺牲品。向来对无证移民持乐观态度的民主党也在失控的现状前疾呼改革的必要。在竞选过程中，特朗普肆意散布针对无证移民的仇恨言论，称美墨边界的无证移民是"animals"（野蛮人）。他示意国会的共和党阻拦代表民主党的拜登政府提交的移民改革法案，并试图利用无证移民问题来制造恐慌宣传，继而赢得不明真相的信众的投票。两党的权力角逐也让移民改革陷入了死循环。

两党政治斗争背后影响的都是一个个鲜活的、疲惫的生命和一段段朝着自由艰辛的跋涉。伫立在纽约哈德逊河口的自由女神像是美国和自由的象征。她的形象也彰显了美国对外来移民的欢迎。在自由女神像的基座上刻有一首由美国诗人艾玛·拉撒路（Emma Lazarus）写于1883年的诗：

让那些因渴望呼吸到自由空气，

而长途跋涉，疲惫不堪的，

和身无分文的人们，

相互依偎着投入我的怀抱吧！

我站在金门，高举自由之灯。

Give me your tired, your poor,

Your huddled masses yearning to breathe free,

The wretched refuse of your teeming shore.

Send these, the homeless, tempest-tost to me,

I lift my lamp beside the golden door!

可是，在当下的美国，想要走过这道"金门"，远比想象中的要难得多。

第十三章
回母校读博士

2013年从波士顿学院获得高等教育行政管理的硕士学位后，继续深造的想法对当时急于想投身工作的我来说太遥远。可没曾想，在美国进入职场七年后，我竟因一次席卷全球的新冠肺炎疫情开启了一段博士求学生涯。这次选择也为我在疫情后的职业和人生规划起到了意想不到的铺垫作用。

静止的世界

2020年3月，新冠肺炎开始在全球各地肆虐。作为国际招生主任，以往每年在全世界飞两三个月的工作节奏戛然而止。世界的边界被压缩成了阿默斯特小镇的范围。

可能是因为突然身体不动了，也可能是因为疫情下新的常态让我的身体无法完全适应，我从5月份开始出现了长时间偏头疼的症状，而往年这个时候我都会到非洲出差。病痛的突然袭击加上疫情下静止的世界让我开始对新鲜事物有着莫名的渴望和憧憬。

9月底，我的邮箱里突然收到母校波士顿学院林奇教育和人类发展学院（Boston College Lynch School of Education and Human Development）给校友发来的群发邮件，官宣学院刚刚开设的高等教育在职博士（Executive EdD in Higher Education）项目，邀请校友们考虑申请。

EdD（Doctor of Education）和 PhD（Doctor of Philosophy）虽然都是博士，但侧重点不同。 EdD主要针对的是行业内的从业者，课程教学更强调学术和实践的结合，培养方向是大学和机构的领导者；而 PhD主要针对的是准备进入科研和教学的学者，课程设置更偏向于学术研究。在时间上，EdD通常3—4年可以完成，而PhD通常需要五年，甚至七年或更长的时间。美国前第一夫人，吉尔·拜登（Jill Biden）获得的博士学位就是特拉华州大学教育领导力方向的EdD，而且获得学位时她已经55岁。

我仔细阅读了官宣中的项目介绍，发现这个项目将美国国内和国际高等教育融合的课程设置和针对有行业经验的高等教育行业从业者的目标人群与我本身的工作经历高度契合，这也是美国绝无仅有的将国内和国际高等教育结合的项目。尤其当我看到项目的教授中有很多我熟悉的面孔时，心里更是蠢蠢欲动。

2022年夏天，我与阿特巴赫教授在爱尔兰首都都柏林的一家餐厅

波士顿学院林奇教育和人类发展学院的国际高等教育研究中心（Center for International Higher Education）是世界上研究国际高等教育的顶级研究中心。中心由世界著名的国际高等教育泰斗级学者和当今世界著名的国际高等教育专家菲利普·阿特巴赫（Philip Altbach）教授创建于1995年。美国国际高等教育这一学科也是阿特巴赫教授开创的。

我读研究生时曾上过阿特巴赫教的课，而且碰巧是他从教课第一线退休前教的最后一个班。毕业后，我们一直保持联系。最近这些年，我每次在行业媒体上发表观点文章，都会第一时间把草稿发给他，先听听他的意见，然后再做进一步修改和投稿。他也经常将我的观点文章刊登在他创办的《国际高等教育》（International Higher Education）期刊上，好几篇文章后来还有幸随着期刊被翻译成了多国语言，包括中文、葡萄牙语和俄语等。

因为这是第一届招生，为了能进一步了解项目设立的细节和匹配度，我给阿特巴赫教授发了一封邮件约他视频聊天。他听到我对这个项目感兴趣，很是高兴，说这个项目非常适合我，还打趣说跟我打赌95杯星巴克咖啡，说我肯定会被录取。他还非常爽快地主动要给我写一封推荐信。

从招生官变成申请者

申请提交后不久，2021年1月中旬我收到了项目协调教授发来的邮件，邀请我参加最终候选人的面试，与两名教授以及四名其他候选人共同进行。

面试讨论的话题是关于新冠疫情对美国在校大学生的影响。我们需要提前阅读一份行业内参与度最广泛的调查问卷报告，内容是2020年5月份到7月份之间疫情对美国十所公立研究型大学在校生的影响。

调查发现，36%的学生家庭遭受到了经济损失，40%的受访者表示他们的精神健康受到了很大影响。导致他们精神健康出现问题的因素除了疫情本身带来的健康威胁，还有因为疫情而失去的收入来源、不安全的家庭和社区环境，以及食物和住房得不到保障等。而学生群体中受影响最大的是本身已经经历重重困难的低收入背景的少数族裔学生。

正式的录取通知发送日期是2月17日，星期三。星期一一大早，我突然收到了面试我的其中一名教授发来的手机短信，他说有好消息要跟我分享，并约我中午跟他在电话上聊一下。发短信的是现任国际高等教育中心的主任，也是曾经从墨西哥到美国留学的留学生赫拉德·布朗克（Gerardo Blanco）教授。他在电话里恭喜我被录取了，说给我打电话是想亲自在正式录取通知出来前将好消息告诉我，并非常希望我选择入学，成为项目的第一届学生。

过了两天，正式录取通知发下来后，我还惊喜地收到了学院发给我的院长奖学金，减免了15%的学费（整个项目的总花费将近9万美元）。我将好消息立刻分享给了阿特巴赫教授，并约好等我们都打了新冠疫苗，我就去波士顿找他兑现我输给他的95杯星巴克咖啡（至今一杯都未兑现，来日方长）。到此，博士申请也就正式告一段落。

第一批吃螃蟹的人

2021年3月5日，我正式提交了入学确认表，成为母校第一届高等教育在职博士项目的一名准博士生。

由于报名火爆，第一届学生从原来计划的15人增加到了18人。最终入学的同学中有波士顿学院的二把手，有多米尼加共和国教育部的官员，有布朗大学负责课程参与的主任，有爱尔兰一所著名大学负责国际事务的主任，有马萨诸塞州政府负责老兵事务的官员，另外还有一些同学是美国大学招生办主任、体育项目主管，甚至还有跟我同在圣十字学院共事过的天主教耶稣会牧师。我是班里唯一一名有亚洲背景的学生。

我们的工作领域和文化背景各不相同，年龄也差别很大，有像我一样三十出头的，也有快到花甲之年的。开学第一周，班里的一名同学就到医院生产，三天后竟然出现在了小组作业的视频里。每当我自我怀疑，甚至觉得这条一边全职工作一边读博士的选择是自己"没事找抽"的时候，我总能从同学身上找到力量。

美国第26任总统罗斯福曾经说过："世界上没有任何东西是值得拥有或值得去做的，除非需要经历努力、痛苦、困难。我一生中从不羡慕生活过得轻松的人。我羡慕那些在生活中经历过千辛万苦却能够掌控生活的人。" 这句话也给了我过去三年面对这一"不可能完成的任务"时的勇气。

在爱尔兰感染新冠

2022年6月份，我们全班来到了波士顿学院在爱尔兰首都都柏林的校区上为期一周的面授课。波士顿学院与爱尔兰有着悠久的历史渊源，学院于 1863 年由天主教耶稣会创建，旨在为波士顿以爱尔兰人为主的天主教移民社区提供教育。

160年后的今天，波士顿学院超过70％的学生和超过一半的教授依然是天主教徒。美国皮尤研究中心（Pew Research Center ）的统计显示美国天主教信众中60％为白人，这正好呼应波士顿学院的本科生白人群体比例。学院在本科生学生群体的多元化和思想的开放性方面还有很大的改善空间。

校区在爱尔兰最黄金的地段圣史蒂芬斯公园旁，类似于都柏林的中央公园。阿特巴赫教授和其他几名重量级教授也跟着我们一起。一周的课程紧凑，爱尔兰政府和教育部高级官员轮番来讲课，甚至美国驻爱尔兰大使克莱尔·克罗宁（Claire Cronin ）也是座上宾。

好景不长，一周的课程刚开始一天，班里就有一名同学确诊新冠。随后，同学们一个个相继感染，我也在第四天中招。这是我第一次，也是到目前为止唯一一次感染新冠。最后全班一半的同学和教授在课程结束前感染了新冠，还有的回到美国后才确诊。课程的后半段我们不幸感染的只能在酒店通过Zoom在线参与。

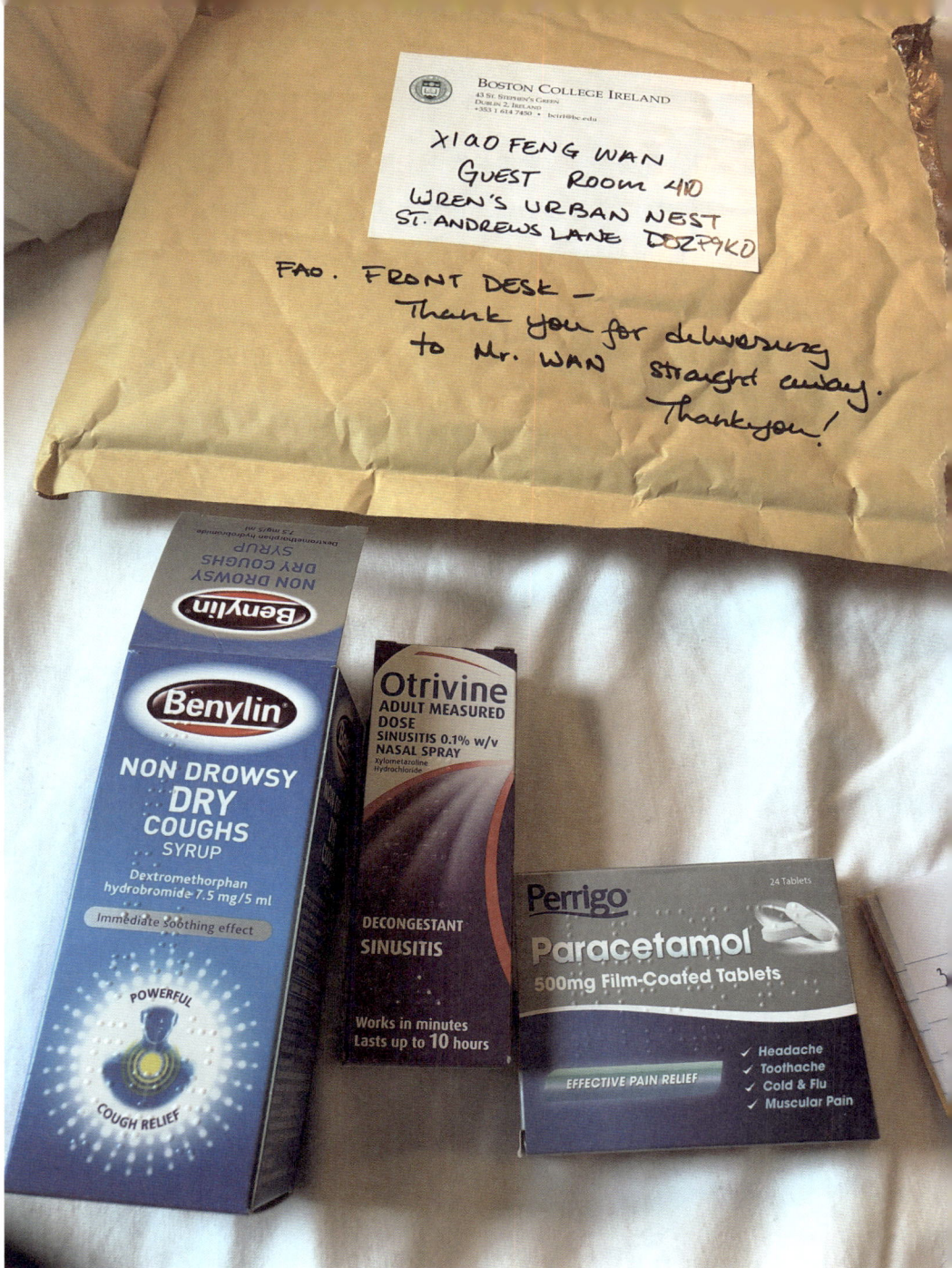

波士顿学院都柏林校区的工作人员为正在酒店隔离的我们投递药品

因为疫苗的普及，当时爱尔兰大街上已经看不到任何戴口罩的人。爱尔兰人似乎已经将疫情彻底抛之脑后，社会生活完全恢复了常态。酒店服务员在给我们送餐时明明知道我们感染了新冠，连口罩都不戴就徒手将餐食送到了我们房间门口并交到了我们手上，一点戒备感都没有。我们想出门透透气，本来还担心酒店工作人员会嫌弃我们出房间，结果前台回复说出门透气会帮助我们恢复，还说他们早都得过了，一副完全不在乎的样子。

　　于是我们在酒店憋了两天后，六个人戴着口罩到都柏林的大街上散步。现在回想都觉得当时有多么滑稽。放眼望去，熙熙攘攘的街上只有我们六个人戴着口罩，引得路人投来好奇的目光。

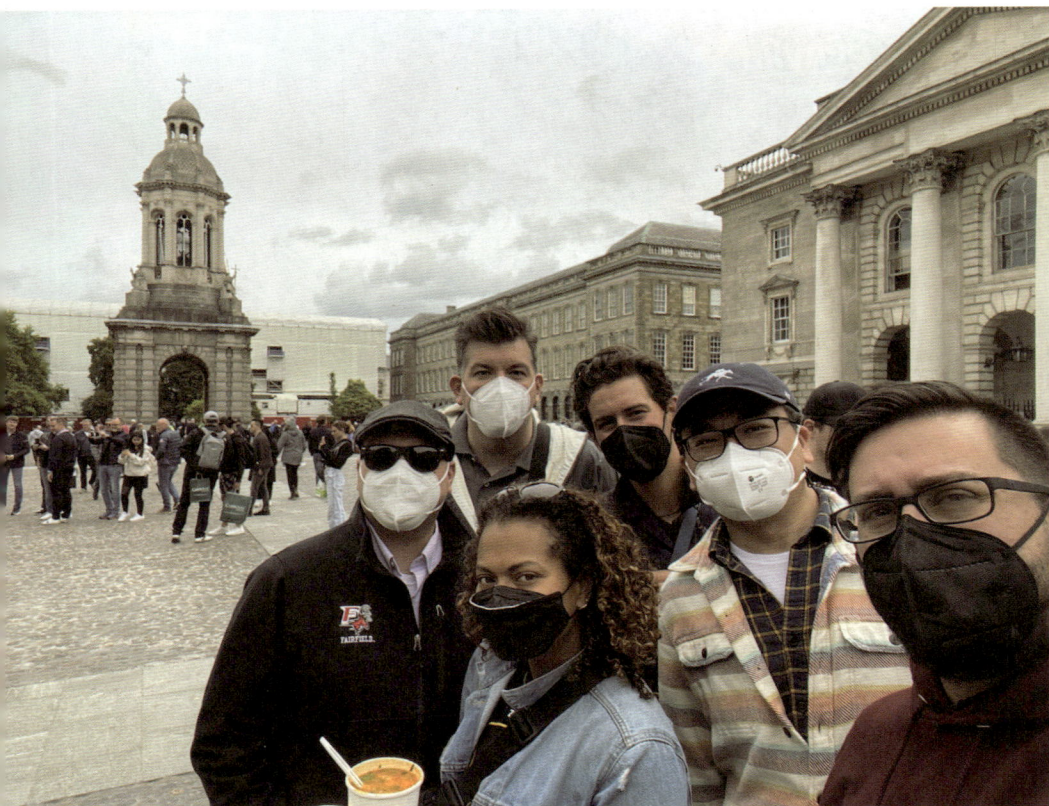

我们六个人戴着口罩从酒店出来放风

博士论文聚焦中国留学生赴美趋势

课程开始前我咨询了身边几位经历过一边全职工作一边读博士的朋友和同事，得到的最重要的一条建议就是在博士课程刚开始时就开始寻找最终博士论文的课题方向。这样，整个三年的课程和写作都会服务于最后的这篇听起来就有点"瘆人"的论文。

这个建议帮了我大忙。从课程一开始，我就有意地寻找自己的研究兴趣。自己是曾经的赴美留学生，研究生读的也是高等教育行政管理专业，又在美国大学的招生办从事国际招生的工作，既有亲身体会，又有招生的专业视角，所以我慢慢把自己的兴趣点聚焦到中国留学生赴美趋势这一话题上。这个课题中的研究发现也可以直接回馈到我的工作中，可以很好地将理论和实践结合。

有了课题方向，博士课程里修的几乎每一门课都被我有意朝中国学生赴美留学的话题靠拢。在一门讲高等教育财政运作的课上，我调研了中国国际课程高中的家长们来了解他们为子女赴美留学做的资金准备。最后有343名家长参与调研。调研结果发现47%的家长为子女准备了200万—300万人民币的预算，18%的家长准备了300万—400万的预算，4%的家长甚至储备了超过400万的资金预算供子女赴美留学。但是，调查也发现，33%的中国家长表示他们需要大学提供一定的财政补助才能负担得起美国大学的花费；而58%的家长表示美国大学的财政补助会帮助他们减少负担子女留学费用的经济压力。

很多家长担心如果在申请中提到自己需要大学的财政补助，可能会降低录取概率，所以砸锅卖铁、东拼西凑也要向大学证明他们可以负担得起子女赴美留学的费用。他们的想法有一定的道理，绝大多数的美国大学在录取国际学生时会考虑学生家庭的支付能力，要求申请者提交银行的财产证明，金额要达到大学一年的总花费才能被考虑录取。

在录取过程中不考虑学生家庭支付能力的大学到2024年只有十所。如果中国学生申请了这十所中的任何一所，同时也提交了财政补助申请，他们不需要担心申请会因此大打折扣；相反，在其他大学，就有可能因为学生提交了不足以证明他们能够支付得起大学花费的财产证明而被拒绝。另外，美国大学长久以来将中国学生的学费当作收入来源的思考方式也让很多大学更倾向于将有限的奖学金预算拨给来自欠代表性国家和地区的学生，默认中国学生都应该能够负担得起大学的费用。

为了能帮助美国大学招生办更好地了解中国家长为子女赴美留学预算背后的忧虑和诉求，我将最终的调研结果和分析整理成了一篇观点文章，最后被美国招生录取行业的主流媒体《高等教育内部参考》作为头条刊登。稿子被接纳令我感到震惊，因为该媒体通常只报道美国本土的高等教育问题，很少刊登国际高等教育的报道，更不用说观点文章了。

之所以被刊登我猜有几个原因。首先，中国留学生是美国最大的留学生群体。过去的20多年里，中国留学生的人数从2000年的6万人飙升到了2020年的37万多人，占美国总留学生人数的35%。2008年金融危机席卷美国时，中国留学生的人数开始逆势增长，连续八年保持双位数百分比的涨势，为身处水深火热境地的美国高等教育院校，尤其是政府拨款被急速削减的公立大学注入了一剂强心针。

中国留学生犹如雨后春笋般填满了美国大学的课堂。他们每年为美国经济带来150亿美元的贡献，也因此美国大学习惯性地把中国学生当作"摇钱树"来看待，而忽略了并不是所有中国学生的家庭都能负担得起美国大学昂贵的费用，特别是动辄一年8万—9万美元的私立大学。

其次，疫情的到来和特朗普政府对中国留学生的敌对言论和签证限制，导致中国留学生赴美人数出现了断崖式下跌。据美国国际教育研究所的门户开放数据显示，疫情第一年，中国在美留学生的总人数骤降15%，第二年又下跌了9%，到第三年，也就是2022—2023学年，又跌了0.2%。

最后，因为美国国内的生源难以满足研究型大学对硕士研究生和博士生的需求，中国留学生的到来填补了美国大学急需的硕士研究生和博士生名额。美国大学的科研和创新是驱动美国创新型经济的主要动力来源之一，中国留学生为美国整体的科研和国力做出了自己独特的贡献。如果下降态势持续，会对美国高等教育机构的科研发展带来很直接的负面影响，也会导致涟漪效应，减少未来进入科研岗位的人才数量。

中国留学生赴美的趋势已经不仅仅关乎群体自身，更会对美国整体的高等教育产生巨大的影响。连续的下跌和未来不确定的走势，让很多美国大学感到不安。他们很想知道未来中国学生赴美的走向是什么？中国学生还会继续选择美国吗？如果还会选择美国，他们担心什么？

中国留学生未来几年的赴美趋势

上述这些问题也是我的博士论文研究的焦点。我的博士论文题目为：《影响中国大陆国际课程高中的中国学生赴美留学的关键因素：驻校升学指导老师的观点》。

定这个题目的原因除上面讲的几点外，还有一个更加划时代的因素。2023年10月份，美国国土安全局下属的学生和交流访问学者信息系统的数据库数据显示，美国有超过33.8万名来自印度的学生签证持有者，比中国的26.5万多出了27%。这意味着中国在过去15年中保持的美国最大海外留学生输出国地位被印度取代了。

我仔细分析数据后发现，印度学生当中，80%的学生签证持有者在美国攻读的是研究生学位，而这一比例在中国学生中只占40%。在攻读学士学位的学生中，来自中国的学生签证持有者人数是印度的2.4倍。

历史上，中国也跟印度一样，输送到美国的研究生人数要远高于本科生。2014—2015学年中国本科生人数首次超过研究生人数。然而，这一趋势在2021—2022学年发生了翻转，中国本科生在美国的入学人数下降了15%，而研究生的人数却增加了4%。

换句话说，在未来几年里，美国大学的中国学生总数是否会出现大幅度的反弹，很大程度上取决于中国有意出国留学的高中生如何看待赴美留学。

为什么我的调研局限于中国国际课程学校？因为这些学校培养的学生都是以出国读本科为目的。他们的毕业生走向会直接预测未来选择赴美留学的中国学生的人数趋势和影响因素。

中国国际课程高中有不同的类型。为了保证我的调研样本反映的是中国本土学生的思考，招收外籍学生的国际课程学校被排除在外，因此最终调研的只是中国公立高中国际部和私立国际课程学校。

为什么要聚焦驻校升学指导老师？因为驻校的升学指导老师的主要工作就是帮助学生规划和申请海外大学。他们是最了解学生留学意愿的校内人群，也是美国大学招生办最信任的合作伙伴。

最终收集的136份有效调研样本中，代表了中国34座城市，13个省，103所高中。其中将近60%的升学指导老师来自北京、上海和广州的学校。65%来自私立中学，35%来自公立学校。

在调查问卷的35个问题中，最重要的一个问题就是中国国际课程学校近三年的入学人数趋势。结果发现，在参与调研的103所国际课程高中中，高一（十年级）的入学人数为10 648人，高二（十一年级）的人数为8858人，而高三（十二年级）的人数为7138人。这意味着，两年后，也就是2025年秋季的大学申请季，中国国际课程高中往海外输送的留学生人数将出现49%的人数增长。

这是美国大学喜闻乐见的数据。说明中国家庭在疫情结束后让子女出国读本科的意愿再次强势回温。但很多看到这个数据的高中业内人士也反馈说，这说明两年后出国留学的竞争程度也会更大。

中国高中生会继续选择美国吗？

数据摆在面前，那问题来了。这些准备到海外留学的中国高中生会选择美国吗？好消息是，67%的升学指导老师说美国是他们辅导的学生的首选留学目的地，其次是英国、加拿大、中国香港和澳大利亚。

不太好的消息是，这些称美国是学生首选地的升学指导老师也同时提到他们相当一部分的学生会在申请美国大学的同时向其他国家的大学递交申请。其中超过60%的老师分享，他们超过一半的学生都会增加美国之外的大学选项，而不是把所有努力全部放到美国大学的申请中。

向美国之外的其他国家同时递交申请也被称为"多国联申"，是近几年中国留学圈里比较常听到的说法。"多国联申"的现象是很多中国家庭对子女赴美留学的担心导致的。首先，中国家庭对名校的追捧让他们想尽可能多地扩大自己的选择余地，尤其因为美国顶级大学的录取率连年降低，录取难度与日俱增。很多中国家庭希望子女广撒网，期待最后有在各大学排名榜单上名次更靠前的学校可以选择。

其次，2016年特朗普上台后对中国留学生的敌意言论，声称他们都是"间谍"，手下官员甚至扬言要禁止全部中国学生到美国留学等言行，让中国家庭和公众感到异常反感，认为美国并不是一个欢迎中国学生的国家。

最后，疫情期间，美国发生了多起因为种族冲突而引起的暴乱、反亚裔的暴力行为，以及多起大规模枪击事件，尤其是当中有多起的受害者都涉及中国留学生。这些负面新闻在中国社交媒体疯传，让有意送子女赴美留学的家庭担心未来子女赴美的安全。特别是这一代的青少年基本都是家里的独生子女，父母在做让子女单独出国留学的决定时会更加谨慎，尤其是人身安全问题。

人身安全是困扰中国学生赴美留学的最大问题

安全问题是参与调研的升学指导老师们共同给出的忧虑。在136名升学指导老师中，有135人将安全问题列为中国学生赴美留学的众多担忧之首，包括枪支暴力和反亚裔的种族歧视。如此一致的回答在任何调研里都很难见到。位居第二的担忧是未来中美关系的不确定性。

2024年7月13日，美国前总统特朗普在宾夕法尼亚州巴特勒（Butler）出席竞选集会期间遭遇暗杀，但他逃过一劫。特朗普是美国允许公民持枪的第二修正案的坚决拥护者，也让这一次事件充满讽刺意义。遇刺事件发生几天后，我接受了国际教育主流媒体The Pie的采访，他们想向我了解国际学生是否会因为特朗普遇刺事件而对美国的枪支安全问题产生担忧。我跟记者分享了我博士调研中，也就是上面提到的数据，并提到国际学生向来都对美国的枪支问题有很大的担忧，不仅仅是因为这次枪击事件。在随后刊登的文章中，我的博士研究发现和观点被全盘引用，并且作为报道的核心观点被突出。

良好的安全问题也恰恰是很多升学指导老师认为的学生会选择去其他后备国家的最主要因素。紧随其后的是学生被后备国家所录取的大学排名要比录取他们的美国大学高。

担忧因素除外，中国学生之所以还会继续选择赴美留学根本的原因是美国有很多其他国家不可比拟的优势。78%的升学指导老师认为美国高端科技和创新是吸引他们的学生选择美国的最大的原因。其次是美国大学丰富的资源，包括学术资源、课外活动，以及科研机会，等等，都在世界处于领先地位。最后是到美国留学便于拓展全球视野，更容易接触世界各地优秀的年轻人，并有利于开拓自己的职业发展空间和在世界的舞台上发挥自己的才华。还有一个很重要的因素是美国大学的声望和名气在世界上是首屈一指的。单从排名来看，在2024年的泰晤士高等教育世界大学排名前两百的大学中，来自美国的大学最多，高达56所，而中国只有11所。而排名中还不包括代表美国本科教育精髓的文理学院。

当然，这一切都有可能发生天翻地覆的改变。2024年的美国大选，特朗普再次当选美国总统，这对接下来四年中国留学生赴美留学造成巨大的隐患。有了上一任期的经验，卷土重来的特朗普有可能变本加厉地打压中美民间的交流，包括对国际学生，特别是中国学生的种种限制。

尽管如此，美国制度的好处是一切必须按照法律来进行。特朗普虽然是总统，但也不能凌驾于法律之上。美国的高等院校可以表达与总统完全不一样的立场，甚至站在对立面，通过法律来为学生争取权益。2020年7月6日，特朗普政府领导下的美国移民与海关执法局（U.S. Immigration and Customs Enforcement）发布指令，阻止外国留学生在疫情期间在只参加在线课程的前提下继续留在美国。政策的随意性和排外性让整个高等教育界为之震惊，但非常符合特朗普政府的执政特点。随即，哈佛大学和麻省理工学院向美国移民与海关执法局发起诉讼。包括阿默斯特学院在内的59所美国大学以法院之友（amicus curiae）的形式加入诉讼，支持哈佛大学和麻省理工学院。仅仅过了一个多星期，7月14日，美国移民与海关执法局就不得不将规定撤销，草草了事。

未来几年，无论美国的政治风向如何改变，我希望我们中国的同学和家长们都知道并相信美国大学会一直欢迎中国留学生加入，也会尽他们最大的能力来维护所有留学生的权益。

博士终曲

做招生官很多年后，不知不觉会养成一些理所当然的思维模式和看问题的角度，很难再通过工作去得到升华或者打破旧的认知。博士项目中的学习让我冲破了自己的舒适圈，对招生行业有了更多新的认知，并把这些认知和观察通过文字的形式整理和发表出来。这种吸收、思考和写作输出的过程让我站到了更高的角度去审视我的工作和高等教育在整个美国社会和世界大环境中的角色，也让自己的观点在国际高等教育届留下了一些印记。

读博士期间，我在办公室的桌子旁度过了数不清的周末。过程中的辛苦可能只有尽力过的人才能感受。三年转瞬即逝，现在回想都有些想不起自己是如何度过这段煎熬的日子，但能真切地感受到自己跟三年前相比已经脱胎

博士论文提交当天，我很有仪式感地把办公室桌子上的台灯关掉，预示着这一幕人生大戏到此画上了一个句号

换骨。

　　要谈收获，可能最大的还是在过去三年能够与天南海北的同学和教授们共同走完这段没有前人走过的学习之旅。新冠疫情下的学习也让我们之间建立了特殊的"革命友谊"和深厚的感情。更重要的是博士的班集体让我在招生领域

之外有了一个新的学习社群和在疫情期间工作以外的大家庭。

2024年2月14日，情人节。由于我的博士论文写完得比较早，我很顺利地获得了博士委员会的批准，成了班里第一名进行博士答辩的学生。

答辩是拿到博士学位前的最后一步。通过的话，就算是博士了，但真正的博士头衔（Dr.）得等到五月份的毕业典礼由大学校长正式授予后才能正式加到姓氏前。

答辩虽让很多人感到紧张，但对我来说并不难。首先我对我研究的课题是所有在场的观众中最熟悉的，包括委员会成员在内，虽然他们已经在答辩前完整阅读了我的论文。另外，站在众人面前讲话对招生官来说都不是什么难事

2月14日情人节答辩当天，我跟博士答辩通告榜上的答辩海报合影

儿。我跟来捧场的教授和同学们开玩笑道，我就当这是一场招生宣讲会。这么多年在公众面前讲话总结出来的一条经验就是任何的演讲其实都是一种交流。既然是交流，那就可以用平和的心态娓娓道来，让哪怕是对我讲的话题没有任何事先了解的人也能够听得懂，这就是有效的信息传达。

答辩除了20分钟的演讲介绍自己的课题，还有委员会成员的提问环节。除了我们项目本身的两位导师，我们每个人都需要请一名校外的导师作为校外委员会成员。我很荣幸地邀请到了阿特巴赫教授做我的校外委员。虽然他还参与教育学院的事务，但他已经正式退休了，所以符合校外委员的资格。

阿特巴赫教授在国际学生流动性方面的研究开创了整个学科对这一课题研究的先河，特别是他的push（推）和pull（拉）理论（留学目的地的优势条件对国际学生起到了拉的作用；而来源国的劣势条件起到了推的作用），很明了

答辩进行中

地诠释了国际学生在选择海外留学目的地时所考虑的各种因素，这也是我论文的理论支撑。

答辩一切顺利。三年的辛苦努力犹如跑马拉松般突然来到了终点让我有

我的导师克里斯·格拉斯（Chris Glass）教授为我披上博士服，整个仪式神圣且感人（童昊然摄）

点茫然。兴奋感有一点，但更多的是海啸般的悲伤。我还没有做好跟这段精彩的博士旅程告别的准备，尤其是过去这三年来有意义且密集的学习体验。我在博士论文的总结中提到，这段博士的学习经历让我养成了成长型的思维习惯（growth mindset）。尽管全职工作已经无比繁忙，但能通过博士课程的学习让我从不同的角度以及更高的视角来观察、剖析和提出更好的解决行业问题的思路。

正式的博士毕业典礼在5月19日和20日举行。19日是专门为博士毕业生准备的博士服上身仪式，由导师亲自将博士服为毕业生披上。

20日的典礼是全校的毕业典礼以及教育和人类发展学院的单独典礼，我们会被正式授予学位。我很荣幸被任命为教育和人类发展学院的两名旗手之一，带领学院所有博士和硕士毕业生一起入场。

我作为教育和人类发展学院的两名旗手之一带领博士和硕士毕业生进入会场（图片截取自波士顿学院2024年毕业典礼转播视频：https://www.youtube.com/live/WcmFg-q5oFo?si=HzOU4uznKFO-LqKU&t=1648）

我与导师格拉斯教授和两名同学，来自爱尔兰的Holly Cowman和来自波多黎各的Joel Edgardo Vélez-Colón。我们三个人在博士学业期间在一个小组，结下了深厚的友谊（童昊然摄）

博士旅程的结束，让我也开始思考自己当下的职业发展以及畅想未来的职业发展之路。这本书的写作不仅是我对过去十一年做招生官的总结，也是一份为下一段新的旅程做出准备的行囊。

写在最后

亲爱的读者，感谢您读到本书的末尾。我衷心希望本书的内容给您提供了更多洞察和了解美国精英大学招生录取背后更深层次的内涵和我对美国招生行业以及美国社会的思考和体悟。

开始写这本书时正值招生办一年中最忙的申请审阅时间。我白天会跟同事们一同审阅来自世界各地的申请，晚上回到家便整理思路，一点一点地写下来。我最大的心愿就是当您合上这本书时，可以深呼一口气，以更加松弛和理性的心态来面对美国大学的申请。我也希望我在美国不断求学和做招生官的经历能让您对未来赴美留学或者工作有更多层面的了解和抱有更大的憧憬。

在阿默斯特学院的九年时光转瞬即逝。在这九年多的时间里，我无比感恩这份工作给予我的平台和资源，让我有机会发挥自己最大的潜能，为学院和美国招生行业的积极改变贡献了一点自己微不足道的力量。在这段旅程里，我也尽了自己最大的努力来试图通过我的付出来定义这份工作，而不仅仅是让这份带着无限光环的工作来定义我。我的人生能够与一所全美顶尖的大学联结，为其招募了九届来自全美国和世界各地的优秀学子，并有幸亲眼见证了高等教育对这些学子及其家庭命运所带来的巨大的积极转变，让我倍感荣幸。

能够从事一份让我无时无刻不乐在其中的工作是人生一大幸事。也因此，我很难想象我的职业生涯脱离了阿默斯特学院或者招生录取行业会是什么样。但最近几年，我开始能够看到接下来几年、十几年甚至几十年的工作和生活的模样。这既让我感到欣慰，因为我在这份工作中倾注了自己全部的能量，没有

2024年11月1日，我在阿默斯特学院招生录取办公室结束了九年多的国际招生主任职业生涯。临走前，我在世界各地招募的国际学生来到招生办门前跟我留下了一张珍贵的合影

留下任何遗憾；又感到阵阵兴奋，因为我即将开始探索其他的人生体验了。

2024年春天，博士毕业后，在一次私下聊天时，一名领导很真诚又带有些许遗憾地跟我说道："我担心阿默斯特学院对你来说有点太小了。" 鼓励自己欣赏的手下去寻找更好的机会对任何一名领导来说都不是一件情愿的事情，因此我也格外敬佩他的坦诚和信任。

九月底，我从亚洲出差回来后，决定把自己想要离职的决定分享给我的两位办公室的领导。告知他们我要离职的对话在我的脑海里提前预演了无数遍，每次都是情不自禁地流下眼泪。我们要怎样跟一个自己无比热爱的职业和地方告别？

办公室主任可能提前预知了我召集他们开会的原因，还没等我开口就捂住耳朵说不想听我接下来要说的话。我越是忍住眼泪，主任也越是悲伤，主管招生和财政补助的主任也拿起手头的笔记本挡住自己的脸，不让自己的眼泪被看到。他们说道："阿默斯特学院招生办的大门永远为你敞开。你想什么时候回来都可以。"

听到我说我要自己创业做教育咨询公司，帮助世界各地的学生和家长申请美国大学，他们对此毫不吃惊，甚至替我感到兴奋。主管招生和财政补助的主任肯定地说："如果哪个家庭能找到你帮助他们，他们可能都不知道他们有多幸运。" 说罢，两个主任就开始给我支招应该怎么发展我的"商业版图"。这让刚开始哭成泪人的三个人突然像是在开公司董事会似的在谋划未来。他们的不舍和真挚的友谊让我面对接下来的旅程心里充满了力量。

麦克·辛格在《清醒地活》（*The Untethered Soul*）一书中说道："生命本身就是你的事业，你与生命的互动就是你最有意义的关系。你所做的其他一切都只是专注于生命中很小的一个子集，来试图赋予生命一些意义。真正赋予生命意义的是去体验生命中不同事物的意愿。"

2024年11月1日，虽有不舍，我正式离开了勤恳耕耘了十一年有余的美国大学招生录取行业。带着这些年积攒的鼓鼓的行囊和一个可以随时给我支持和力量的关系网络，我开始在阿默斯特小镇运营我自己的留学咨询公司Wan College Admissions Consulting LLC（万博士美国大学升学咨询有限公司，www.wancollegeconsulting.com），成为一名独立升学和教育顾问。Wan谐音英语里的One，唯一的意思。因为我相信，每一名有志到美国留学的学生都能找到一所与自己匹配的大学，让自己的人生得到升华。

成为一名独立升学和教育顾问一直以来都是我想尝试的领域。我想换一种视角体验人生，通过顾问的角色继续帮助中国和世界各地的家庭实现他们的赴美留学梦想，寻找最适合他们的大学。

另外，我会继续与世界各地专门扶持寒门优才的教育慈善机构协作来帮扶来自贫困背景的寒门优才接触世界顶尖的高等教育，一如既往地践行我当初进入行业时为自己定下的和在过去十一年所践行的使命：充当美国大学与世界各地学生的"桥梁"，让更多优秀的年轻人通过教育改变自己的命运。

最后，我祝愿所有有志到美国留学的同学们都能在未来如愿地收到一封以"恭喜！你被录取了"开头的招生办来信。它会向你打开充满无限可能的人生大门。我希望你们都能在进入大学和今后的人生里继续探索和成就更好的自己，与世界联结，活出属于自己的、独一无二的精彩人生。